国家出版基金项目

后工业场景中的
拟真诱惑
与权力再生产

鲍德里亚后期的
资本批判理论研究

周 玥 / 著

江苏人民出版社

图书在版编目(CIP)数据

后工业场景中的拟真诱惑与权力再生产：鲍德里亚
后期的资本批判理论研究 / 周玥著. —南京：江苏人
民出版社，2024.3

ISBN 978 - 7 - 214 - 28460 - 0

Ⅰ. ①后… Ⅱ. ①周… Ⅲ. ①鲍德里亚
(Baudrillard，Jean 1929－2007)－资本－理论研究 Ⅳ.
①B565.59

中国国家版本馆 CIP 数据核字(2023)第 205029 号

书　　　名	后工业场景中的拟真诱惑与权力再生产：鲍德里亚后期的资本批判理论研究
著　　　者	周　玥
责 任 编 辑	周晓阳
装 帧 设 计	林　夏
责 任 监 制	钱　晨
出 版 发 行	江苏人民出版社
地　　　址	南京市湖南路 1 号 A 楼，邮编：210009
照　　　排	江苏凤凰制版有限公司
印　　　刷	江苏凤凰盐城印刷有限公司
开　　　本	652 毫米×960 毫米　1/16
印　　　张	15.75　插页 6
字　　　数	200 千字
版　　　次	2024 年 3 月第 1 版
印　　　次	2024 年 3 月第 1 次印刷
标 准 书 号	ISBN 978 - 7 - 214 - 28460 - 0
定　　　价	58.00 元(精装)

(江苏人民出版社图书凡印装错误可向承印厂调换)

本书系南京大学文科卓越研究计划项目
"世界马克思主义思潮与马克思主义中国化研究"成果

目 录

绪　论

　　法国理论家让·鲍德里亚是当代批判话语中最具特色，也最受争议的代表人物之一，他的思想跨越哲学、社会理论、文艺学等多个领域，带有张扬而敏锐的鲜明个人书写风格，充溢着文化悲观主义色彩，也代表了我们所处时代资本主义批判理论最为激进的维度。

　　鲍德里亚于 1929 年 7 月出生于法国兰斯，在 1991 年麦克·甘恩（Mike Gane）的访谈中，他曾谈及，自己并不是在知识和文化的环境中长大的，祖父母是农民，父母是公务员，"对于我的成长环境没有什么好谈的，我的父母甚至连小资产阶级都谈不上，或者说，是非常低层次的小资产阶级"[①]。但他依然受到了良好的传统培养和教育，高中毕业后，从 1956 年到 1966 年期间，他在高中教授社会学，于 1966 年在巴黎第十大学（楠泰尔大学）为自己的论文《物体系》作答辩，而他的论文导师就是著名的法国批判理论家列斐伏尔。在很长的一段时间内，列斐伏尔关于资本主义日常生活批判的左派理论对鲍德里亚产生了重要影响，他早期著作中的主要思想基本还是在西方马克思主义的问题场域中进行的。在此之后，鲍德里亚一直与身边的主流学术圈保持着若即若离的关系，他在访谈录中表示，他是家中第一个走上学

[①] Mike Gane, *Baudrillard Live*：*Selected Interviews*, London and New York：Routledge, 1993, p. 19.

术研究道路的人，这在某种意义上是与自己家庭背景的决裂，而决裂在鲍德里亚的人生中一直扮演着重要的角色。"我总是处在一种根本性的决裂状态之中，与大学，甚至是与我可以身处其中的政治界决裂，而对于后者，我始终保持着距离。"[1] 在鲍德里亚正式开始社会学批判研究之前，他阅读并翻译了一部分重要的德语作品，其中包括叔本华、尼采和海德格尔的思想著作，这一阶段对于德国思想的深入了解为他之后的原创性话语构境提供了理论支撑。

鲍德里亚一生著作颇丰，出版了超过 30 本学术论著，涵盖的学术话题几乎涉及晚期资本主义社会中所有重要的社会现象，从后工业消费场景中的现代性差异、阶层统治和权力话语，到高度发达的信息社会、现代艺术与审美形式、政治格局变迁、大众文化传媒、网络虚拟空间和技术控制论等，他提出了人类社会在新千年将面对的种种问题与矛盾，从独特的视角出发，探讨了超越后工业拟真社会的可能实现的解决方法。国内外学界普遍认为，《象征交换与死亡》一书是鲍德里亚批判视域的转换点，在这一文本中，他阐述了自己带有原创色彩的"拟像-拟真"理论，从而彻底地否定了历史唯物论的生产语境，并以独立而激进的姿态对现代社会进行持续的反思。本文从《象征交换与死亡》及之后的系列文本出发，以鲍德里亚后期思想中的"拟真"理论为主要框架，在象征交换的本体性话语场景中，对鲍德里亚的资本批判逻辑进行系统化的论述。

在提出拟像-拟真理论之前，鲍德里亚的批判出发点一直围绕着资本主义社会中的价值形态展开，从《物体系》到《生产之镜》，他立足于消费社会中符号价值的"伪象征"建构，从不同维度探讨了现代社会在后工业消费场景中的价值功能性系统。这一解读模式在《象征交

---

[1] Mike Gane, *Baudrillard Live：Selected Interviews*, London and New York：Routledge, 1993, p. 19.

换与死亡》中发生着根本性的转变，面对资本主义社会中由信息技术支配的社会化大生产场景，鲍德里亚选择了更为抽象与激进的维度，开始重新定义人类社会在现代性之后的现实图景与批判张力。

在《生产之镜》中，鲍德里亚完成了对政治经济学话语方式的解构，而在《象征交换与死亡》中，他从社会历史学维度提出了人类社会发展与演变的三重拟像框架，在此基础之上，实现了理论批判的深层次转型与重构。在这一过程中，鲍德里亚将莫斯-巴塔耶的人类社会学理论扩展到广义的历史维度，在完成符号价值的抽象化转型之后，从否定性的角度描绘了后工业社会中，由数字化符号代码表征的拟真场景。在之后的《拟仿物与拟像》和《在沉默大多数的阴影里》两部文本中，鲍德里亚开启了大众传媒时代全新的批判范式，他在文中展现了资本主义社会中超真实统治的方方面面，并在学理层面重构了伪象征意义上的批判张力。在《论诱惑》一书中，借鉴拉康的不在场"他者"理论，鲍德里亚建构了拟真社会中的"诱惑"形态，阐述了在社会关系抽象化层面，以"死亡"方式呈现出来的反讽式自为转换机制，在现实层面则展现为价值零度表象空间中剩余物的在场方式，以及通过剩余物的过度积累呈现出来的资本权力话语。20世纪80年代以后，在《致命的策略》《完美的罪行》《艺术的共谋》等著作中，立足于后工业时代大众传媒的技术化场景，鲍德里亚展示了人类社会在科学技术高度发展的信息化时代必然会经历的"内爆"过程，从西方社会中的政治、科技、文化和艺术等超真实场景出发，对拟真的权力策略进行了深度阐释，在此基础之上，从抽象的维度探讨了后工业资本主义社会中，实现理论超越的可能性路径。

国内学界关于鲍德里亚拟真理论的研究目前主要集中在文艺美学、大众媒介和符号技术论等领域，其中，对于"拟真""超真实""诱惑""内爆""代码的形而上学"等关键概念的分析，大都是在相对独立的文本语境中展开的，鲜有学者就鲍德里亚后期理论中，不同文本间的批判逻辑结构进行专题性阐述。本书围绕鲍德里亚后期理论中颇具原创性色彩的拟真建构，从《象征交换与死亡》及之后的文本出发，就拟真理论中的关键概念和批判逻辑进行了系统性的梳理。

在进行文本深度解读的前提之下，本书充分借鉴了国内外学界在相关问题上已经作出的理论探索，尝试着从鲍德里亚的论述语境出发，联系国外马克思主义发展的思想背景，在他进行资本主义批判的不同的逻辑线索之间找出理论关联，并对其中延续着的批判精神作出客观评述。

作为一个有着复杂思想来源的理论家，鲍德里亚在不同阶段的批判呈现出不同的理论特质。本书论述的文本语境定位于鲍德里亚从《象征交换与死亡》(1976) 到《媒介的狂欢》(*The Ecstasy of Communication*) (1987) 十年期间的主要著作和文论，同时涵盖 1987 年之后的《冷记忆》系列、《完美的罪行》(1995) 与《艺术的共谋》(2005) 等著作，以拟像-拟真框架中后工业社会的超真实形态为背景，从符号"价值的结构革命"出发，对鲍德里亚后期理论构境中的资本主义批判路径进行专题阐释。

依据鲍德里亚后期思想的文本构境，本书通过对一系列关键概念的阐释，尝试着更多地从思想家文本中的理论脉络和逻辑演变过程出发，对拟真理论中的批判路径进行具体分析。从这一意义上来说，无论从哪个角度来解读鲍德里亚关于社会价值形态的逻辑构境，在他不同时期的文本形态中，以象征交换本真形态为基点，对资本主义社会中的现实关系场景进行批判的否定性维度是确定的。在《象征交换与死亡》文本之前，鲍德里亚在符号语言学的理论框架内展现了消费社会中占据主导意义的符号价值体系，与此同时，他从社会现象学的角度，以否定的立场对马克思主义社会生产话语进行了意识形态指认。在《象征交换与死亡》之后，通过对符号意指关系本身的解构，鲍德里亚彻底颠覆了以能指/所指二元对立关系为前提的概念确定性价值框架，从社会历史学的层面对包含马克思历史唯物主义在内的现代性叙事方式展开了理论批判。

　　围绕鲍德里亚"拟真"概念的逻辑形态和社会现象学呈现，本书论述了拟真符号代码统治的客体形态，联系拉康的镜像理论与不在场"他者"的反转机制，探讨了拟真理论中，新的资本统治方式与象征交换本真规定性二者之间的理论逻辑张力。书中深度阐释了鲍德里亚在拟真理论中建构的后工业社会的超真实形态，点明其中隐藏着的资本主义批判逻辑：在剩余物过度积累之后，超真实的零度表象场景中必然出现"诱惑"式反讽，进而在拟真的客体逻辑中将资本主义社会的剩余物形态和社会关系再生产模式联系起来。同时，书中指出，鲍德里亚关于资本主义拟真统治的否定性逻辑是从现代性批判的立场出发的，由此对拟真理论中，大众信息传媒"内爆"场景的理论超越意义进行了详细论述。

　　就批判的理论层面来说，我认为，鲍德里亚对资本主义现代性统治的反思是深层次的，他摆脱了符号语言学、人类学和马克思主义的逻辑框架，颠覆了自现代性以来，在后现代表象化场景之后隐藏着的意义价值体系，并在此基础上建立了颇具个人色彩的形而上学式批判路径。在社会现象学的范畴内，鲍德里亚在彻底告别马克思主义的生产逻辑和历史唯物主义方法论之后，通过对意义价值体系的解构，以具象化的方式描绘出后工业时代技术和媒介统治下的超真实场景，对当代资本主义社会进行了全方位的解读。与此同时，作为逻辑张力的内在先验式基点，在他早期和中期思想中确立的莫斯-巴塔耶式原始象征与"返乡"情愫一直延续到拟真的批判场景中，逐渐发展为带有虚无主义色彩的、激进式的乌托邦理论构境。

　　本书借鉴了国内外学界关于鲍德里亚后期思想的诸多研究，书中并没有直接对拟真理论进行标签式的界定，而是从鲍德里亚后期的系列文本出发，依据不同时期逻辑重心的转换，以理论张力的不同呈现方式为主线，系统性地描述了鲍德里亚关于资本主义批判的全景图式。书中提出，在 1970 年代以后流派纷呈、复杂多变的学术话语场景中，鲍德里亚的理论出场方式同样深深受到同时代理论"他者"的影响，从片断式的表述方式里，我们依然可以发现理论演变的深层次逻辑轨迹。面对鲍德里亚后期理论中的激进批判色彩，能够从那些貌似光怪陆离、荒诞不经的语句中找寻思想家本人的论点旨趣，透过表象的混乱梳理出理论陈述的逻辑方向与主体需求，进而以客观的、分析的、文本学的路径进行情景式的解读，这也是我在书中力图完成的研究方法的尝试。

本书共分为四个章节，第一章以"拟真：代码统治与客体的霸权"为题，分为两个小节，分别从代码统治的逻辑形态与仿生结构、代码体系在后工业场景中的"超真实"拟仿两个维度出发，围绕拟像-拟真话语框架范畴中代码拟真的客体统治展开层层推进式的阐述。第二章以"象征交换语境中的拟真'诱惑'批判"为题，分为三个小节，分别从象征交换的本真建构、"性解放"背景中的"诱惑"、拟真诱惑在意义零度表象空间中的权力策略三个层面来进行论述。第三章以"拟真框架中隐藏的资本逻辑及其批判"为题，分为三个小节，从鲍德里亚早期和中期理论中的批判逻辑、拟真社会中资本统治的理论形态和后工业场景中的资本再生产批判三个方面入手，对于资本统治的拟真形态进行深层次的解读。第四章题为"基于拟真语境的批判-革命路径如何可能?"，主要探讨了拟真形态中的理论超越性可能，其中包含了四个小节，分别就鲍德里亚批判语境中关于象征回归的目的性确认、拟真形态中的"死亡"超越之维、拟真超越中的激进幻觉、对西方左派激进批判理论的传承超越四个论题进行探讨，同时，对鲍德里亚拟真批判理论中呈现出来的，虚无主义与现实超越性相结合的矛盾形态进行了阐释。在结语部分，论文从马克思主义的历史唯物论出发，对鲍德里亚的拟真批判理论进行了评述，认为鲍德里亚是一个坚定的资本主义批判者，但并不是一个严肃的唯物论立场上的理论建构者，文中指出，我们要超越鲍德里亚的虚无主义悲观论，需要在方法论上坚持马克思历史唯物主义现实批判路径。

第一章

拟真：代码统治与客体的霸权

我们知道，今天，所有的物质生产都进入了这个领域。我们知道，资本的全球化过程的建立是发生在复制（时尚、媒介、宣传、信息和交往网络）的层面上的，是发生在被马克思疏忽地称为资本的非本质部分的层面上的……也就是说，是发生在拟像和编码的领域，资本的全球化过程就建基于这一领域。

——让·鲍德里亚：《拟真》

对存在所作的宗教的、形而上学的或哲学的定义，让位给了由遗传编码（DNA）和脑组织（信息编码和数十亿神经元）而来的操作性定义。我们身处一个不存在心灵和身体隐喻的系统之中——无意识的寓言本身也在很大程度上失去了自己的共鸣。

——让·鲍德里亚：《冷记忆》

在《象征交换与死亡》文本中，鲍德里亚确立了全新的逻辑主线，他以"拟像-拟真"理论为基本框架，将这一概念模式扩展到资本主义现实批判的各个领域。本章节将围绕鲍德里亚后期批判理论中的一系列关键概念进行具体阐释，其中，关于"拟像""拟真"概念的抽象式表述，构成鲍德里亚在《象征交换与死亡》文本之后理论批判的基本框架。

鲍德里亚在《象征交换与死亡》中否定的不仅仅是商品社会的生产之维，他认为，由政治社会学代表的价值形态归属于现代性的话语体系，而在所有的宏大叙事图景被解构之后，人类社会的重构与回归只能在符号代码的意义零度表象空间中得以实现。文中关于拟像三个阶段的建构，一方面是对人类社会发展历程进行的全新阐释，同时也从社会历史角度确立了以象征交换为核心的本真预设，进而为超越当前资本主义现实统治提供了最终的方法路径。

一、代码统治的逻辑形态与仿生结构

在《象征交换与死亡》之前，鲍德里亚的批判理论是在"符号政治经济学"的话语范畴中进行的，逻辑核心是社会活动中符号的客体性价值，以及建立在价值基础上的伪象征社会关系。进入拟真语境之后，随着象征交换本真概念的具象化，鲍德里亚理论中对于后工业社会的伪象征呈现，从将符号价值的"再现等价物"体系转向"整体相关性、普遍替换、组合以及仿真的阶段"①。这一阶段的理论场景中充斥着不确定性和无意义性，在逻辑形态上呈现为代码的仿生式组合，

---

① [法] 让·鲍德里亚：《象征交换与死亡》，车槿山译，南京：译林出版社 2006 年版，第 4 页。

其中，浮动在表象层面的零度关系流通终结了符号学意义上的能指/所指二元对立体系，终结了生产的政治经济学理性话语，也终结了自现代性以来资本统治的价值形态。

"价值的结构革命"中的符号代码体系

在《象征交换与死亡》一书的前言中，鲍德里亚对现代社会发展过程中的"伪象征"属性进行了理论阐释。他认为，资本主义社会的关系活动中占据核心地位的是价值规律的法则，也就是说，现代性需要通过遵守某一先验的价值法则来实现自身关于物质或欲望的生产。他在文中提到，价值规律的法则在现实层面表现为不断旋转着的里比多式"政治的形态学与经济学"①，其中不再包含作为"组织形式"的象征交换，应然的象征价值也是被遮蔽起来的。

资本主义的"伪象征"形态在后工业时代呈现出新的社会关系表征，鲍德里亚将这一理论表征的现实场景称为拟真社会，同时指出，进入拟真社会之后，人类社会从劳动生产的政治经济学形态转向代码的结构表象，在《象征交换与死亡》一书中，这一转换过程被表述为"价值的结构革命"②。在文中，鲍德里亚首先在索绪尔符号指称系统和马克思商品价值体系之间进行了比较，他并没有沿着《生产之镜》中以"符号价值"为核心的批判路径，而是在一个全新的拟像-拟真话语体系中对"价值本身的革命"③ 进行了阐述。

鲍德里亚提到，在当前社会，价值不再是内在于一个总系统中的差异性存在，也不再是关于物的真实属性的抽象规定，而是在唯一的

---

① [法] 让·鲍德里亚：《象征交换与死亡》，车槿山译，南京：译林出版社 2006 年版，第 1 页。

② [法] 让·鲍德里亚：《象征交换与死亡》，车槿山译，南京：译林出版社 2006 年版，第 3 页。

③ [法] 让·鲍德里亚：《象征交换与死亡》，车槿山译，南京：译林出版社 2006 年版，第 4 页。

结构游戏中实现的符号自主化，是对各类参照维度的终结。在这里，鲍德里亚提出的价值结构体系的终结对象包含传统的本质主义、社会生产体系、符号意指话语、主体的价值情感或是历史唯物论等具体的现代性范畴，在理论形态上，可以抽象化为脱离了概念确定性体系的代码逻辑，反映了在均一化的现实场景中，由符号自身无限的循环与反复流通表征出来的激进形式。

从上述的理论角度出发，我们可以对拟真"价值的结构革命"作出如下阐释：

（一）从"符号"到"代码"的逻辑转换

在《象征交换与死亡》之前，"符号"（sign）概念作为功能物体系中的抽象化表征，是鲍德里亚关于消费社会建构的基本要素，由此引申出来的价值差异性体系则是鲍德里亚进行社会生产批判的逻辑前提。《象征交换与死亡》之后，"代码"（code）成为鲍德里亚在符号价值批判之后提出的核心概念，他关于社会关系的表述围绕着"代码"的内涵形态展开。此时，尽管"符号"作为概念依然在拟真的文本中出现，其所表征的意指体系在拟真语境中是被解构的，新的社会关系形态由意义零度表象空间中的"代码"体系所构成。

在"价值的结构革命"中，"符号"的概念内涵通过"代码"的形式呈现出来：符号在空洞地影射自己所指称的事物之后，需要通过自身代码的可重复性转换来实现关系形态的抽象化再生产过程。从符号意指关系到代码交换关系的转换，标志着鲍德里亚对当前资本主义社会新的解读方式，他将建立在"代码"互换机制上的后工业社会形态称为拟真社会，并以此为出发点建构出对资本逻辑更为抽象也更为激进的批判。

从理论形态上来说，鲍德里亚认为代码具有拟像的向度，或者说，包含着拟仿式的逻辑建构过程，其中，"真实是从极微化了的细胞、母式、记忆银行，以及控制铸型（modèles de commandement）之内所生产出来"①。在这里，拟真的构成形态呈现为无限次的再生产过程：在一个没有真实张力的超空间中，社会现实转换为某种联合模型的辐射状化合物，在消解意义指涉关系的前提之下，通过自身的代码式自为复制操作，实现对于每一道"真实"过程的再生产延续。

由此，鲍德里亚将"代码"在关系场景中的抽象形态界定为"一个巨大的劳动符号仪式"②，认为其社会形式化的程度超出了劳动生产本身的能量，或者说，社会化的形式在场方式成为关系建构的目的本身。他指出，在代码的社会化过程中，体系建构的关键在于关系形态的再生产："它是否还在生产并不重要，它在再生产自身"③。在这一过程中，鲍德里亚通过"代码"的自为转换体系，实现了对以符号意指关系为核心的价值体系的批判式扬弃。这一过程是解构式的，之前在符号意指关系框架中被建构起来的差异性逻辑不再出场，符号法则中的概念确定性和等价交换等方式也一并被消解了。

以"劳动"意义的消解为例，鲍德里亚在文中从生产批判的角度，对拟真代码的再生产形态进行了阐述，他提出，拟真的客体逻辑取代了劳动的历史意义和里比多意义，通过代码的自我复制代替了劳动在社会活动中的角色。由此，我们可以认为，劳动在鲍德里亚的拟真批判理论中已经不再是社会活动的主要构成因素，也不再是社会化生产和剩余积累的目标，或者说，不再具有使用价值积累的目的性。鲍德里亚在文中强调，在代码体系的自我复制过程中，劳动的意义将消失在自身劳动力的简单再生产方式之中，而这里的简单再生产过程则可以表现为代码流通的统计性数字增长和通胀。

---

① [法] 让·鲍德里亚：《拟仿物与拟像》，洪凌译，台北：时报文化出版 1998 年版，第 15 页。
② [法] 让·鲍德里亚：《象征交换与死亡》，车槿山译，南京：译林出版社 2006 年版，第 12 页。
③ [法] 让·鲍德里亚：《象征交换与死亡》，车槿山译，南京：译林出版社 2006 年版，第 12 页。

就价值形态的角度而言，如果说，以符号差异性体系为核心的"符号政治经济学"是价值的商品规律扩展到符号范畴的结果，那么，在拟真体系中，鲍德里亚对于代码的零度表象建构，则完完全全地结束了社会生产的价值话语本身，同时也结束了主体参与符号价值意义的过程。对此，我们可以确定，对鲍德里亚来说，拟真对符号价值的批判包含了对以劳动生产为核心的政治经济学，和以符号价值意指体系为基础的概念理性的同步解构，其中，劳动生产在经济学语境中的社会历史形态，被认为是后工业社会中现代性话语的典型体现。

（二）代码模型体系中客体逻辑的呈现

在鲍德里亚那里，拟真过程可以被认为是一种激进的代码制造术，通过自我循环式的代码结构来替代符号学的意指关系，其自身的逻辑指向清除关于社会和现实的"真实"建构。如同凯尔纳在一篇文章中提到的，在鲍德里亚的拟真世界中，"拟像和拟真扮演着如此重要的角色，以至于之前存在于社会理论中的所有的边界或是范畴都同时消失了。所有在外表与真实、表面与深度、生活与艺术、主体与客体之间既定的二元对立关系，都将消融到一个功能性的、统一的、自足生产的拟仿物世界里，被拟真的模型和符码所控制着"。[1]

我认同凯尔纳在论述中对于鲍德里亚拟真体系的功能模式化界定，这一观点可以扩展为代码关系中的结构维度：当前整个资本主义社会可以被认为是一个巨大的符号模式，其中数字信息编码的测试、问/答或刺激/反应形式控制着社会关系中的个体建构。在拟真的代码体系中，"模式"（modèle）是一个关键的技术性概念，鲍德里亚在文中指出，拟真场景中的关系要素"只有纳入模式才有意义，任何东西都不再按照自己的目的发展，而是出自模式，即出自'参照的能指'，它仿

---

[1] Douglas Kellner, *Jean Baudrillard*：*From Marxism to Postmodernism and Beyond*，Calif.：Stanford University Press，1989，p. 77.

佛是一种前目的性，惟一的似真性"①。模式作为"参照的能指"可以生成超越真实的场景，其中没有起源也没有关于"真实"的预设，也可以认为，模式先于"真实"并控制着当下的社会关系，通过自我指涉的客体逻辑决定着整个体系的内在驱动机制。

在《拟仿物与拟像》一书中，鲍德里亚将拟真模式（文中翻译为"模型"）的技术性内涵延伸到社会批判的超现实形态中，强调由模式控制的拟真系统与事实真理或是理性秩序无关，其运行方式是技术性的，也是功能性的。他在文中将拟真的功能性建构形容为轨道化的控制系统，通过抽象代码的自为排列组合在全然的客体语境中决定着要素之间的相互关系。就现实层面来说，鲍德里亚同样指出，无论是自然界或社会生活，都正在被轨道式运作的技术和功能性代码机制所重构，其中，"首要存在的，是它们的序列性、流通性、奇观性的排布。那就是社会性关系（rapports sociaux）的未来模型"②。

笔者认为，鲍德里亚对代码体系中既定模式的阐述，是在表达拟真形态中新的客体逻辑，其中，个体在代码体系中是被限定了的，只能按照系统本身设计好的方式来进行选择，并根据系统的数字化运作方式进行应对和反馈。在文中，鲍德里亚强调，代码体系中的客体特征在逻辑形态上是符号意指体系消解之后的必然结果，在第三重拟像形态之前，符号价值的意指体系在索绪尔的符号学理论框架内代表着普遍的差异性系统，直接决定着资本主义社会中个体与个体之间的关系建构。进入拟真形态之后，能指与所指的参照关系变得模糊不清，符号学意指体系中二元对立的分界形式被"绝对能指"的"一般等价

---

① [法] 让·鲍德里亚：《象征交换与死亡》，车槿山译，南京：译林出版社 2006 年版，第 78 页。

② [法] 让·鲍德里亚：《拟仿物与拟像》，洪凌译，台北：时报文化出版 1998 年版，第 157 页。

关系"① 所取代，即符号的能指形态以游戏的方式达到信息、情报、符号、模式等方面的结构式平衡。

由此，我们可以认为，在鲍德里亚拟真的理论框架中，符号无意指关系场景中的社会要素是被普遍均一化了的，以符号意指差异性为前提的价值体系不复存在，个体在拟真的"模式"结构中成为被迫选择的测试译码。如同鲍德里亚在文中所提到的，"今天，一切都是以种类或系列的方式出现的，这一事实本身就已经在测试你们了，因为它迫使你们选择。这使我们对周围世界的总体使用近似于阅读，近似于选择性译码——我们在生活中主要不是使用者，而是阅读者和选择者，是阅读元件。"②

在这里，鲍德里亚实现了从符号价值论向代码全新客体场景的转换，其中包含了对于符号价值形态本身的解构，同时也是对后资本主义形态中现实要素与社会关系的颠覆性解读。通过符号"价值的结构革命"，鲍德里亚对现代社会中的关系结构进行了重新界定，以代码为核心的意义全透明式表象空间取代了之前符号学语境中能指/所指的二元对立关系，在意义的表象零度空间范畴内，符号仅仅具有在场表征的意义，是某种代码组织形式对于普遍意义的不确定性载体，在这一过程之中，作为理性逻辑前提的概念价值和意义指称同时被消解了。

（三）新的社会历史语境中由代码形式支配的客体逻辑

代码的形式支配在社会历史范畴中意味着一个全新的理论构境，代表着后工业社会中组织关系架构的客体形式。在《象征交换与死亡》中，鲍德里亚将人类社会发展的不同形态界定为"仿造""生产"和"拟真"三个拟像阶段，从符号学语境出发，对人类社会在不同拟像阶

---

① ［法］让·鲍德里亚：《象征交换与死亡》，车槿山译，南京：译林出版社 2006 年版，第 179 页。

② ［法］让·鲍德里亚：《象征交换与死亡》，车槿山译，南京：译林出版社 2006 年版，第 91 页。

段的政治、经济、文化等形态进行陈述。具体可以表述为三个方面：在仿造的阶段，符号作为社会运作的抽象化要素，从限制的秩序过渡到解放的所指意义。文艺复兴所代表的主体觉醒意味着资产阶级秩序中符号差异化的公开竞争，这是对封建礼仪中强制化秩序体系的解构，也是符号任意性的开始。在生产的阶段，符号的意义已经在真实语境之外，也就是说，符号进程已不再对应于真实和参照的义务，而是作为"参照的能指"① 遵循着价值的结构规律。这是一种更深层次的"解放"，社会体系已经不再是对"真实"的直接拟仿，重要的是纯粹等价关系的抽象式生产。进入到第三层拟像形态，符号的系列（再）生产被模式的生成所替代，符号不再被机械化地再生产出来，"而是根据它们的复制性本身设计出来的，是从一个被称为模式的生成核心散射出来的"②。

在上述第三级的拟像形态中，符号的自我复制与（再）生产形态不是对自然真实的仿造，也不再参照符号的漂浮能指，此时发挥控制作用的是在差异调制中固定下来的代码模式。鲍德里亚在文中指出，后工业时代的人类社会已经进入第三级仿像阶段，不再有第一阶段对于原型的仿造，也不再具备第二阶段中的总体性建构：在拟真场景中只有一些模式，社会活动的所有形式都需要通过均一化的无意义调制来遵循模式的客体逻辑。鲍德里亚通过第三重拟像形态建构起来的，是生产语境之后的全新的社会关系理论场域，这也是他自己最具个人特征的原创性逻辑建构之一。

在这一问题上，我认同王晓升老师在《符号、控制和象征交换》一文中作出的评述，他认为拟像三个阶段的论述在理论逻辑上受到结

---

① ［法］让·鲍德里亚：《象征交换与死亡》，车槿山译，南京：译林出版社 2006 年版，第 78 页。

② ［法］让·鲍德里亚：《象征交换与死亡》，车槿山译，南京：译林出版社 2006 年版，第 78 页。

构主义的影响，从符号意指关系出发，鲍德里亚阐释了人类社会发展不同阶段中"符号逐步脱离所指对象的过程"①。从前面的表述中我们可以看到，鲍德里亚拟真社会中的关系场景具备纯粹的客体性特征，社会要素在代码体系中以轨道化的、自为的方式建构自身：围绕模式的代码生成核心进行各种组合，在价值意指的零度空间范畴中散射出社会关系的抽象化形态。拟真的意义零度表象形态在逻辑上消解了符号学意义上的能指/所指关系，由此淡化了符号价值在现代社会中的显性统治，而与此同时，在符号意指关系被彻底否定之后，流通与交换过程中的产品和商品将重新以代码的技术化形态被当作符号和信息生产出来，并依据"由模式赋予的抽象普遍形式"② 在另一个维度的客体框架中实现自身。对于拟真形态中的社会个体来说，代码的意义全透明表象空间意味着功能目的性与客观参照性的消解，同时，也体现着社会关系客体化运作过程中新的伪象征统治。

拟真语境中代码的解构式逻辑

学界在评论鲍德里亚的拟真理论时，往往会强调他在逻辑阐述中对于现代性的批判，或者说，是他对于现代理性话语体系的彻底颠覆。在鲍德里亚的批判框架中，最为基本的否定性立足点是理性范畴中以概念意指关系为核心的主客二分逻辑，这也是自柏拉图"洞穴理论"以来在西方思想史中会必然面对的本体性问题。

从本体论到价值论再到存在论，现代西方哲学超越了古典主义的自然机械论，在同一性与整体性的逻辑架构中围绕着真实/想象的关系核心进行着不同层次的探讨与反思。作为法兰克福学派批判

---

① 王晓升：《符号、控制和象征交换——评鲍德里亚对资本主义矛盾和解决方案的论述》，载《天津社会科学》2009 年第 2 期。
② [法] 让·鲍德里亚：《象征交换与死亡》，车槿山译，南京：译林出版社 2006 年版，第178 页。

理论的学习者与叛离者，鲍德里亚早期的文本阐述中更多地立足于消费社会的现实符号化场景，以象征交换的本真内涵为基点，对当前资本统治的异化形态展开社会现象学层面的批判。在《象征交换与死亡》之后，通过符号代码体系的意义全透明表象建构，鲍德里亚确立了带有自身原创式色彩的拟像-拟真现实关系场景，他从象征交换的本真逻辑形态出发，从批判的维度对资本主义后工业社会中超级"真实"的遮蔽性在场和代码统治的客体策略进行了抽象论述。

（一）"真实"概念消解之后的拟真策略

鲍德里亚在存在论层面实现的拟真重构首先是以对"真实"概念的消解为前提的。他在《象征交换与死亡》中认为，现代性语境中关于真实/想象关系的理性界定是人类社会拟像形态的意识形态阶段性呈现，随着拟真社会中符号代码体系的确立，现实日常生活不再是对于"真实"大他者的反映和遮蔽，更准确地说，"真实"形式的大他者本身并不存在。"'真实'内容过去一直在用某种有效的负荷和重力填充着符号——这是它的再现等价物的形式。现在是另一个价值阶段占优势，即整体相关性、普遍替换、组合以及仿真的阶段。仿真的意思是从此所有的符号相互交换，但决不和真实交换（而且只有以不再和真实交换为条件，它们之间才能顺利地交换，完美地交换）"[1]。从这一段话中，我们可以发现，在鲍德里亚仿真（拟真）的形态中，作为普遍价值标准的"真实"意义内涵是被消解的，而与此同时，价值流通的普遍形式依然存在，通过符号在整体相关性中的无意义组合和"完美"交换过程得以实现。

在这里，鲍德里亚表述的首先是否定性的逻辑维度，拟真的代码体系中，社会关系的流通与交换是普遍性的，同时也是去中心化的。

---

[1] ［法］让·鲍德里亚：《象征交换与死亡》，车槿山译，南京：译林出版社2006年版，第4页。

符号学意指关系的解构意味着与"真实"相对应的等价关系的结束，在本体性层面，可以成为"惟一的价值结构游戏"①的利益参照形式不复存在，社会关系通过符号的结构维度以自主化的形态建构起来。社会关系中的普遍交换形态呈现出均一化的特征，其中，区分同一者和异己者的差异消失了，一同消失的，"便是所有的形上学"②：没有本体与表象的镜像关系，也没有真实及其概念的意指相连，除了符号操作本身之外，别无他物。

在现实层面，鲍德里亚通过拟真表达出来的否定性阐述是深层次的，他在文中尖锐地指出，意义全透明表象空间中代码的运作形态是资本主义在后工业时代新的统治逻辑，"一旦绕过神话（资本在历史上经历过的惟一危险就来自这种从一开始就渗透它的理性神话要求），一旦成为自己的神话，或者成为某种不确定的、随机的机器，成为某种像社会遗传密码一样的东西，那么它就不再留给确定的颠覆任何机会了"③。这一段话中，关于"真实"的理性神话代表着概念的确定性意义，确定性则意味着存在并可以实现与之相对立的反面确定性，对于以"真实"预设为前提的资本主义现代性话语体系来说，反面确定性的逻辑可能性本身即构成了一个根本威胁。为了消解这一根本威胁，资本主义拟真社会必须建构出一个非确定性的关系场景，其中，所有社会要素都不再具备确定的概念分界或是差异形态，转而被纳入均一化的代码体系范畴。

上述拟真代码的均一化形态，意味着理论层面主客逻辑角色的同质化，也就是说，在拟真的客体策略中，无论是对于社会关系场景的

---

① [法] 让·鲍德里亚：《象征交换与死亡》，车槿山译，南京：译林出版社 2006 年版，第 4 页。

② [法] 让·鲍德里亚：《拟仿物与拟像》，洪凌译，台北：时报文化出版 1998 年版，第 15 页。

③ [法] 让·鲍德里亚：《象征交换与死亡》，车槿山译，南京：译林出版社 2006 年版，第 85 页。

正面建构还是否定式解构，系统中的主体行为都将被转化为代码要素，成为系统运作与自身再生产延续的一部分。"所有那些伟大的人文主义价值标准，具有道德、美学、实践判断力的整个文明的标准，都在我们这种图像和符号的系统中消失了。一切都变得不可判定，这是代码典型效果……这就是资本的普及化妓院"①。从这一意义上来说，一旦人类社会进入拟真阶段（例如鲍德里亚在文中指认的资本主义后工业社会），无论是自然科学理论、马克思主义或是后现代性理论，对于资本主义的现实批判本身都将成为资本拟真统治策略的一部分。

　　拟真逻辑中对于"真实"的否定性策略在《象征交换与死亡》之后的文本中被多次提及，在逻辑层面上被进一步地抽象化和复杂化，成为后工业时代拟真客体统治的"完美的罪行"："绝对的幻觉、现实的过度、虚无的继续"。②通过营造一种绝对的幻觉，拟真在真实/虚假的界限消解之后的社会零度表象空间中拟仿出一个过度"真实"的场景，其中，社会个体被赋予了"被迫"进行选择的权力，而选择本身恰恰是拟真客体统治的一部分。由此，以过度"真实"与象征交换本真形态之间的抽象理论关系形态为逻辑支点，鲍德里亚逐渐形成了自己在拟像-拟真框架中的原创式批判维度。在1979年出版的《论诱惑》一书中，他尝试着从形而上学的理论角度，对拟真策略中的隐性话语方式和逻辑形态进行具体阐述，他在文本中围绕"诱惑"概念作出的抽象化建构，则直接受到晚期拉康思想的深刻影响，我们将在之后章节中予以详细论述。

　　（二）代码体系的随机性形态

　　在鲍德里亚的阐释思路中，以"真实"本体形态的消解为前提，

---

① ［法］让·鲍德里亚：《象征交换与死亡》，车槿山译，南京：译林出版社2006年版，第7—8页。
② ［法］让·鲍德里亚：《冷记忆 III》，张新木、陈雯乐、李露露译，南京：南京大学出版社2009年版，第96页。

拟真逻辑确立了关系流通过程中的随机性形态,一方面,理性范畴中的概念意义体系被代码体系的不确定性所替代,同时,代码的均一化场景也中和了由理性形而上学所表征的差异性价值关系。这一过程是普遍式的,"一切进入代码的无目的性时空中的东西或试图进入其中的东西,都被切断了与自身目的性的联系,都被瓦解并吸收了——这就是各个层面上的回收、操纵、循环和再循环的众所周知的效果。"①

对鲍德里亚来说,代码体系中的随机性特征代表着非中心化的模式,或者说,是一种完全的不确定性。这里的随机性是对拟真逻辑形态的表述,具体到现实层面,可以表现为社会结构化组合的无目的式流通,其中社会活动的关系要素之间并不存在彼此的概念分界或辩证对立。从社会学的角度来说,代码的随机性意味着传统社会秩序与价值核心的消解,从经济学的角度来说,社会生产则可以被描述为无限的投机过程,其中,劳动,货币、符号、需求、劳动等概念作为浮动式的词项,脱离了价值生产与流通的现实参照,具备无限扩张和自为生成的符号拟真形式。

在鲍德里亚看来,一方面,代码的随机性形态取代了社会生产的范畴,同时,在理论层面,关于生产的话语表述可以为代码的随机性特征作出更为普遍化的设置。他在《象征交换与死亡》中提出,拟真的代码统治在逻辑上呈现为"纹心结构"②,代表着一种全面的、浮动式的、不可判定性的关系形态,"今天我们就处在这种境遇中:处在不可判定性中,处在像浮动货币一样的浮动理论的时代"③。在这里,鲍德里亚通过"纹心结构"的抽象化概念,以生产的话语方式表述了一

① [法]让·鲍德里亚:《象征交换与死亡》,车槿山译,南京:译林出版社 2006 年版,第 5 页。

② [法]让·鲍德里亚:《象征交换与死亡》,车槿山译,南京:译林出版社 2006 年版,第 7 页。

③ [法]让·鲍德里亚:《象征交换与死亡》,车槿山译,南京:译林出版社 2006 年版,第 7 页。

种符号效果："一种内在性或一种没有参照的流动性"①，我们无法在浮动的符号与"现实"之间建立起某种一致性，就好像系统为符号"劳动力"免除了任何的参照担保，从而取消了符号的使用价值，符号"生产之镜"也随之消解，转向自身代码的数字化复制与"投资"。

拟真符号代码体系中，"纹心结构"式的浮动在现实层面表征着普遍意义上的视觉眩晕，这是鲍德里亚在描述拟真形态时，从伪主体性角度呈现的来自事物表面的客体操作，其中包含着代码随机性流通过程中普遍的游戏特征："一种无意的戏拟，一种策略性仿真，一种不可判定的游戏笼罩着一切事物"②。在"纹心结构"的戏拟化场景中，"真实"被解构为自身的不同细节，通过拟真代码的数字化模式来实现符号在分裂与重叠中的自反效应。鲍德里亚认为，这一过程并不是离心的，而是表征着向心性的客体式重复，这一过程同时也是机械性的，代表着普遍意义上的控制场景：以二元数字化体系包容了其他一切生成方式，在最广义的范畴内公设了一个均质化的代码等价系统。

代码的数字化拟真

在《象征交换与死亡》中，鲍德里亚依据拟像的三重阶段提出了符号秩序的三类逻辑属性，在《论诱惑》中，他对拟像三重阶段中社会关系的逻辑形态作出了进一步规定。鲍德里亚在文中提出，第一类属性由规则支配，通过礼仪形式呈现出"二元性（dualité）"，反映着象征规定性中的双向互换关系；第二个阶段由法则支配，通过价值生产形式呈现出"极点性（polarite）"，反映着以符号意指关系为核心的对立统一形态；第三个阶段由准则支配，通过代码形式呈现出"数字

① [法] 让·鲍德里亚：《象征交换与死亡》，车槿山译，南京：译林出版社2006年版，第7页。
② [法] 让·鲍德里亚：《象征交换与死亡》，车槿山译，南京：译林出版社2006年版，第109页。

性（digitalité）"，反映着拟真场景中意义全透明的表象客体关系。① 从严格意义上来说，鲍德里亚认为信号传递过程中的数字化场景已经不再是一种"关系"，而是反映分配标准和关系模式的空间逻辑。三类符号秩序分别决定着人类社会在不同历史时期的主导形态。其中，代码的数字性特征直接表征着后工业时代人类社会在普遍关系形态中的超真实场景，代表了现代性之后，由不断扩展的信息技术构境出来的一个"着迷的"时代，个体在其中统一被纳入由电子传媒技术主导的轨道化控制模式。

在《象征交换与死亡》中，鲍德里亚对拟真代码的数字化形态作出了具体的阐释，他指出，在代码体系中，系统要素参照类生物式的微分子结构，依据基因组合过程中 0 和 1 的二进制系统来进行整体操纵和控制，在现实层面构建起意义全透明表象空间中技术性的、均质化的、普遍的法则。从批判的意义上来说，代码的数字化控制模式彰显着拟真场景中的客体逻辑，代表着后工业社会中最基本的意识形态特征。

（一）代码类生物型表征的数字化形态

鲍德里亚在《象征交换与死亡》一文中将代码的逻辑结构描述为类生物学式的模型体系，其中，基本的逻辑形态是程序化的数字性建构。他在文中提出，代码的类生物学体系表征着拟真社会中新的操作形态，"数字性是这一新形态的形而上学原则（莱布尼茨的上帝），脱氧核糖核酸则是它的先知"。②

在自然科学体系中，基因分子（也称 DNA 分子或"脱氧核糖核酸"分子）是生物学意义上带有具有遗传信息储藏功能的分子有机化合物，是生物细胞染色体的一部分，组合结构是一个自为模式体系，

---

① [法] 让·鲍德里亚：《论诱惑》，张新木译，南京：南京大学出版社 2011 年版，第 238 页。
② [法] 让·鲍德里亚：《象征交换与死亡》，车槿山译，南京：译林出版社 2006 年版，第 80 页。

其中信息粒子依据数字化原则彼此间排列成为链条式的交叉形态。鲍德里亚在文中将基因分子结构的内在遗传模式扩展到社会批判的范畴中，他认为，在拟真的社会"生物"体中隐藏着类似的结构性"程序母型"，其中，主体在现实的关系形态中，依据遗传密码模式在现实运作层面通过测试、问/答、刺激/反应等连续程序来建构自身的客体逻辑。在拟真关系的遗传密码形态中，参照代码逻辑组织为一个有机合成的系统，而代码本身同样具备细胞的遗传生成属性，呈现为普遍意义上的无目的性、轨道性和随机性。"无数的交叉在这里产生出所有问题以及所有可能的、以选择（谁来选择？）为条件的解决方案。这些'问题'（信息和信号的脉冲）没有任何目的性，以至答案或者在遗传学上永恒不变，或者被微小的随机差异所改变。"①

作为后工业社会中新的客体逻辑，代码模式中的数字化原则反映着拟真遗传密码体系中的策略性建构。在《象征交换与死亡》中，鲍德里亚在拟像-拟真的框架范畴内提出，人类社会不同阶段的社会关系控制形态对应于拟像过程的三个阶段，即"自然法则""力量和张力"与"二项对立"三种类型的逻辑形而上学②。其中，拟真关系控制的核心机制是要素之间的"二项对立"形态，即在逻辑层面通过代码的脱氧核糖酸式操作建构起0和1的二进制系统，"这就是第三级仿象，即我们的仿象；这就是'只有0和1的二进制系统那神秘的优美'"③。

就概念背景来说，二进制是在电子信息技术中广泛采用的一种数制，在18世纪由莱布尼茨发现，并逐步发展为可以由机器识别的完整

①［法］让·鲍德里亚：《象征交换与死亡》，车槿山译，南京：译林出版社2006年版，第81页。
②［法］让·鲍德里亚：《象征交换与死亡》，车槿山译，南京：译林出版社2006年版，第73页。
③［法］让·鲍德里亚：《象征交换与死亡》，车槿山译，南京：译林出版社2006年版，第81—82页。

的代数演算机制。二进制的基本数列形态以 0 和 1 两个数码来表示，在机器语言中可以被识别为通过 0 和 1 组成的连续符号代码串，其中，由 0 代表关，由 1 代表开，由此在技术层面实现数字化的逻辑指令操作。[①] 代码拟真中的"二项对立"代表着遗传密码中基因分子结构的"二进制"逻辑，鲍德里亚在形式上借鉴了电子技术领域中信息传播的二元符号自为转换过程，将遗传密码的现实形态抽象为数字化场景，在逻辑关系上参照机器语言中 0 和 1 的二制体读取和信息转换机制。

（二）测试问/答二元图式中客体的反攻

代码体系中的数字化原则在逻辑形态上主要表现为类生物型模式中 0 和 1 的二元遗传密码差异调制过程，这一过程表征着拟真场景中的客体形而上学统治。鲍德里亚认为，代码的数字化体系具备信息接受与反馈的流程控制特征，主体在这一交互式的信息流通过程中将被自身细胞中记录的程序所测试，反映了拟真场景中主体性的缺失与虚化。

在鲍德里亚的理论阐述中，"测试"的含义是指"按照程式或分析模式，释放某些回答问题的机制"[②]，即通过代码传递的作用与反作用将对象个体纳入程式化的体系运作中。"测试"代表着一种问/答的游戏："现实经过这样的测试，反过来又按照相同的格式测试你们，而你们又根据相同的代码解读现实"[③]。在上述游戏式的互动过程包含着模式的规定性特征，无论是参与者还是代码体系，都必须遵循相同的测试格式，而这里的测试格式即类生物分子结构式的"微型化遗

---

① 参见［美］查尔斯·佩措尔德：《编码的奥秘》，伍卫国、王宣政、孙燕妮译，北京：机械工业出版社 2000 年版，第 48 页。

② ［法］让·鲍德里亚：《象征交换与死亡》，车槿山译，南京：译林出版社 2006 年版，第 90 页。

③ ［法］让·鲍德里亚：《象征交换与死亡》，车槿山译，南京：译林出版社 2006 年版，第 91 页。

传密码"①。

在代码的测试体系中，作为社会客体的物或是信息不再具备面向主体服务的功能，而成为一种剪辑和测试，一方面对社会提出问题，一方面将现实简单的元素组成相同的类似于剧本的指令，参照轨道式的相同格式来决定主体的参与行为。鲍德里亚在文中强调，在代码的测试问/答二元图式中，遗传密码的模式化逻辑结构决定着符号信息流通中所有指令的接收与反馈方式，因而主体只能作为代码体系中的一个同质化要素，不断复制着既定程序中的轨道式规定。

在这里，鲍德里亚认为，代码测试的客体逻辑是内在结构式的，当主体参与系统的测试时，测试的提问环节已经包含了回答的问题答案，这一过程又可以被理解为代码的测试系统通过既定的问/答模式来实现对参与者的"迫使"。"今天，一切都是以种类或系列的方式出现的，这一事实本身就已经在测试你们了，因为它迫使你们选择。这使我们对周围世界的总体使用近似于阅读，近似于选择性译码——我们在生活中主要不是使用者，而是阅读者和选择者，是阅读元件。"②

在这一问题上，鲍德里亚通过主体的阅读行为对代码测试系统中信息的流通方式进行了阐释，认为阅读过程中包含着选择性的译码测试，主体在进行阅读的同时不可避免地会参与到测试的问/答模式之中，进而被纳入代码体系的既定格式和控制形态之中。在代码的模式系统中，信息的中介角色不再是告知或连接，而是测试与控制：给予大众可以进行选择且应该进行选择的规定，通过剪辑和编码行为来要求接收者参与到信息拆解与转换的轨道模式中，以 0 和 1 的二元转换形态实现现实层面的控制。

---

① [法] 让·鲍德里亚：《象征交换与死亡》，车槿山译，南京：译林出版社 2006 年版，第 91 页。
② [法] 让·鲍德里亚：《象征交换与死亡》，车槿山译，南京：译林出版社 2006 年版，第 91 页。

从代码模式的客体形态中我们可以发现，代码的测试过程是即时性的，类似于日常生活中的"触摸"效应。张天勇在《社会符号化》一书中提到，拟真造就了"一个没有边界、没有区别的同一性的世界"①，所有的关系形态由 0 和 1 二元符号构成，在意义全透明的拟真数字化空间中，符号信息被无限扩张复制，形成趋同效应中的"传播'0'时间"②。我们可以认为，在测试问/答二元图式的信息趋同化场景中，主体作为被测试者已经成为信息要素的一部分，也就是说，在均一化和即时性的代码体系和信息传播过程中，主体与客体之间的对立分界形态是被消解的，由此，在主体与客体之间的辩证对立关系也不复存在。在此基础之上，主体判断客观知识或进行技术干涉的反思的逻辑前提被消除了，提问与反馈即时性过程中不再有时空的差距和间隙，取而代之的是在数字化形态控制下"作为触觉和策略仿真场"③的客体问/答模式。

如同戴阿宝老师在《鲍德里亚：超真实的后现代视界》一文中所提到的，代码的数字化模式具有先在性、无限性和重复性的特征，在测试和参考答案之间建立起来的同质化关系模型是拟真"最完美的形式"④。依据上述分析，我们可以了解鲍德里亚通过代码的数字化测试模型建立起来的拟真意识形态统治：通过问/答二元模型，答案被提前设计好，同时由问题来引发，从而形成一种逼真的幻觉，不断遮蔽行为自身的目的，引导着参与者与系统之间、参与者与参与者之间关系的行为方式。

---

① 张天勇：《社会符号化——马克思主义视域中的鲍德里亚后期思想研究》，北京：人民出版社 2008 年版，第 103 页。

② 张天勇：《社会符号化——马克思主义视域中的鲍德里亚后期思想研究》，北京：人民出版社 2008 年版，第 103 页。

③ [法] 让·鲍德里亚，《象征交换与死亡》，车槿山译，南京：译林出版社 2006 年版，第 92 页。

④ 戴阿宝：《鲍德里亚：超真实的后现代视界》，载《外国文学》2004 年第 3 期。

二、代码的"超真实"拟仿

在《象征交换与死亡》中，鲍德里亚确立了人类社会的三重拟像框架，重点阐述了后工业社会中全新的拟真形态，对后工业社会的方方面面进行解读，这一过程在《拟仿物与拟像》一书中被场景化地呈现出来。

《拟仿物与拟像》是鲍德里亚对于后工业社会拟真形态的第一次集中展示，他在书中对"水门事件""迪士尼乐园""蓬皮杜中心""超级市场"等日常生活事件进行了深入批判，从"超真实"的概念视角出发，对后工业社会中拟真的全然性场景展开了详细阐述，同时，将这一解构的过程与后现代主义、当代战争以及电影艺术等方面联系起来。鲍德里亚在文本中所论述的话题涉及政治、社会、文化、娱乐、人类学、大众消费等各个领域，他对后工业社会的描述与批判是即景式的，表现为普遍意义上的"超真实"事件，是象征形态在晚期资本主义社会中的"伪在场"。

《象征交换与死亡》之后，鲍德里亚的文本风格呈现出强烈的个人特征，碎片化与语录式的写作方式成为他后期文本表述的鲜明标识，这一特征在《拟仿物与拟像》中得到了淋漓尽致的体现。如同译者洪凌在前言中所说，这部著作"是布希亚的杂碎置物柜，拾荒般地捡起文化性社会中的各色光影，以魔术师的迷人袖口套入其中"①，我们只能尝试着从作者夸张却毫不留情面的文字表述中，在那些不时闪耀迸发出的思想火花间，勾勒出理论的深层轨迹。

值得关注的是，鲍德里亚在《象征交换与死亡》之后呈现出来的

---

① [法] 让·鲍德里亚：《拟仿物与拟像》，洪凌译，台北：时报文化出版 1998 年版，第 10 页。

片断式论述风格，在同时期西方左派思想表述中并非是最先出现的。在 1967 年的《景观社会》一书中，德波已经开始采用反画面式的理论叙事方式，他在书中展现的景观批判是反表象的，在形式上延续了阿多诺在《否定的辩证法》中的反理性式论述。他们在文本叙述方式上表现出自觉的对于传统理性逻各斯中心主义的否定，不再遵循总体性框架中概念之间连接与过渡的逻辑推演方式，而是将逻辑推演的形式结构本身消解了；不再参照明确的段落划分，概念与概念之间不再有内在的必然关联；不再致力于建构同质化的话语体系，可以在一个问题的讨论之后直接跳转到另一个问题。从阿多诺到德波再到鲍德里亚，片断式的话语表述方式展示了一种对立和否定的态度，即对于理性话语体系中总体性和同一性的排斥，其中理论言说形式本身就已经构成批判的现实在场。

我们可以认为《拟仿物与拟像》是对《象征交换与死亡》的具象化扩展，同时，鲍德里亚在这一阶段将批判重心更加明确地集中于拟真社会中的再生产过程。如果说，《象征交换与死亡》一书确立了拟真的基本概念框架，在《拟仿物与拟像》中，拟真的现实性意义则被具体呈现为拟真（"拟仿物"）在现实社会形态中的"超真实"策略。因此，解读鲍德里亚关于资本拟真的现实批判，我们首先需要明确"拟像"和"拟真"（"拟仿物"）在后工业场景中的概念内涵和批判角色。

拟像-拟真理论框架中的"simulacre"和"simulation"概念

在国外马克思主义的思想史中，"拟像"和"拟真"概念均引述自列斐伏尔的批判理论，列斐伏尔在 1974 年出版的重要著作《空间的生产》中，将空间概念扩展到社会发展的现代性范畴，认为现代技术的发展将导致社会关系的抽象化和平面化，由此，具象的日常生活空间，最终会被形式化为由自然和历史所完全充满的空间的"拟像"。鲍德里亚在《象征交换与死亡》中提出"拟真"和"拟像"概念，延续了列斐伏尔空间生产理论中，关于"原型"在不再真实的前提之下进行自我复制的逻辑形态。但此时，他的理论立足点是发达技术媒介影响下的后工业社会，他关于拟像和拟真概念的逻辑建构也已经跳出日常生活理论的批判语境，在人类社会发展的社会历史维度重构了一个全新的拟像-拟真场景。

（一）关于"拟像"与"拟真"的文本翻译界定

在鲍德里亚的原文写作中，我们首先需要区分"simulacre"和"simulation"两个概念。其中，"simulacre"的内涵更为宽泛，用于指称与象征交换本真形态相对的所有仿造物，是存在论范畴中的概念；"simulation"则用于专门指称现代性之后，人类社会在后工业场景中对"真实"的拟仿和遮蔽，更多地体现为实践论范畴中的过程形态。simulacre 在古法语中有"偶然"的含义，也有幽灵、幻影或是模拟等意思，代表着人类主体与世界的对立统一关系，在鲍德里亚的后期文本中是"着眼于一种走近对象终而消解对象的方式"[1]，从社会历史维度则可以扩展至拟像-拟真关系架构，用于指称人类社会在原始象征形态之后经历的三重拟像阶段。simulation 则有着假装、模拟、仿真和假冒等含义，在拟像-拟真框架中对应于人类社会伪象征形态的第三重拟像阶段，用于指称在后工业时代，主体自我的无根性状态与无对象性现实场景。在英文的翻译版本中，"simulacre"没有直接对应的词，一般用"simulacrum"（复数形式为"simulacra"）表示，"simulation"则是沿用法语中的表述，二者从字面上来看是由同一个词根生成的，均为名词形式，均包含"模拟""拟仿"和"仿真"等含义。

在中文的版本中，"simulacre"一般翻译为"拟像""模拟""仿像"等，"simulation"则一般翻译为"拟真""仿真""拟仿"等，国

---

① 张一兵：《我拟真故我在：鲍德里亚的理论逻辑转换》，载《哲学动态》2008 年第 1 期。

内学界流行的中文译本中，对"simulacre"一词的翻译存在表述上的差异。大家在概念内涵上基本沿用的是 1998 年《拟仿物与拟像》（*Simulacres et simulation*）中文译本中的解读，译者洪凌在书中将"simulacre"翻译为"拟像"，用以阐述与象征交换本真形态相对立的，经由拟仿行为生成的虚构性现实。车槿山在 2012 年版《象征交换与死亡》中则将"simulacre"表述为"仿象"，在概念的意指含义上与"拟像"是一致的。在之后的《论诱惑》《致使的策略》《美国》《冷记忆》等中文译本中，"simulacre"概念基本表述为"拟像"，本书沿用张一兵在《我拟真故我在：鲍德里亚的理论逻辑转换》中的观点，认为"simulacre"一词包含了人类社会自现代性以来在各个发展阶段的拟仿形态，因而在文中基本采用"拟像"的表述。

"simulation"一词在国内译本中往往被表述为模拟、拟像或是仿真等不同方式。洪凌在《拟仿物与拟像》一书中将"simulation"翻译为"拟仿物"，车槿山在《象征交换与死亡》中翻译为"仿真"，在张新木主持的《冷记忆》系列译本中则被翻译为"拟真"，目前学界主要沿用的是"仿真"和"拟真"的表述。在这一问题的看法上，张新木老师在《论诱惑》译文中就"simulation"一词进行的说明较为全面，他认为，自《象征交换与死亡》之后，"simulation"一词更多地被用于表达作者在全新话语框架中的一种原创式意境，社会存在的基础被生成为消解了拟仿关系的"无根性的自我拟真之物"[1]，对应于人类社会发展的第三个阶段，即拟像阶段，用于描述后工业社会中人与社会在价值全透明客体维度上的相互关系，因而将"simulation"翻译为"拟真"更加合适。

与"simulacre"和"simulation"二者同时关联的概念是动词"simulate"，在中文译本中，simulacre 一般被翻译为"拟像"或是

---

[1] [法] 让·鲍德里亚：《论诱惑》，张新木译，南京：南京大学出版社 2011 年版，第 5 页。

"仿像"。从词语的内涵上来看，"simulate"更多地用于指称"拟像"（"simulacre"）之前的行为过程，代表着人类社会在近代之后，通过商品生产或符号代码价值体系来建构一系列"伪象征"形态，属于与象征交换本体性相对立的社会历史学范畴。鉴于上述梳理，在接下来的论述中，本书将综合采用各个文本中的翻译阐释，在一般情况下，将"simulacre"统一表述为"拟像"，将"simulation"表述为"拟真"，用"拟像-拟真"框架来表述鲍德里亚以象征交换为本真前提建构出来的，关于人类文明发展的全新社会历史语境，同时将在相关文本的解读过程中，对已有通用版本的不同概念表述作出特别说明。

（二）"拟仿物"（"拟真"）：先验本质镜像关系的消失

"拟仿物"（"拟真"）是《拟仿物与拟像》文本中的核心概念，鲍德里亚在第一章中对于"拟仿物"与"真实"的关系进行了界定："拟仿物从来都不是隐藏起真相的东西；它隐藏起的是'从来就没有所谓真相'的那个真相"①，也就是说，拟真的理论策略不在于用拟仿的假相来替代真相，而是在于在一个没有真相的现实场景中，通过拟仿的行为本身来建构起真相始终在场的价值意识形态。在这一理论遮蔽的过程中，"拟仿物本身，即为真实"②。

在这里，鲍德里亚强调，拟真是一个批判式的概念，是相对于"真实"的先验本体价值而提出的抽象拟仿。他将拟真的批判性阐述为意指体系中符号差异性的消失，这里的差异性在概念意义范畴中区分了同一者和异己者，通过确定性的概念形成逻辑上的镜像关系。因而，由拟仿物映射出来的，是对先验本质的假想式镜像关系的解构，在理论形态上具体可以呈现为三个层面的规定：

---

① [法]让·鲍德里亚：《拟仿物与拟像》，洪凌译，台北：时报文化出版1998年版，第13页。

② [法]让·鲍德里亚：《拟仿物与拟像》，洪凌译，台北：时报文化出版1998年版，第14页。

1. 本体/表相的对立并不存在

拟真否定了真实的具象化形态，拟仿的过程即是对于真实价值本体的消解。鲍德里亚在《拟仿物与拟像》中提到博尔赫斯（1998 年中文版中译为"波赫士"）笔下的地图寓言，在这一则寓言中，地图不再是对于现实国土的描绘，而是成为现实之本身，成为形而上学的"本相"。"所沦丧者，便是所有的形上学。再也没有本体与表相之镜，也没有真实及其概念，再也没有想象中的共存性"①，这是鲍德里亚对于拟真的非本体化界定，我们可以认为，在"真实"的本体内涵被消解之后，现实形态的关系活动中，除了操作本身之外别无他物，而与"真实"概念一同被消解的，也包括了与之相对立的、主体的镜像式他性想象。

在现实的层面上，鲍德里亚指出，拟真抽象在当前社会已经普遍化，社会关系不再体现为对于真实本体的参照，而是通过代码模型的积累来建构出一个没有本源的超真实。"事实上来说，那早已不是所谓的真实，因为再也没有想象性的东西包含着它。那是超度真实，它的发生处就是在一处没有气压的超空间，从某种联结性模型中的辐射状化合物之内产生出来"②。在这里，鲍德里亚论述了"拟仿物的形构进程"③：以真实与表象之间对立分界关系的消失为前提，进而创造出一个超越于"真实"之上的超真实场景，超真实在零度空间中形成结构化的模型（模式），并以此取代"真实"成为本体的设定。

由此，鲍德里亚再次强调了拟真作为第三重的拟仿物与第二层次拟像之间的不同。他提出，拟真并不是"假装"的过程，作为"假装

---

① ［法］让·鲍德里亚：《拟仿物与拟像》，洪凌译，台北：时报文化出版 1998 年版，第 15 页。

② ［法］让·鲍德里亚：《拟仿物与拟像》，洪凌译，台北：时报文化出版 1998 年版，第 16 页。

③ ［法］让·鲍德里亚：《拟仿物与拟像》，洪凌译，台北：时报文化出版 1998 年版，第 13 页。

者"，他只要让其他人相信他的假装即可，在他假装的背后依然有"真实"的存在。而在拟真过程中，拟仿行为在于制造"假装"本身，也就是说，"假装"是拟真的在场方式。我们可以作出进一步的解释，在第二层次的拟像中，"假装"本身并没有动摇到真实的现实法则，真实/表象之间的对立差异依然是存在着的，仅仅是被遮盖住了；拟真却威胁到这一差异本身，是对真相和虚假、客观真实和主观想象之间对立形态之否定。

鲍德里亚在文中列举了病人的例子，对于一个假装生病的人，在他"假装"的症状之后，是没有病症的现实，而如果这个假装的人已经在自己的身体内制造出病症，那他已经不再是"假装"生病，但也不能认为他是真的病了。"因为，如果说任何病征都可以被生产出来，而且也不是被自然生成，那么，每一种症候都可以被当成是可拟造的、也同时被拟造出来。"[1] 在这里，鲍德里亚是想表达，作为理性的科学，医学的任务在于解决"真正的"病症，在这一意义上，第二种情况的人工拟仿"病症"并不是医学的对象，而是一个心理学的难题，鲍德里亚认为对此的解答只能采用"身心症（psychosomatique）"的方法，即"在疾病法则的边界上，以含糊暧昧的样态环生出来"[2]。他认为，我们必须否定"真正的"病症这一医学理性概念本身，将"病症"的现实在场方式作为唯一依据。也就是说，不再预先设定对病症是否"真实"进行界定的先验标准，而是直接从病人表现出来的现实症状出发来做出判断。

2. 符号学范畴中能指/所指关系的消解

鲍德里亚在文中阐明了这样的观点：我们既不可能在拟真现实中

---

① [法] 让·鲍德里亚：《拟仿物与拟像》，洪凌译，台北：时报文化出版 1998 年版，第 18 页。
② [法] 让·鲍德里亚：《拟仿物与拟像》，洪凌译，台北：时报文化出版 1998 年版，第 18 页。

揭发出真相，也不可能将现实定义为虚假的表象，社会存在只能呈现为符号学意指关系消解之后的无意义拟仿物自身。"在那个不会被打断的、没有指涉也没有疆域线的环圈之内，它并非和真实做交换，而是和自己打交道"①。通过对能指/所指二元对立关系的否定，鲍德里亚不再认可符号学理论中"摇摇欲坠"的先验价值，他提出，拟真形态是一个表象化的场景，意指关系的消解意味着深层次概念体系中价值和意义的透明化，在外表的空间范畴中构成一场"倒退与拟像的游戏"②。在这一意义全透明的形式表象场景中，除了符号代码的客体在场外则别无他物。

在理论的概念逻辑层面，符号的能指/所指二元结构形态是索绪尔符号学理论中的核心思想，鲍德里亚对于意指关系的否定也正是从对索绪尔符号学理论的批判开始的。索绪尔的符号学理论是法国结构主义思潮兴起的逻辑基础，为现代哲学的主流话语体系提供了理论建构的方法论框架。和当时法国学界的大部分左派理论家一样，鲍德里亚早期是符号学理论的拥护者，自《物体系》时起，他致力于在符号意指关系的逻辑框架中展开对资本主义意识形态价值体系的批判。如同戴阿宝老师在《终结的力量——鲍德里亚前期思想研究》一文中所提到的，"商品对于鲍德里亚，如同语言对于索绪尔，两者都是具有能指和所指，具有抽象、等价和相互交换这些索绪尔赋予语言符号的特点"③。我们也可以认为，鲍德里亚充分阐释了符号学意指关系中的生产内涵，或者说，他借助于符号学的意指框架，对商品生产、流通以及消费等社会形态进行了规则逻辑的结构化阐释。

---

① [法]让·鲍德里亚：《拟仿物与拟像》，洪凌译，台北：时报文化出版1998年版，第22页。
② [法]让·鲍德里亚：《拟仿物与拟像》，洪凌译，台北：时报文化出版1998年版，第55页。
③ 戴阿宝：《终结的力量——鲍德里亚前期思想研究》，北京：中国社会科学出版社2006年版，第78页。

　　符号学中的生产意义在《物体系》之后的文本中同样得到了呈现，并依据文本中批判线索的发展被赋予了不同的价值内涵。在《象征交换与死亡》中，鲍德里亚消解了符号价值体系本身，与此同时，符号学意指体系中内含的抽象式生产意义也一并被否定了。鲍德里亚在文中认为，符号学中的意指体系是生产意识形态的表征，体现着拟真客体统治的抽象化过程。

　　我们可以这样理解，在符号学理论中，能指与所指之间存在着对立与对应的辩证关系，一方面，二者的概念形态中包含着外表现象和内在意指的逻辑分界；另一方面，能指与所指摆脱了形式和事实之间的附属关系，建立了符号任意性的流通场景。这既是对古典语言学中关于语言与事实之间先验本质化对应关系的超越，同时也提供了对符号能指重新进行现实表征的理论空间。对此，鲍德里亚在《象征交换与死亡》中很明确地指出，"语言学产生于它在能指和所指之间建立的那条分界线"[1]，他同时强调，这里的分界线不仅仅是对于符号的形式和内涵之间关系的界定，同时也表征着语言学所代表的科学秩序，"语言学和政治经济学作为科学，是完全有理由相信这种秩序的，因为它们是秩序的捍卫者"。[2]

　　在这里，由能指/所指分界所表征的秩序是鲍德里亚拟真批判的重心，他认为，在现代社会的拟真生产中，意义指涉的分界关系是对象征交换本真形态的背离，是需要被彻底否定的。有意思的是，为回归象征交换的本真内涵，鲍德里亚又回到了索绪尔的符号学理论中。他在《象征交换与死亡》中提到索绪尔关于诗歌的"易位书写"原则，认为"易位书写"原则代表着语言表述的无意义组合，其中包含着自

---

[1] ［法］让·鲍德里亚：《象征交换与死亡》，车槿山译，南京：译林出版社 2006 年版，第 332 页。

[2] ［法］让·鲍德里亚：《象征交换与死亡》，车槿山译，南京：译林出版社 2006 年版，第 321 页。

我否定的"死亡"式象征暴力。"易位书写"原则是索绪尔对结构语言学理论的深化，索绪尔认为，在诗歌创作的过程中存在着一种隐性的书写方式，"隐性书写的目的在于突出一个名字，一个词，尽量重复这个词的音节，从而赋予它第二种存在方式"[①]，他将诗歌中的隐性书写称为是"附加在此词原初方式上的一种伪造的存在方式"[②]。鲍德里亚认为，索绪尔的"易位书写"原则体现着对于能指形式逻辑和语词基本法则的批判，通过纯粹的形式表征可以实现对能指意义的释放，由此获得回归象征形态的否定式方法。同时，鲍德里亚指出，索绪尔尽管提出了"易位书写"原则，但他并没有觉察其中的批判性意义，依然在符号学理论中保留了能指/所指分界关系的基础内涵，所以符号学理论依然是需要被超越的现代性拟真话语。

3. 主体/客体对立分界的消解与模糊

对鲍德里亚来说，拟真对符号意指关系的消解，意味着"法则"或是目标物的退场，一旦能指与所指的对立关系被消解，作为主体行为目的导向的价值意义指涉在逻辑上也就不再成立，对先验价值的反思或是主体性呈现同样需要一并被否定。由此，在符号意指关系解构之后，拟真形态即具备了非主体性的特征，在逻辑层面可以表现为符号在普遍性和均一化场景中的对等交换，而在关系层面确立起来的，则是代码的数字化模式在表象空间中的绝对的客体统治。

鲍德里亚认为，在现代性的存在论范畴中，主体与客体的二元对立形态包含着对空间概念的差异性确认，同时也与主体认知的线性时间维度相关联，在这一过程中，"中介"概念是一个关键的要素。主/客二元对立形态中的主体认知过程需要以时间的连续性为前提，主客

[①] ［法］让·鲍德里亚：《象征交换与死亡》，车槿山译，南京：译林出版社 2006 年版，第 295 页。

[②] ［法］让·鲍德里亚：《象征交换与死亡》，车槿山译，南京：译林出版社 2006 年版，第 295 页。

体之间的相互作用在空间范畴中则表现为"中介"的"他者"差异效应。在拟真的批判语境中，现代性的逻辑概念框架被代码的数字化形态所取代，其中，代码信息的表象流通是均一化的、非线性的，同时也是随机的。作为问/答测试二元控制体系中的组成部分，"中介"的"他者"内涵被纳入信息的模式场景中，和其他关系要素一样具备数字化技术属性，共同构成现实关系中全透明式的外表空间场景。

拟真的客体化形态在鲍德里亚的后期文本中一直是被重点阐述的话题，鲍德里亚在《冷记忆》系列文本中，通过对记忆的功能性揭示进一步表达了拟真逻辑对于主体性价值反思的消解："它会以回溯的方式赋予事物它本来没有的意义。它会以回溯的方式抹去众多事件的内在幻象，抹去形成事物独特性的幻象。"① 这一段话中，事物的内在幻象是通过主体的反思过程被建构起来的，而拟真的回溯过程则消解了主体性反思的差异性前提，同样也否定了本体论意义上事物"最初那谜一般的形式"②。

在《致命的策略》一书中，他通过"水晶的复仇"来表示纯粹外表诱惑中的客体性逻辑，认为水晶的折射效应代表着拟真形态中已经确定的命运，而与此同时，水晶既非被动地作用于主体，也没有被卷入到现代性镜像阶段的投射和认同的过程中。在这里，主体与客体的区分在"水晶"的意象中被消解了，取而代之的是纯客体式的反讽、惰性与诡计的秩序激情，与之相对立，主体的激情则是关于欲望式的，同时也是拟仿式的。

后工业场景中拟真的超真实策略

依据鲍德里亚的论述，拟真决定着后工业时代资本主义社会的现

---

① [法] 让·鲍德里亚：《冷记忆 Ⅲ》，张新木、陈雯乐、李露露译，南京：南京大学出版社 2009 年版，第45 页。

② [法] 让·鲍德里亚：《冷记忆 Ⅲ》，张新木、陈雯乐、李露露译，南京：南京大学出版社 2009 年版，第45 页。

实场景，反映着代码类生物式数字化体系中的意识形态特征，在理论层面则表现为"超真实"的表象策略。鲍德里亚在《拟仿物与拟像》中对于超真实的策略有过一段略显晦涩的表述："将会有一堆被慌乱所激发出来的真实产品与指涉产品，它们可能平行，或者更甚于物质生产的张皇失措——这就是拟像在那个让我们感兴趣的时机所发动的姿态。那是现实的策略，也是非现实与超度现实的策略，以至于在各处都会出现退却策略的双生体（double partoutune stratégie de dissuasion）。"① 从这一段论述中，我们可以发现，鲍德里亚认为超真实策略中包含着双重内涵，他在《拟仿物与拟像》中具体阐释为："真实"的直接表达与过度展现、否定性场景中的退却与"反转"机制。在下面的章节中，我将结合鲍德里亚在文中对于超真实场景的批判式展现，对上述拟真策略的两个平行线索作出进一步的阐释。

（一）过度"真实"的正向维度

1. 超真实的重言式表述

在《象征交换与死亡》中，鲍德里亚对拟真社会中的"超真实"形态做出了精辟的说明，认为"超真实"的逻辑关系是通过 A＝A 的重言式表述建构起来的。他在文中提到巴黎国民银行的一则广告："我对您的金钱感兴趣——礼尚往来——您把钱借我，我让您受益于我的银行"②，指出在这一则广告中，资本的等价法则是被清晰地、面对面地陈述出来的，其中的营销策略体现着经济场景中的超真实建构，其中的等价法则属于"重言式的范畴"③：不是 a＝a 的二者之间的等价对应关系，也不是 a＝a＋a' 的剩余价值增值关系，而是 A＝A 的命令式表述。

---

① [法]让·鲍德里亚：《拟仿物与拟像》，洪凌译，台北：时报文化出版 1998 年版，第 24 页。
② [法]让·鲍德里亚：《象征交换与死亡》，车槿山译，南京：译林出版社 2006 年版，第 42 页。
③ [法]让·鲍德里亚：《象征交换与死亡》，车槿山译，南京：译林出版社 2006 年版，第 44 页。

鲍德里亚在文中表明，这一则广告以直接的态度确立了经济学场景中超真实的同一性形态，"在陈述经济等价法则的幌子下，实际陈述的是重言式命令，是统治的基本规则"①。我认为，鲍德里亚在这里表述了拟真的合法性策略：广告以"'一对一'的资本主义坦诚"②构成对"真实"意义的直接确认，在价值的表象场景中呈现了一种政治式的直觉，在社会关系的现实形态中力图说服大众，进而形成对自身可信性的"同谋"效应。

在这里，拟真中的重言式论述是对于"真实"过度呈现，或者说，是真实符号的溢出效应，在文中，鲍德里亚将真实的溢出呈现方式称为"淫秽"的引诱："用经济的淫秽来引诱大家，在资本的残暴性本身造成的邪恶魅力的层面上俘虏大家"③。在这里，超真实的"淫秽"引诱代表着拟真的隐形权力话语空间，其中不再有情感、价值或是服务等价值形态，主体的现实在场呈现为对于社会关系的直接注视，这是真理意义性和社会主体性消解的过程，同时也构成拟真客体统治的普遍方式。

在上述引述的基础之上，鲍德里亚将超真实形态中的重言范式与政治经济学层面的等价法则联系起来，阐述了经济场景中拟真的遮蔽性策略：广告将资本与利润的经济等价关系虚构为真实的法则，强加给一个已经不再真实的时刻。他强调，广告是在"宣布"自己的法则，而这一法则并不是真相，因为并没有"真相"。我们同样可以认为，广告关于"真实"的具象化描述恰恰在于掩盖"没有真相"这一事实，这是资本在超真实场景中建构出来的"比真实还真实"的普遍性场景，也是拟真统治最直接的现实策略。

---

① [法] 让·鲍德里亚：《象征交换与死亡》，车槿山译，南京：译林出版社 2006 年版，第 44 页。
② [法] 让·鲍德里亚：《象征交换与死亡》，车槿山译，南京：译林出版社 2006 年版，第 43 页。
③ [法] 让·鲍德里亚：《象征交换与死亡》，车槿山译，南京：译林出版社 2006 年版，第 43 页。

2. 拟真法则中的"一般等价物"关系

鲍德里亚认为,拟真对于"真实"的具象化呈现是策略性的,一方面,现实关系不再依靠"真实"的法则而存在,与此同时,法则通过超真实的关系建构重构了自身的统治话语。

我们在上一小节中已经提到,鲍德里亚将超真实的逻辑形态陈述为 A＝A 重言式结构,随后,他在《拟仿物与拟像》中进一步指出,超真实的重言式表述在逻辑形态上反映着社会关系中"一般等价物"的流通,这一过程以符号意指关系的消解为前提,涵盖了在价值体系中对于主体性的超越。

鲍德里亚在文中提到,超真实的"一般等价物"形态在逻辑上是一个普遍均衡化的系统,在其中,拟仿物通过代码的数字化运作模式来进行每一道过程操作,在此基础上形成一个程式化的、稳定的、能够被完美复制的体系。如同我们在上一章节中具体阐述的,代码体系中所有的关系要素都将以系统信息的形式被纳入数字化二元测试问/答场景中,要素与要素之间的流通过程是均质化的,不包含任何由意义中介连接的差异性,只留下"模型的、星球轨道式的回转归位"[1]和由代码模式控制的普遍化场景。

在这里,鲍德里亚提出"一般等价物"概念,在字面的表述上借鉴了经济学的术语,将经济理性中价值流通的抽象化形态转换为符号代码体系中模式化的无意指关系,在此基础上建构起拟真客体逻辑的自为转换机制,也表征着拟真权力话语在逻辑层面的可循环式复制效应。可以说,鲍德里亚通过符号代码的"一般等价物"体系诠释了拟真在现实维度"比真实还真实"的完美客体形态,这一过程本身是策略性的,在拟真社会的普遍全透明关系场景中,任何来自主体反思的

---

[1] [法] 让·鲍德里亚:《拟仿物与拟像》,洪凌译,台北:时报文化出版 1998 年版,第 16 页。

意义价值言说都将被彻底消解。

3. 资本主义后工业场景中的"零度"空间

在《拟仿物与拟像》中，鲍德里亚对资本主义拟真社会中"比真实还真实"的策略形态进行了具象化阐述，描绘了现实层面意义全透明的社会关系表象，并将这一普遍性的、超真实的后工业关系场景称为拟真的"零度"空间。

"零度"概念由罗兰·巴特在文艺学语境中提出，用以描述"无标记的词项"① 和直陈式的写作方式。罗兰·巴特在《符号学原理》中指出，"零度"概念起源于音位学，在语义学中被广泛应用，在符号系统中意味着纯粹形式化场景中意义的缺席。罗兰·巴特认为，意义的"零度"并不是指绝对的虚无，能指的不在场本身也代表着一种能指的情况，他在著作中引用了索绪尔在《普通语言学教程》中的逻辑表述："A 处于一种零状态，也就是说，A 并不确实存在，但在某些条件下，我们可以使之出现"。② 1947 年，萨特在《文学是什么》一文中提出"零度写作"的概念，他主张文学应该干预社会、生活和政治，认为写作的意义在于直面关于人的问题，我们应该以坦白而诚实的方式来进行写作，主体性存在于各种社会呼声和判决的环境但并不需要介入其中。

在罗兰·巴特和萨特的概念理论基础之上，鲍德里亚从拟真框架出发，将"零度"的概念扩展到社会存在的各个领域，在社会现象学层面建构了普遍抽象意义之上的解构式图景。他在《拟仿物与拟像》一书中以"零度地基的广告"为题，对后工业社会的表面化、肤浅化和形式化形态进行了深入的阐述。鲍德里亚在文中首先选取了广告作为问题出发点，他提出，在后工业时代的社会大生产过程中，广告的形式呈现包含

---

① [法] 罗兰·巴特：《符号学原理》，王东亮等译，北京：生活·读书·新知三联书店 1999 年版，第72页。

② [法] 罗兰·巴特：《符号学原理》，王东亮等译，北京：生活·读书·新知三联书店 1999 年版，第72页。

着零度表象空间中的拟真代码机制，表征着社会活动中的超真实场景。

在拟真的关系形态中，广告必须通过对形式差异化的宣传来实现某一个社会性的要求，例如说，通过创意显示为政治人物对大众的行销或贩售进行宣传，以公开竞争的方式实现对交通模型、商品和注册商标等要素的动员和整合等等。鲍德里亚指出，在上述过程中，广告活动是在现代社会的大众传媒背景下进行，而随着当前资本主义社会中技术意识形态和工具理性的日益扩展，广告活动需要遵循一种激进民主式的游戏规则，其中，技术意识形态的不断扩张带来电子信息化流通的极度膨胀，直接导致了社会主体性的消解。鲍德里亚认为，信息技术时代现代工业生产的社会功能需要在机器复制的物化场景中实现，这是一个拟真化的过程，社会个体将成为拟真机器全速运行的伪欲望对象，被纳入意义全透明的外表关系场景中。

在这样的理论背景之下，鲍德里亚进一步指出，现代社会中需要直接面向大众的广告是没有深度的，体现着现代大众传媒的表象形式特征，因而，他在文中将广告称为"所有公共性意指之无动于衷的镜子"①。"它并没有深度，它是速食性的，而且快速即时地被忘却。这是表面肤浅形式（la forme superficielle）的胜利"②。由此，鲍德里亚进一步强调，尽管广告的运作模式在形式上呈现出主体的想象性与透视性，广告的现实效应却是非主体性的，在广告宣传中，所有的符号言说通过诱惑的空洞而不可避免的形式，被加以连接并平等地输送给其他社会大型媒介。这是一个无对象化的过程，其中，社会意义被消解了，广告不再是传播信息的方法，而是成为信息本身参与到代码的模式化流通过程之中。

---

① ［法］让·鲍德里亚：《拟仿物与拟像》，洪凌译，台北：时报文化出版 1998 年版，第 182 页。
② ［法］让·鲍德里亚：《拟仿物与拟像》，洪凌译，台北：时报文化出版 1998 年版，第 175 页。

4. 超级市场的"蒙太奇工厂"效应

在《拟仿物与拟像》一书中，鲍德里亚认为，超级市场作为消费社会中的拟真场景之一，体现了过度"真实"的策略，代表着一种过度展示的拟真社会性，他称之为超真实的"博物馆化（muséifié）"[1]，即通过对文化和生活场景的陈列，社会存在以特写的方式被规定着，在这一过程中，对于参与大众来说，大家都成了被建构的、拟真现实规定性的见证者，共同构成超真实的现实维度。

在超级市场的案例解读中，鲍德里亚首先提出社会大生产背景下的超级市场测验机制。他认为，大众在超级市场的消费行为是一个被测验的过程，也就是说，大众是被"召唤"的，因为当我们准备开始消费时，我们的主观意愿已经是被建构好了的，"答案早就包含在问题之内"[2]。从逻辑形态上来说，鲍德里亚对于超级市场的测验机制的阐述类似于全广角的影像银幕，在直观的意义上表征着意义零度表象场景中操作性的空间。他将超市中的展示品及产品对应于拟真体系中均质而连续的代码排列，将超市的雇员设定为拟真的舞台前景，通过超市在自助式消费的表象之下全方位的控制机制，映射出意义在全透明表象中的深度缺乏。由此，我们可以从鲍德里亚的超真实布局中建构出一个绝对的客体表象，展现的是拟真操作的时空同质化和模式化的自主驱动，"相应于某个完全解域化的功能，以及某个工作基模"[3]。

在超级市场的拟真表述中，代码形态的货品与作为舞台前景的店员是同时出场的，二者都是超级市场"真实"展示的一部分，共同被纳入由代码模式决定的关系整体结构之中，同时表征着代码控制的社

---

[1]［法］让·鲍德里亚：《拟仿物与拟像》，洪凌译，台北：时报文化出版1998年版，第27页。
[2]［法］让·鲍德里亚：《拟仿物与拟像》，洪凌译，台北：时报文化出版1998年版，第154页。
[3]［法］让·鲍德里亚：《拟仿物与拟像》，洪凌译，台北：时报文化出版1998年版，第158页。

会化形态。在此基础上，鲍德里亚提出，超级市场中的超真实结构表征着城市现代性的终结，资本主义社会所处的后工业时代正经历着由核子系统、卫星化操作以及控制化网络服务等带来的全新变革，信息电子产业的发展在都市元素中引入数字化的代码操控，通过自身的超真实展示搭建出大众空间中的"星球轨道"①。

他在文中将上述轨道式形态比拟为没有剪接性的镜像场景，或者说，是将客体世界封闭于自己体内的游戏形态，其中的特定关系可以通过分裂过程来复制自身，并通过形式上的多重输出与输入机制实现自为式的循环与平衡。鲍德里亚将这一过程称为超级市场的"蒙太奇工场"效应，即将城镇视为一个整体性的活动荧幕，社会关系的各个要素沿着线性的轨道从串联着的某一点向另外一点移动，通过这一过程来制造浮动与去中心化的场景。

蒙太奇手法最初在电影艺术中被大量运作，并成为现代电影表现方式中极为重要的要素，现代视觉艺术中的蒙太奇（montage）手法是指有意涵地、时空人为地对视觉场景进行拼贴和剪辑。在电影蒙太奇的表现过程中，大幅度的时空跨跃来自影像的技术重组：将不同的镜头组接在一起，产生各个镜头单独存在时所不具有的含义，从而构成与实际生活中的时间空间并不一致的电影时间和电影空间。爱森斯坦在《蒙太奇论》一书中提到，蒙太奇在电影中的创作手法是多视点化的，"镜头内部结构的冲突仿佛是蒙太奇的细胞，随着冲突的加剧，这个细胞是要遵循分裂的规律的"②。在鲍德里亚的拟真论述中，"蒙太奇"在电影艺术创作中的多极点式技术手法被引申到拟真全透明外表空间范畴中，表征着关系要素之间非逻辑性的、去中心化的任意连接

———————————

① [法] 让·鲍德里亚：《拟仿物与拟像》，洪凌译，台北：时报文化出版 1998 年版，第 158 页。
② [俄] C. M. 爱森斯坦：《蒙太奇论》，富澜译，北京：中国电影出版社 2003 年版，第 13 页。

方式。通过对拟真形态中关系场景的抽象化展示，鲍德里亚认为，由超级市场所映射出的后工业城市已经成为一个被预设的重构式在场，新的权力客体成为拟真的主干，时间和空间则在符码拟仿物的重组中被同质化，进而带来现代意义上功能与知识的属性危机：以某个设定好的无功能整体来实现解构，创立出全新的原创式暴力效应，由此将传统的知识和文化模型纳入全透明表象体系与自我复制的卫星轨道形态中。

在超度现实的模型下，社会的功能性是被消解的，城市本身呈现为人工拼合的，"过度单调的、过度麻木的、过度现实的、过度交流的"①超真实形态，这也是虚构性的全然零度表象。在《断片集》中，鲍德里亚列举了1992年奥运会开幕式中的现场歌唱效果。其中，电视大屏幕的现场高清晰度播放本身构成了对歌唱家演绎效果的影响，也可以说，在歌唱现场的电子化拟真过程中，信息技术、歌唱家的影像、观众等每一个因素都成为事件的组成部分，共同建构起对本真意义上歌唱艺术的遮蔽。传统大众媒介参与的目光游戏已经被影像视觉时代的"目光越位"所替代，这就是拟真后工业场景中"比真实还真实"的超真实建构。

（二）拟真否定性策略中的"不在场证明"

1. 民族学"事件"的否定式隐喻

在《拟仿物与拟像》中，鲍德里亚阐述了后工业时代资本主义拟真社会中的一系列现实场景，展现了超真实在社会学范畴内的客体策略。其中，他的论述对象包括了作为人类社会科学体系一部分的民族学，以及民族学在社会存在中的"诡计"：在否定性前提下以"反转"的方式建构起来的，对某一民族形态的"真实"确认。

---

① [法] 让·鲍德里亚：《冷记忆 III》，张新木、陈雯乐、李露露译，南京：南京大学出版社 2009 年版，第66页。

对民族学进行超真实批判的过程中，鲍德里亚具体列举了著名的塔沙达人保护"事件"（在鲍德里亚列举这一案例的时候，关于塔沙达人真实性的争议尚未形成，此时这一事件依然还是作为一个人类学的案例发现而提出的）和印第安人部落"拟像模型"。他在文中指出，民族学的科学发现在本质上是理论体系的再生产过程，作为科学分支的民族学在塔沙达人事件中，将研究体系中的田野调查对象封存起来，这在表面上是对于科学对象的"谋杀"，但在表象的背后则是对于科学话语体系的保障与强化，"它运用着它的客体之虚拟牺牲，来保存自己的现实法则"[1]。

在鲍德里亚的论述中，人类学以"保护"的名义禁止对塔沙达人事件作出进一步的调查或介入，在操作形式上是中断了更加深入的科学建构，在大众意识形态场域则通过这一否定性的行为制造了一个"反转"的过程。在民族学"反转"效应的逻辑建构过程中，对于塔沙达人的保护首先必须是一个公众"事件"，可以在社会范畴内形成对被保护对象及相关认证理论的合法性说明，进而在此基础之上建构一个"指涉性的拟仿物"[2]。"就像是民族学所扮演的角色——将自己与其客体分离开来，以便维持它的纯粹形式……也不过只是另一种人工性的回旋"[3]，在这里，通过拟仿物的否定性形式，民族学在意识形态范畴中提供了一个"完美的遁词"[4]：通过否定的行为本身，回转指向否定得以实现的必然性的逻辑在场前提，由此生成拟仿物在抽象意义上的反向确认效应，为民族学理论相关命题的"真实"在场提供保障。

---

[1] [法] 让·鲍德里亚：《拟仿物与拟像》，洪凌译，台北：时报文化出版 1998 年版，第 26 页。

[2] [法] 让·鲍德里亚：《拟仿物与拟像》，洪凌译，台北：时报文化出版 1998 年版，第 27 页。

[3] [法] 让·鲍德里亚：《拟仿物与拟像》，洪凌译，台北：时报文化出版 1998 年版，第 32 页。

[4] [法] 让·鲍德里亚：《拟仿物与拟像》，洪凌译，台北：时报文化出版 1998 年版，第 26 页。

　　我们可以将塔沙达人事件作为一个颇具代表性的超真实策略场景，是民族学理论以"反转"方式进行"真实"确认的抽象化过程，在这个问题上，鲍德里亚认为，美国社会对于印第安人属地的保护是同质性的。民族学将印第安人部落送回热带雨林，使之在应然的状态中继续存在着，这一过程中，科学活动远离了自身的理性客体人，但同时又反转式地确立了客体在场的先验逻辑前提，即认同印第安人部落的社会模型在民族学之前便已经存在。鲍德里亚在文中指出，让野蛮人继续成为野蛮人，是对作为民族学概念命题的"塔沙达人部落"或是"印第安人部落"的间接式"真实"呈现，或者说，是人类社会的部落模型在拟真框架中"超逾自身的道成肉身（s'incarner）"①。

　　通过对上述事例的阐述，鲍德里亚展现了现代民族学作为科学理论在话语形态上的拟真策略：通过"保护"或隔离的否定式行为将某一现实部落在大众场景中特别呈现出来，进而对之前所有关于民族学部落的理论言说赋予科学的意义。在这一过程中，科学通过保护、隔离等否定式行为，反向建构出对于"真实"的抽象式确认过程，被保护的科学事件由此成为超真实的拟仿物，获得了自身"真实"合法性的逻辑证明。

　　鲍德里亚将上述超真实策略称之为"博物馆化（muséifié）"②或"去博物馆化（la démuséification）"③，这是一个结构式的概念，在理论策略上实现了一种人为设置的反转效应：在科学理论体系中制造出"真实"的社会物种，以保护或隔离的方式人工化地使其复活，进而反向"展示"并确认一个"真实"的被保护起来的拟真世界。这一过程

————————————

① ［法］让·鲍德里亚：《拟仿物与拟像》，洪凌译，台北：时报文化出版1998年版，第26页。

② ［法］让·鲍德里亚：《拟仿物与拟像》，洪凌译，台北：时报文化出版1998年版，第27页。

③ ［法］让·鲍德里亚：《拟仿物与拟像》，洪凌译，台北：时报文化出版1998年版，第32页。

在表面上是科学在为"真实"作出规定，而实质上是拟真客体以否定性的方式投诸科学理性之上，从反向层面确认了对于现实的超真实拟仿。

通过干扰或是中断对某一社会事件的认知和调查，将关于这一事件本身的科学概念和社会意义陈列出来，从而在社会范围内实现预设"真实"的效应累积。这是现代科学理性在拟真语境中与重言式结构并列的超真实策略，或者说，是超真实策略在否定性维度的现实意识形态。

2. 迪士尼乐园的虚幻与真实

鲍德里亚将迪士尼乐园形容为一个"社会的微观宇宙（le microcosme social）"，是"宗教化的、微型化的真正美国式乐趣"。①他首先提出，通过盛大的游戏场景和现代化的娱乐设施，迪士尼乐园创造了一个封闭式的想象幻境，通过漫画人物和情节乌托邦式地展现出美国社会的现实场景和价值形态。这是理性的意识形态路径，也是后现代大众传媒批判关注的对象，在第二层拟像的意义上，迪士尼乐园是对于客观世界外部现实和价值体系的游戏式拟仿，通过卡通式的娱乐表达展现了"关于美式生活的文摘，美式价值观的赞颂"②，是对于现实社会矛盾关系的理想化再现。

在拟真的话语形态中，迪士尼乐园的虚构性本身则具备了更深层次的"真实"指向，即在否定性维度呈现的超真实策略建构。在文中，鲍德里亚首先强调，迪士尼乐园的游戏化场景是人工构建的，为了刻意地与周围社会生活场景明确区分开来，在迪士尼乐园的娱乐化符号场景中，对于外在客观世界的拟仿本身建构了在真实/虚幻之间的二元

---

① [法]让·鲍德里亚：《拟仿物与拟像》，洪凌译，台北：时报文化出版1998年版，第34页。

② [法]让·鲍德里亚：《拟仿物与拟像》，洪凌译，台北：时报文化出版1998年版，第35页。

对立逻辑形态，而这样的二元对立关系本身即预设了一个理论命题：虚幻场景之外是真实的社会存在。由此，迪士尼乐园的存在是"被呈现为想象性的，为的就是要让我们相信，真实便是真的"①，这一过程同时遮蔽了另一个现实：与迪士尼乐园的盛大拟像相对立的后工业社会现实场景依然是虚构的，在其中并不包含"真实"的价值在场，只有超度现实的全然拟仿秩序。

此时，我们可以接触到超真实形态中"比虚假还虚假"的策略核心：迪士尼乐园的拟像已经不再属于现实的虚假或是再现，同时也不具备意识形态的遮蔽式场景，它遮藏起更为根本的事实："真实"再也不是真的。迪士尼乐园营造了拟真的独立游戏式场景，在概念价值体系的确定性阐述中把关于"真实"的虚构性预设储存在否定性的话语场景中，"这个世界想要藉着变得稚气，来让我们相信，成人住在另外的地方，而且要遮掩起事实——就是说，真正的稚气散落于各个角落，也就是成人来到此地，上演稚气的戏码，好来孵化自身真正的稚气。"② 拟仿物在自身的否定性维度中重塑了另一个"真实"的在场，进而在逻辑层面建构出大众心理的社会秩序，以及在这一体系中"所有关于情欲的、心灵的、身体的再循环机构"③。我们可以认为，迪士尼乐园代表着拟真语境中超真实策略在否定性维度的一个缩影：现代性城市的真实意义就在于"什么也不是"④，从这个意义上来讲，迪士尼乐园中的超真实拟仿恰恰是拟真社会自我实现的必要环节。

---

① ［法］让·鲍德里亚：《拟仿物与拟像》，洪凌译，台北：时报文化出版 1998 年版，第 35 页。

② ［法］让·鲍德里亚：《拟仿物与拟像》，洪凌译，台北：时报文化出版 1998 年版，第 36 页。

③ ［法］让·鲍德里亚：《拟仿物与拟像》，洪凌译，台北：时报文化出版 1998 年版，第 37 页。

④ ［法］让·鲍德里亚：《拟仿物与拟像》，洪凌译，台北：时报文化出版 1998 年版，第 36 页。

3."水门事件"中政治的否定性效应

鲍德里亚认为,"水门事件"的社会意义同样来自超真实的否定性策略:在政治丑闻所带来的社会影响中,无论是对事实的进一步确认还是事件的公共形象,都是为了通过对事件的确认本身来引出在道德论述中的政治性的准则,即"从想象性中刨取出一个真实法则"①。如果说丑闻是一个"人工作品",那么,在作品之中的对立冲突并不涉及对事件真实与否的界定,重要的是隐藏某种现况:在事实与其否认之间,并不存在任何的差别。迪士尼乐园的否定性维度提供了关于"真实"的社会秩序,在政治丑闻事件中,需要确认的则是权力体系下的道德与政治准则。

鲍德里亚指出,就超真实策略的逻辑形态而言,将水门事件作为大众传媒中的"丑闻",这是一个强加的意念,一方面以超真实的方式在社会范围内灌输了普遍性的政治道德;一方面则建构出以公共道德为核心的舆论空间。在这一想象性的空间内,拟真现实在政治事件的关联性之间消化了自身,并凭借此过程获取自身在政治道德高地的合法性。"我们可以如下文一般地理解:资本是不道德且罪恶的,它只能透过一个道德性的超结构来运作。"② 在政治丑闻的社会公共论坛之上,关于政治道德的所有的争议或是捍卫共同构成对现有秩序的维护。我们可以认为,揭示出政治丑闻的拟真意义,恰恰在于想象性地建构起政治道德伦理关系中的自我确认。

在鲍德里亚看来,从这一意义上来说,在大众形态中对丑闻的政治道德批判实际上是制造了另一个"丑闻",是"比虚假还虚假"的遮蔽式策略:站在了决定论或是道德主义者的立场,以此而再生出社会

---

① [法] 让·鲍德里亚:《拟仿物与拟像》,洪凌译,台北:时报文化出版1998年版,第38页。

② [法] 让·鲍德里亚:《拟仿物与拟像》,洪凌译,台北:时报文化出版1998年版,第38页。

秩序的伪象征暴力。具体来说，将水门事件确定为一个丑闻，是为了通过不断强化对事件的道德性界定，从而保障政治道德话题本身的意义价值，这就是鲍德里亚所批判的资本主义社会关系现实再生产的超真实策略。"资本主义所要求我们的，就是要接纳它为理性，要不，就是以理性之名来和它作战"①，鲍德里亚指出，对于资本主义来说，无论是对道德理性的直接确认，还是在理性框架中对其进行的批判，二者在确立政治整体本身的现实合法性的过程中是同质的。这是资本主义拟真场景在社会范畴内不断被反向强化的道德性，也是通过大众的想象性建构得以实现的拟真再生产机制。

在这里，我们可以看到鲍德里亚通过超真实的策略形态展现出来的批判维度，他指认的现实拟真秩序的否定性证明包括了几乎所有的公共政治理论，他在文中勾画了拟真语境中"左派人士的梦想"②，指出在概念确定性意义话语范畴中，任何关于经济、政治、文化与社会伦理等的价值表述都依然属于当代资本主义社会关系自我延续的隐性话语方式。

客体的反讽与复仇

《象征交换与死亡》一书中，鲍德里亚从全新的拟像-拟真语境出发，以"价值的结构革命"为前提，确立了超真实场景中拟真代码统治的客体策略。拟真的客体性逻辑在《论诱惑》一书中得到了进一步的阐述，通过"祛魅"与"施魅"的形而上学式建构，鲍德里亚围绕"诱惑"概念，深层次地阐述了意义全透明表象空间中更为隐蔽的拟真客体策略。

---

① [法]让·鲍德里亚：《拟仿物与拟像》，洪凌译，台北：时报文化出版 1998 年版，第 39 页。
② [法]让·鲍德里亚：《拟仿物与拟像》，洪凌译，台北：时报文化出版 1998 年版，第 41 页。

在上一章节中，我们阐述了鲍德里亚对于后工业社会中超真实策略的双重建构，鲍德里亚在论述中将拟真的策略形态区分为两种方式："比真实还真实"的重言式确认；"比虚假还虚假"的反转式遮蔽。从诱惑的角度来说，上述两种方式也可以对应于魅力实施的不同形态：祛魅的拟真，在超真实的重言式确认中达到形式最大化和诱惑力的最小化；施魅的拟真，这是以意义全透明表象空间为前提的否定性反转式象征暴力。

在接下来的章节中，我将首先从拟真诱惑的祛魅形态谈起，具体阐述在模式化游戏控制过程中的客体逻辑。

（一）拟真"祛魅"场景中的游戏式呈现

在《论诱惑》中，鲍德里亚认为，拟真诱惑是我们当前资本主义社会的抽象化存在方式，在拟真的诱惑形态中，同时包含了对于现实表象空间关系形态的颠覆与重建：社会要素通过游戏式的动态组合，构成自我运作的客体形态。他在文中提到，拟真诱惑中的游戏化场景是普遍式的，"在这个世界上，一切都会产生可能的拟真效果，一切都可以游戏"[①]。

鲍德里亚在这里提出的拟真诱惑的游戏形态是对象征礼仪的戏仿，其中的关系核心不再是赌注的挑战，而是关于请求和回应的"模式"。在拟真"模式"中，超真实的现实维度被建构为一个无意义的表象空间，空间的各要素之间不再有关系分界的"没影线"（ligne de fuite），与之一同被消解的，还有通过"匮乏"机制形成的诱惑力。这是超真实场景中的"祛魅"过程，拟真诱惑在逻辑形态上并不具备游戏或是庆典的礼仪式表征，而是全透明表象空间范畴中的数字化模式，体现着代码体系中基本的客体性逻辑，在现实关系场景中同时清除了礼仪的象征魅力和主体的幻觉激情。

---

① [法]让·鲍德里亚：《论诱惑》，张新木译，南京：南京大学出版社2011年版，第240页。

　　在理论逻辑层面中，拟真诱惑被建构为一种游戏式的请求，这里的请求与代码的模式相关联，或者说，是对模式的回应。因此，拟真诱惑在代码体系中被赋予了普遍的形式性，具有客体逻辑的全然控制效力："由于它通过预见所有对手的打击的可能性来定义自己，并且通过提前的方法威慑这次打击，这个策略使得任何赌注都成为不可能"。①诱惑游戏中的请求策略类似于磁场式的效应：通过压力存在于两级之间，取消要素之间的两极对立形态，进而在系统性的层面建构一个普遍的均质化场景，其中，所有在两极对立关系中可以进行规则对照的要素都将由于对照物之间的无差异性转换而不再表现出象征的诱惑力。

　　在《论诱惑》中，鲍德里亚就拟真诱惑的游戏式祛魅形态列举了一个现实的案例：人们在电视机前所从事的行为是游戏式的，同时也是模式化的，我们观看电视的行为是一个回应的过程，但同时也仅仅是回应：我们观看节目、选择频道甚至是自行定制菜单等等看似主动性的行为，只是在应对电视媒体的屏幕信息。"'电视'图像则是丝毫没有这种东西，它不能暗示任何东西，它能吸引人，但仅仅是一个屏幕，甚至连屏幕也算不上：一个微缩的终端，事实上它立刻就处在您的头脑中——屏幕就是您，电视看着您——将您所有的神经元变成半导体，就像一盘磁带在播放，而不是一个图像"②。我们对于电视信息的回应过程是一个完全客体化的符号组合，其中没有任何主体关于意义的缺失与欲望，也没有任何来自礼仪的诱惑力。

　　从这一意义上，鲍德里亚指出，拟真诱惑游戏并不与快乐和激情的施魅形态相关，而是代表了"一种最佳运转的潜在性"③，即拟真代码模式的数字化运转本身，在逻辑形态上反映着代码二元问/答测试过

①［法］让·鲍德里亚：《论诱惑》，张新木译，南京：南京大学出版社2011年版，第241页。
②［法］让·鲍德里亚：《论诱惑》，张新木译，南京：南京大学出版社2011年版，第247—248页。
③［法］让·鲍德里亚：《论诱惑》，张新木译，南京：南京大学出版社2011年版，第242页。

程中的普遍客体逻辑。鲍德里亚在文中列举了后工业社会中，电子信息技术在大众传媒体系中生成的超真实"祛魅"场景，他提到，在媒介电子产品的使用过程中，人与人之间的关系被模式化地转换为操作仪表盘式的技术形态，在电子化的显示屏之后，"不再有游戏、不再有赌注、不再有幻觉、不再表演什么，只有对屏幕进行调整，进行屏幕游戏，就像玩弄立体组合音响的音调和音色那样"[①]。在这一段阐述中，鲍德里亚阐述了媒介电子信息化拟真场景中诱惑力的缺失形态，他称这一场景形容为"逼真的假象（trompo—I'reil）"[②]或是"黄色淫秽"，认为其中包含着因为形式的过度而形成的"穷困化"与"衰变"，也就是抽象意义上的"祛魅"效应。"逼真的假象（trompo—I'reil）能消除真实空间的一个维度，这就是构成诱惑的东西。黄色淫秽则相反，它给性别空间补充一个维度，使该空间比真实的空间更加真实——这就是构成诱惑缺席的东西。"[③]

在这里，我们可以大概勾勒出鲍德里亚论述中，关于后工业社会技术拟真的客体性呈现：由电子信息化操作所代表的技术拟真过程，不再有缺乏或施魅的紧张感和快乐感，象征规则被技术指令的法则所替代，在信息化时代的祛魅场景中，电子化的屏幕游戏越来越倾向于营造出更加逼真的"真相"，其中的控制核心不再是来自于仪式的诱惑，而是绝对的表象化和过度的客体逻辑。

（二）拟真模式中"冷酷的内在性"

在鲍德里亚的拟真批判语境中，拟真时代社会存在的决定性方式不再是规则或是礼仪，也不再是法则和契约，个体生活在由标准与模式决定的关系场景之中。如果说，礼仪游戏对应于规则的遵守，社会

---

① [法]让·鲍德里亚:《论诱惑》，张新木译，南京：南京大学出版社 2011 年版，第244 页。
② [法]让·鲍德里亚:《论诱惑》，张新木译，南京：南京大学出版社 2011 年版，第45 页。
③ [法]让·鲍德里亚:《论诱惑》，张新木译，南京：南京大学出版社 2011 年版，第45—46 页。

生产对应于法则的约束，那么，符号拟真的场景将对应于标准与模式的"冷酷"的内在性，其中社会关系在无参照的零度表象中通过调节、威慑、反馈或战术实现要素之间的连接。

如同我们在前面已经提到，鲍德里亚拟真的代码模式导向了现实层面的祛魅形态，在拟真的外表"冷诱惑"中，既缺少象征的礼仪属性，同时也排斥现代语境中的理性逻辑，一旦象征交换与"真实"内涵同时被消解了，诱惑力也就失去了内在的超越式内涵，成为纯粹表象层面的透明的"冷酷"。

与拟真代码体系相对应，外表意义零度的"冷诱惑"形态在主客认知的语境中同样表现为客体命运的策略性，现实的超真实客体不仅是诱惑的，而且难以被转译出来：在超真实的客体形态中，主体无法通过知识或是权力等中介性的反思过程来实现对自身的确认。拟真会选择在大众化场景中制造出一种舆论，将客体必然性通过"冷诱惑"的反讽秩序确定下来。

在这里，我们可以再次回到鲍德里亚对大众传媒信息化产业的批判。鲍德里亚认为，以大众传媒为载体的信息数字化准则不仅仅消解了第二重法则秩序中关于意义的审美崇高，同时以更加隐蔽的方式呈现了拟真诱惑的权力话语。鲍德里亚在《论诱惑》一书里对电子拟真场景中主体欲望的建构进行了阐述，他将电子化场景阐述为"冷魅力"的游戏，体现着后工业社会中信息系统进行无差异式自为调整的逻辑形态，"这一切属于游戏的范畴，而游戏是一种冷诱惑的场所——电子与信息系统的'自恋癖'魅力，我们所有人都是媒体与终端的冷魅力，独自处在围绕我们周围的所有控制台中，处在控制台的操作性自动诱惑中。"①

在这里，在社会大众的范畴内，每个人都是媒体终端冷魅力的构

①［法］让·鲍德里亚：《论诱惑》，张新木译，南京：南京大学出版社 2011 年版，第248 页。

成要素，与周围其他要素一起，构成社会范畴内的自动诱惑与客体控制。因而，电子信息形态中的"冷诱惑"是整体性的，可以在关系外表的零度空间中进行里比多的交流与调整；这一过程同时也是随机性和偶然性的，不需要遵照现代性的法则，社会个体的欲望参照不断运动着的轨道式模型被整合起来，"从各个方向衍射到一个不再有欲望的世界中"①。

如同仰海峰在《鲍德里亚的"诱惑"概念》一文中所指出的，信息化时代的大众传媒将现代艺术作品中的单向度复制过程从美学范畴扩展到文化政治的领域，"只有当政治成为大众文化时，政治才真正地深入到了大众的心理结构之中，虽然在表层这种深入有时是以拒绝和调笑的方式完成的"②。在这里，从社会学的角度来说，"冷诱惑"在零度外表范畴中的数字化场景，表征着后工业社会中大众传媒自身的祛魅效应，同时也代表着资本主义在后工业时代最为广泛的政治意识形态。

---

① [法] 让·鲍德里亚：《论诱惑》，张新木译，南京：南京大学出版社 2011 年版，第 248 页。
② 仰海峰：《鲍德里亚的"诱惑"概念》，载《哲学动态》2008 年第 1 期。

第二章

象征交换语境中的拟真"诱惑"批判

这种冷漠，乃是否定意义上的荒漠的冷漠。而我所谈到的东西，是欲望的深层的冷漠，是灵魂的荒漠，质量的缺失给了它一种罕见的质量。

——让·鲍德里亚:《鲍德里亚访谈录:1968—2008》

世界的规则就是幻觉，彻底的幻觉。世界根据一些表面上隐秘、且完全不属于现实领域的规则而运转。这是一场游戏，但这里存在着规则。我对拟像的全部分析都建议在这一事实的基础上:人们试图逃避作为幻觉的世界。

——让·鲍德里亚:《鲍德里亚访谈录:1968—2008》

在鲍德里亚的理论框架中，资本主义批判的逻辑基点是抽象的象征交换概念，一方面，他以象征交换的本真内涵来取代社会经济学层面的等价交换关系，另一方面，在"价值的结构革命"之后，鲍德里亚以价值批判为前提，在象征交换与资本主义后工业社会的拟真形态之间建构了否定性的逻辑张力，由此，对马克思主义社会理论及现代性批判的话语体系进行彻底的理论颠覆。在鲍德里亚的文本中，他并未对"象征交换"的概念内涵进行具象化的界定，而是通过莫斯-巴塔耶式的原始交往形态，以象征回归的社会历史维度来呈现人类社会发展过程中的本真关系，在此基础之上，鲍德里亚在激进资本主义批判的话语框架内阐述了"一种带有浪漫主义色彩的理论构想"①。

在《象征交换与死亡》一书中，鲍德里亚在开篇前言里提到：象征交换是社会构成的组织形式，而这一组织形式在现代社会的制度中是缺失的，"现代社会构成的层面上不再有象征交换"②。他将象征交换的本真性社会内涵作为拟像-拟真社会历史框架的否定式基点，提出人类社会在发展过程中，经历了与原始象征形态相对立的三重拟像阶段。其中，第三阶段的拟真形态代表着资本主义社会在后工业时代的抽象化表征，是在超真实的表象空间中，由代码的客体逻辑决定的伪象征关系。

1979年，鲍德里亚出版了自己另一部颇有争议的著作《论诱惑》（*De la seduction*），从象征交换的本真场景出发，他在这篇文本中围绕"诱惑"概念，提出了拟真社会中的伪象征逻辑在形而上学层面的表现形式。鲍德里亚在书中探讨了"诱惑"在象征性和拟真性两个维度上表征出来的关系内涵，指出拟真诱惑是资本逻辑在超真实场景中新的

① 夏莹：《象征交换：鲍德里亚思想的阿基米德点》，载《吉林大学社会科学学报》2008年第2期。
② [法]让·鲍德里亚：《象征交换与死亡》，车槿山译，南京：译林出版社2006年版，第1页。

话语方式。在"诱惑"的逻辑框架内，鲍德里亚将现实层面资本统治的剩余物累积过程阐述为拟真零度表象空间中的"祛魅"和"施魅"，在逻辑层面依托拉康的"他者"理论，通过游戏式"反转"机制，呈现了拟真诱惑在后工业社会超真实场景中的"完美"再生产策略。由此，鲍德里亚以象征诱惑中的交互性仪式为本真基点，建构了拟真语境中资本主义批判新的理论张力。

一、"象征交换"的本真内涵

鲍德里亚关于"象征交换"的概念界定是从对"象征"的解释开始的，他提出："象征不是概念，不是体制或范畴，也不是'结构'，而是一种交换行为和一种社会关系，它终结真实，它消解真实，同时也就消解了真实与想象的对立。"① 通过对"象征"形态的非本质化界定，鲍德里亚否定了在西方理性传统中，自柏拉图时期开始的关于"真实"的先验本体性预设，他在取消真实/想象对立分界的同时，从价值批判的角度出发，对现代理性框架中能指/所指、主体/客体、本质/假象等一系列二元对立的形而上学关系展开批判。

在上述理论批判的过程中，鲍德里亚首先从莫斯的原始交换理论出发，结合巴塔耶关于"消耗"的"一般经济学"论述，从否定性角度提出了作为人类社会本真形态的"象征交换"理论。

拟像-拟真语境中象征交换的解码形态

象征交换的先验本真规定性是贯彻在鲍德里亚拟真批判中的主线

---

① [法] 让·鲍德里亚：《象征交换与死亡》，车槿山译，南京：译林出版社 2006 年版，第 206 页。

之一，在《象征交换与死亡》之后，一直到他晚期的社会碎片化解构，象征交换的逻辑特征始终被描述为一个互逆的、礼仪性的、自为存在的整体。这一整体不是我们认为的"可能的世界中最好的世界"①，而是现实存在与延续。在象征交换的应然性关系场景中，占据主导地位的是任意性和游戏特征，社会在其中的运转不会受到任何意义价值的限定，而"我们"作为主体，自身的真实存在同样不需要遵循某项确定性法则。

鲍德里亚认为，在拟像社会发展的不同阶段，来自象征的"困扰"都是隐性在场的，人类社会通过经济学、社会学、政治学、伦理学、精神分析学等现代性话语建立起来的理论体系则是对"困扰"的反应，是通过象征暴力的现实维度发展出来的不同的关系场景。在这一过程中，社会存在的各个要素以符号信息的方式被汇集成不同层次的拟像客体，其中，拟真形态作为对本真价值最为逼真的拟仿，被认为是对象征本真形态的深层次遮蔽，表征着社会历史维度中"一种价值的彼岸、一种法则的彼岸、一种压抑的彼岸、一种潜意识的彼岸"②。

（一）象征交换的非生产性内涵

在《象征交换与死亡》中，鲍德里亚对象征的本真价值形态作出了界定，他在文中称之为"惟一的大形式"③，即在社会关系的抽象化场景中具有普遍意义的，"可逆性的、循环复归的、废除的形式——这一形式在各处都结束了时间的线性、语言的线性、经济交换和积累的线性、权力的线性"④。上述关于象征交换"大形式"的规定中，包含

---

① [法]让·鲍德里亚：《断片集（冷记忆Ⅲ）》，张新木、陈雯乐、李露露译，南京大学出版社2009年版，第89页。
② [法]让·鲍德里亚：《象征交换与死亡》，车槿山译，南京：译林出版社2006年版，第2页。
③ [法]让·鲍德里亚：《象征交换与死亡》，车槿山译，南京：译林出版社2006年版，第10页。
④ [法]让·鲍德里亚：《象征交换与死亡》，车槿山译，南京：译林出版社2006年版，第3页。

着对人类社会自现代性以来确立的伪象征关系的批判，其中，象征交换的可逆性、循环性和消费性是与现代理性范畴中以价值积累为核心的生产形态相对立的。由此，我认为，在鲍德里亚的理论陈述中，象征交换的逻辑形态主要是从批判角度提出的，具体而言，在以象征交换为本真出发点的逻辑张力呈现中，首先被消解的，是以生产形态表征出来的经济理性价值范畴。

对此，我们首先需要对象征交换的逻辑形态进行大致梳理。在鲍德里亚关于象征交换的理论论述延续了莫斯在人类学框架内建构起来的原始交互关系场景，依据莫斯关于"礼物交换"的原始形态的论述，从社会历史发展的角度，确立了由礼物的象征内涵和互赠式交换行为引申出来的象征交换本真形态。在此基础上，鲍德里亚结合了巴塔耶"一般经济学"理论中的普遍消耗形态，将交换关系中赠予和接收环节予以进一步细化，并为礼物赋予了"献祭"的抽象含义，再将象征交换的原始关系形态转换为形而上学式的先验社会性。巴塔耶在"一般经济学"的理论框架中以"耗费"为核心，提出了对于传统经济理性中价值体系辩证关系的批判，鲍德里亚则将"耗费"形态进一步扩展为人类社会发展过程中具有原始表征的本真属性，认为耗费、挥霍等游戏式行为代表着人类本能的释放，体现着与生产的功用性形态相对立的象征性交互关系。

在拟像-拟真的现实性中，象征交换作为"一种没有价值尺度的脱序化的馈赠交往关系"[1]，其中所涵盖的应然性双向流通形态是被遮蔽了的。鲍德里亚认为，在人类社会的拟像阶段，以符号意指关系为前提的价值设定是社会关系建构与发展的逻辑基础，现实的社会活动呈现为客体价值在单向维度的创造、分配和流通过程。在现代社会的生产性建构中，社会关系的拟像化场景以"单向馈赠"为基础，其中，

---

① 张一兵：《反鲍德里亚》，北京：商务印书馆 2009 年版，第 389 页。

本真性的象征双向互换形态被价值理性的线性式场景所替代，在现实社会关系层面即呈现为价值储存的剩余物积累和社会能量的单向流动与转换。由此，鲍德里亚提出，现代社会的生产与消费模式是伪象征式的：在资本主义的价值关系中，经济理性交往的基本方式是对莫斯的"馈赠"行为和与宗教献祭相联系的财富流通形式的毁坏，体现着在功利主义的前提之下社会关系的价值拟像化形式。

对此，夏莹在《象征性交换：鲍德里亚的阿基米德点》一文中对"象征性交换"（"象征交换"）的否定式特征进行了概括：象征交换是以交换为目的的、"由给予与接受所构筑的一种循环，一种交互性"，同时也是"一种反积累、反价值，因而反经济的交换模式"，其理论目的在于消解"剩余"概念本身。① 我认为，夏莹老师在文中提到的反价值积累和非经济化形态，直接指向鲍德里亚在象征形态中想要表征的资本批判逻辑。我们可以把"剩余"的功能性概念作为资本主义再生产过程中价值积累的理论前提，而象征交换拒绝一切以功用性为前提的价值交换，因而，以象征回归为目标导向的理论建构，将在现代性话语场景中直接指向对资本现实统治的伪象征的批判。对此，我将在后面的章节中予以进一步阐述。

（二）以"耗费"为核心的抽象化形态

在 20 世纪的西方思想中，巴塔耶的理论被认为是现代性批判话语的先驱，哈贝马斯在《现代性的哲学话语》一书中提出，巴塔耶的理论是对尼采现代性批判传统的继承，他在人类学、心理学和历史学等范畴中的怀疑主义论述直接影响着战后法国思想界的后现代主义潮流。② 学界普遍认为，鲍德里亚在象征语境中对于经济理性和价值效用

---

① 夏莹：《象征交换：鲍德里亚思想的阿基米德点》，载《吉林大学社会科学学报》2008 年第 2 期。

② 参见［德］于尔根·哈贝马斯：《现代性的哲学话语》，曹卫东等译，南京：译林出版社 2004 年版，第 113 页。

意义的解构受到巴塔耶批判理论的影响，他对象征的逻辑属性进行了非功用性的规定，由此将劳动、价值交换、生产者和劳动者等经济范畴中的现实性维度从象征交换的逻辑形态中排除出去，在这一过程中，鲍德里亚的理论与巴塔耶的过剩和耗费思想密切相关。

　　莱恩在《导读鲍德里亚》一书中提出，鲍德里亚在象征交换的概念中借鉴了巴塔耶关于"耗费"的批判路径，依据着另一种本体性的存在方式"竭尽所能地运转、起作用（潜在地），以努力打碎整个体系，就如同大钟里的一个小碎片可以最终摧毁整个结构"①。莱恩同时认为，鲍德里亚从社会历史批判的广义抽象范畴中将理论的超越性上升到了新的层面，他对于巴塔耶理论的延伸是"在更为激进的创造性的意义上运作于黑格尔式的和/或马克思主义的思想极限中"②。我赞同莱恩的观点，认为鲍德里亚在拟真理论中对象征交换本真形态的阐述是一个抽象化的过程。在前面的章节中，我们已经就莫斯关于礼物交换的原始象征形态的描述进行过相关梳理，此处，在拟真诱惑批判中关于"耗费"概念的设定，可以溯源至莫斯在人类学语境中对礼物交换的相关论述，其中以主/客对立为前提的人和物的同一交换形态，被鲍德里亚引申为人类社会本真关系的预设，成为与理性的概念确定性体系相对立的应然规定。

　　就象征语境中"交换"的逻辑特征而言，在莫斯关于礼物"馈赠"的论述中，实现的并不是具象化的功利性"物"的关系，而是身份与地位的维护与界定，这里的抽象关系在巴塔耶的"一般经济学"理论中被延续下来，随后被赋予了更为广泛的"一般经济学"含义：对财富的破坏。在1927年至1939年期间的系列文本中，巴塔耶从政治经

---

① [加] 理查德·J. 莱恩《导读鲍德里亚》，柏愔、董晓蕾译，重庆：重庆大学出版社2016年版，第14页。

② [加] 理查德·J. 莱恩《导读鲍德里亚》，柏愔、董晓蕾译，重庆：重庆大学出版社2016年版，第16页。

济学批判的角度出发提出了"普遍经济"理论，围绕消耗、牺牲等概念，表达了一种对实用性原则的贵族式否定，对之后法国思想界的激进批判话语产生了深远的影响。在《消费的观念》（*The Notion of Expenditure*）一书中，巴塔耶对经济消耗理论的解构进行了详细的阐述，他将现代社会的运作模式定义为功利性的，同时认为人类社会的发展过程可以分两条主要线索：商品之物的生产、流通与保存，人类生命的繁衍与保护。巴塔耶提出，两者分别对应于不同类型的"消费"方式：非生产性消费和维持个体生命所需要的最低消费，其中，"非生产性消费"的内涵可以被扩展为"关于奢侈、哀悼、战争、宗教膜拜、豪华墓碑的建造、游戏、奇观，艺术、反常性行为（偏离生殖目的的性行为）等传统经济学生产和积累方式之外的"① 新的社会要素。由此，巴塔耶以经济学话语范畴中的非功利性的"消耗"形态取代了现代性价值维度中的知识与理性，在此基础上对辩证法整体性逻辑进行否定。我认为，从理论批判的角度来说，鲍德里亚正是延续了巴塔耶"耗费"理论中的抽象式逻辑路径，他在《象征交换与死亡》一书中从象征交换的本真形态出发，从拟真的形而上学层面对资本主义现代性统治的话语方式进行了彻底颠覆。

在《拟仿物与拟像》和《论诱惑》文本中，鲍德里亚通过超真实、内爆和诱惑等概念，展示了后工业时代资本主义社会正在经历的伪象征阶段。他在文中建构了后工业社会中的超真实场景，其中，社会关系的现实流通在零度表象空间中超出了物质生产的经济范畴，进入了由代码操控一切的客体逻辑之中。我们在前面的章节中已经论述过，拟真的类生物型数字化代码结构包含着具有普遍意义的关系形态，社会存在的各项要素被统一纳入拟真诱惑的自为转换与流通过程，通过

---

① Georges Bataille, *Visions Of Excess*: *Selected Writings*, *1927 - 1939*, University of Minnesota Press, 1985, p. 116.

剩余物无限累积的镜像反转效应，在零度外表空间中表征为象征暴力的客体统治方式。由此鲍德里亚早期理论形态中对于原始象征交换的回归式展望，已经完全转向形而上学的否定性维度，成为批判语境中与超真实场景相对立的本真逻辑基点。

回到当前资本主义社会的后工业场景中，鲍德里亚认为，代码的逻辑决定着大众现象层面的普遍关系形态，由经济理性主导的价值生产与流通形态已经退出社会关系的现实场域，在象征交换的本真前提之下，商品生产的价值逻辑与现代性的理论范畴代表着资本主义拟真社会中需要被超越的伪象征意识形态。由此，我认为，鲍德里亚在拟真框架中提出的否定性逻辑，是在抽象层面对于异化逻辑的重构，其中，象征价值在批判张力中的本真意义通过拟真框架中的否定性维度得以呈现，在形态上表征为以耗费、浪费、牺牲、挥霍、游戏和象征主义等形而上学式的话语场境。

（三）拟像社会中的象征暴力

"象征暴力"是鲍德里亚在《象征交换与死亡》中对拟真社会的超真实伪象征意识形态进行的规定，类似于社会代码关系的抽象化再生产过程，也是在后工业形态中以购买或耗费方式实现的权力隐形在场方式。这是资本在拟真场景中的话语统治，也是一个集体合法化的过程：通过经济的、政治的或者是传媒与大众文化的策略，以象征的抽象方式，在全社会范围内建构"债务"增加体系。

在文中，鲍德里亚提出，作为人类社会发展中具有本真意义的"大形式"，象征交换不仅可以用来指称社会历史维度中的应然性设定，同时，在人类社会发展的不同拟像阶段，由象征暴力表征出来的隐形"困扰"承担着推动社会发展变革的超越式因素。在拟像-拟真语境中，象征暴力同样被建构为三个层次：第一个阶段是在契约和生产交换的语境中显现出来的商品价值流通形态；第二个阶段是由符号意指体系建构出来的价值差异性关系结构；在第三个阶段，以单向剩余积累为目的的代码统治构成了现实的拟真"诱惑"场景。

"象征暴力"的三重形态在拟像社会中,代表着价值关系伪象征建构的不同阶段,不同的历史时期主导着各自对应的社会关系,在这一过程之中,"象征作为社会构成自身的死亡仍在困扰着这些构成"①。鲍德里亚认为,现代性意义上的大工业生产对应于拟像的第二阶段,体现着经济理性的价值生产过程,可以通过对生产逻辑的否定实现象征关系的回归;进入后工业时代,后工业社会中的拟真形态对应于第三层次的拟真"象征暴力",在意义全透明的表象符号代码场域中,社会要素被抽象化地转换为剩余物的形态,通过零度"祛魅"空间中反转式"施魅"形态构成资本的现实再生产过程。在鲍德里亚建构的拟真场景中,象征暴力呈现为由不在场"他者"的互逆转换关系表征出来的"诱惑"场景,通过超真实零度表象空间中的"内爆"形态实现对资本主义拟真统治的理论性超越。这是拟真语境中象征暴力的本体性呈现,也是鲍德里亚在形而上学意义上建构起来的超越资本主义现实统治的方法论路径。

象征交换的本真逻辑

(一)象征交换的否定性逻辑表征

在《象征交换与死亡》中,鲍德里亚提出了全新的理论构境,他在拟像-拟真逻辑框架内,对以马克思社会生产理论为代表的现代性话语进行了彻底颠覆,这一过程中包含着双重的否定性维度:后工业拟真场景中社会生产的退出,以概念同一性为前提的理性价值体系的解构。就第二个维度来说,鲍德里亚认为,象征交换的本真内涵,经由早期人类学意义上的原始社会交往活动,可以被转换为更为抽象的形

---

① [法] 让·鲍德里亚:《象征交换与死亡》,车槿山译,南京:译林出版社 2006 年版,第 1 页。

态，进而具备与人类社会现代性规定相对立的理论特质。由此，从现代性批判的角度出发，我们可以将象征交换的概念内涵概括为这样几个方面：

1. 对现代社会价值行为秩序的解构

在《生产之镜》文本中，鲍德里亚已经提到象征交换形态中价值主体的消解，他认为，在象征的交换场景中并不包含生产、劳动、使用等有用规定，"所有这些在心理学和政治经济学中的明显区分，都被排除在了象征关系之外"①。在象征交换的客体形态中，概念本质主义框架内主体关于"有用性"的话语建构是无从谈起的，所以，象征形态中的参与要素之间并不构成相互印证的价值差异性关系。

鲍德里亚的象征交换对于价值关系的解构首先来自对"真理"概念确定性的消解。在《象征交换与死亡》中，他提到，象征性是人类社会在原始形态中的关系呈现，其中并不包含对于"真实"的先验价值设定，"它终结真实，它消解真实，同时也就消解了真实与想象的对立"②。在这里，鲍德里亚指出，"真实"的概念是社会主体的意识形态和理性想象，"无论怎样，真相只能偶然发生在理论空间中，而在任何理论空间中，都不可能存在核实的可能性"③。随着对真理意义的否定，同样被否定的还有现代性话语场域中关于道德伦理的建构，他在《断片集》中将现代性对于"真实"的参照界定为一种无耻的、不道德的功能性设定，认为在现代伦理体系中，善和恶的二元极点之间存在着不可调和的对立关系，其中包含着互逆形式的类似于莫比乌斯环的某种拓扑学关系结构。

---

① [法]让·鲍德里亚：《生产之镜》，仰海峰译，北京：中央编译出版社 2005 年版，第 87 页。
② [法]让·鲍德里亚：《象征交换与死亡》，车槿山译，南京：译林出版社 2006 年版，第 206 页。
③ [法]让·鲍德里亚：《象征交换与死亡》，车槿山译，南京：译林出版社 2006 年版，第 174 页。

具体来说，在现代社会的道德场景中，由行为价值确立的逻辑对立可以在理论层面构成社会秩序中"必要性的彼处"①，这里的"彼处"即"不在场"，也可以引申至拉康的"不可能存在之真"，在鲍德里亚的理论中则表现为与此在相对立的一种"空缺"。在这里，"空缺"具有逻辑层面的形式"他者"内涵，可以通过自身的"他者"形态必然性地转向另一个逻辑"在场"，由此构成外表形式场域中具有普遍意义的自我"反转"，在现实层面，则表征着现代性道德价值体系进行自我确认与再生产的拟真策略。在《断片集》中，鲍德里亚将道德伦理体系中的二元价值关系扩展为现代社会意识形态统治的抽象化方式，是后工业拟真场景中"体制的不道德"②，代表着理性传统中对于人本主义的过度诠释。他呼吁，应该彻底颠覆这样的"不道德"，由此回归象征交换原始形态中的非本质化场景，从而"在一种过于人性的演变的尽头……与大自然和动物性相逢"③。

2. 主客体二元对立话语方式的消解

鲍德里亚认为，象征并不是主观的意指设想，在象征形态中建立起来的交换关系同样也是非自主式的，主体在关系形态中，不可以确立自身的位置角色。在这里，鲍德里亚构建了"大他者"的语境，其中关于主客体的问题是一个虚假命题，鲍德里亚认为，既然世界的构成是已然的答案，那么对于哲学问题的提出与讨论，也将成为既定的"旋转运动"的一部分。从存在论角度来说，我们可以理解为，个体的思考过程是先验在场的，其中的逻辑形态并不包含主/客对立的分界关

---

① [法] 让·鲍德里亚：《断片集（冷记忆Ⅲ）》，张新木、陈雯乐、李露露译，南京：南京大学出版社 2009 年版，第174 页。
② [法] 让·鲍德里亚：《断片集（冷记忆Ⅲ）》，张新木、陈雯乐、李露露译，南京：南京大学出版社 2009 年版，第174 页。
③ [法] 让·鲍德里亚：《断片集（冷记忆Ⅲ）》，张新木、陈雯乐、李露露译，南京：南京大学出版社 2009 年版，第174 页。

系和反思场域，"思考和笑一样，都是自动的"①，一旦思考以语言概念的方式被抽象地独立出来，成为相对于主体的关系对象或是话语客体时，主体的反思行为就不再属于象征的原始范畴。

在《冷记忆Ⅱ》中，鲍德里亚再次强调，真实的世界中充满着诗意的、自动的答案，而这一答案具有先验的普遍性意义，存在本身已经为所有可能的问题提前准备好了答案。他在文中引用了施尼茨勒的观点，认为人的性格中并不包含普遍的先验因素，性格属于个体效应，是存在于"某种性格的所有潜在性在其真实而偶然的生活表现背后闪耀的方式"②。个体性格的现实性呈现是非主观式的偶然性过程，决定个体之间关系场域的并不是集体性的主观意愿或价值设定，而是被现实拟像过程遮蔽了的象征形态。"不应该让世界披上无意义的外衣或是绝对的幻想。应该让绝对的幻想更好地隐藏在现实的真切后面，以至于人们与它擦肩而过却看不见它"③。

从这一意义上来说，我们可以认为，在鲍德里亚的象征交换范畴内，个体的角色界定不是从认知层面上来说的，而是属于存在论的范畴，也就是说，真实的关系形态是隐藏在主体性反思之后的。象征交换的关系个体不需要经过镜像映射来互为确认，他们"一个个与自身完全相像"④，所以在象征交换的对象之间并不存在相似与否的问题。

象征交换过程中的非主体形态表征着存在论意义上"客观的幻觉

---

① [法] 让·鲍德里亚：《冷记忆Ⅱ》，张新木、王晶译，南京：南京大学出版社 2009 年版，第 65 页。
② [法] 让·鲍德里亚：《冷记忆Ⅱ》，张新木、王晶译，南京：南京大学出版社 2009 年版，第 30—31 页。
③ [法] 让·鲍德里亚：《断片集（冷记忆Ⅲ）》，张新木、陈雯乐、李露露译，南京：南京大学出版社 2009 年版，第 127 页。
④ [法] 让·鲍德里亚：《断片集（冷记忆Ⅲ）》，张新木、陈雯乐、李露露译，南京：南京大学出版社 2009 年版，第 134 页。

与主观的幻灭"①，在逻辑上可以被陈述为是纯粹表象层面的"漠然"，其批判意义在于对现代性的价值论的否定。鲍德里亚认为，在现代性范畴中，从个体立场出发的价值观念包含着理论意义上的情感的过剩，这是在本质主义和社会理性范畴中剩余物积累的另一种表达，或者说，是我们在前面论述中所提到的，与自为式双向馈赠关系相对立的伪象征形态。这一批判性逻辑同样适用于人类社会发展的历史维度，鲍德里亚在《冷记忆Ⅱ》中指出，人类社会的原始象征形态应该是自由和"一劳永逸"的，没有关于历史意义的宏大叙事或是结构性的关系在场，主体在其中作为参与者与历史过程本身相统一，"如果我们愿意的话，可以自由地重新体验所有的历史激情，或者随便地选择跨历史的冷漠，as we like"。②

　　由此，我认为，鲍德里亚关于象征交换本真形态的设定带有决定论的色彩。他在《冷记忆Ⅱ》中提道：象征原则"会引起对于宿命的某种偏爱"③，社会个体在参与世界运作的过程中无法提出问题，只能"懒惰"地接受宿命。与此同时，他在文中指出，象征交换中的非主体性并不排斥现实意义上的社会责任，参与双向馈赠礼仪行为的社会主体具备自身的关系角色，而主体的责任就在于角色的执行过程本身。"因为我们就是答案——同时，世界之谜也是全部的，因为答案在那里，因为本来就没有针对该答案的问题"④，在这里，鲍德里亚认为，提出问题的行为过程和提问的主体将一同消解在象征交换的先验话语空间中，由此在拟仿物的不同阶段通过伪象征的现实场景呈现出来。

① [法] 让·鲍德里亚：《断片集（冷记忆Ⅲ）》，张新木、陈雯乐、李露露译，南京：南京大学出版社 2009 年版，第134 页。
② [法] 让·鲍德里亚：《冷记忆Ⅱ》，张新木、王晶译，南京：南京大学出版社，2009 年版，第95 页。
③ [法] 让·鲍德里亚：《冷记忆Ⅱ》，张新木、王晶译，南京：南京大学出版社，2009 年版，第10 页。
④ [法] 让·鲍德里亚：《冷记忆Ⅱ》，张新木、王晶译，南京：南京大学出版社，2009 年版，第29 页。

　　上述拟仿物的伪象征形态在拟真批判中被表征为抽象式的象征暴力，鲍德里亚强调，象征暴力中的"宿命"是一种战略，是"大他者"的呈现，我认为，此时他通过象征暴力的"宿命"呈现建构出来的依然是否定性的维度。在《冷记忆Ⅱ》中，他毫不遮掩地表示了自己的批判立场："我讨厌同胞们的积极活动、创新动议、社会责任、雄心斗志和相互竞争"①，对应于韦伯在新教伦理中定义的资本主义精神，鲍德里亚推崇的"懒惰"与外生式的、高效的城市属性和雄心勃勃的工业品质相对立，代表着回归原始自然力量的浪漫主义理论立场。

　　3. 象征形态的自为性与整体性

　　我们在前面的论述中已经提到，在象征交换的应然形态中，社会个体之间的交互关系是双向馈赠式的，其中，通过礼物馈赠行为表征出来的仪式化场景具有自为性的特征，在现实层面则可以表现为过程行为的直接性或即时性。他在文中将象征交换的本真状态描述为一个任意的、原样的、自为存在的整体，其中并无确定的规则，占据主导地位的是礼仪的游戏形态，个体间的关系运转不会受到任何限制。鲍德里亚在《美国》中用诗意而隐约的话语描述了象征交换中的游戏式自为"漂浮"形态，其中，关系要素之间可以通过时间的流逝形态构成整体性的效应："你漂浮在这一时间性的表面，就像漂浮在含盐量很高的水中……它曾经历过的一切非人类形式，后者在唯一一种编选视角下，被聚集了起来。"②

　　在这里，鲍德里亚对于象征交换自为形态的建构体现为某种原始的样态，代表着个体与世界的"亲密感"，同时也是世界客体在普遍性意义上呈现出来的"离心性"和"冷漠性"抽象。他在不同的文本中追溯了人类文明在原始形态（托塔维尔和克罗马农时代）中自为式的

①［法］让·鲍德里亚：《冷记忆 Ⅱ》，张新木、王晶译，南京：南京大学出版社 2009 年版，第10 页。
②［法］让·鲍德里亚：《美国》，张生译，南京：南京大学出版社 2011 年版，第115—116 页。

象征呈现，可以是一个"惯性的预言"①，即"能够自行实现的预言"②，其中人与人之间的"冷酷"关系，在资本主义现代性之前的简朴状态中发挥着双向调节的作用。或者说，是由美国西部沙漠表征出来的不变的、并置的持续性："在空间和赌博的乏味之间，在速度和花费的乏味之间，存在某种神秘的亲缘性。这就是美国西部沙漠的独特性，一种暴力的、强烈的并置"③。

由此，我认为，鲍德里亚关于象征形态自为整体形态的建构，同样包含着对主体性的消解。从逻辑形态上来说，这一过程涉及"中介"概念的抽象化转型。鲍德里亚认为，在理性的主体反思语境中，"中介"效应以时间与空间的逻辑"间隙"为前提，而这样的逻辑分界在象征形态中是被先验性地否定了的。他强调，在象征场景中，"中介"已经成为关系要素的一部分，主体思想本身是象征性的即时呈现，一旦出现就已经是在时间上的改变和再延续，是现实在场的下一个即时性。

与"中介"概念相对应，鲍德里亚在《冷记忆Ⅱ》论述了象征场域中"间隙"/"间隔"的消失，他强调，象征形态在空间逻辑意义上不再包含"间隔"的形态，主体与世界的相互关系是"一见钟情"式的整体化共在过程。对于象征关系中的主体而言，整体性暗示着绝对的直觉，是在否定了概念系统中的"他者"效应与"间隔"过程之后，在意义空白形态中扩散而成的泛化式存在。"对于思想而言，其等同物应该是分离一个假设，在空白中，在对任何参考、任何区别、任何协

---

① [法] 让·鲍德里亚，《断片集（冷记忆Ⅲ）》，张新木、陈雯乐、李露露译，南京：南京大学出版社 2009 年版，第138 页。
② [法] 让·鲍德里亚，《断片集（冷记忆Ⅲ）》，张新木、陈雯乐、李露露译，南京：南京大学出版社 2009 年版，第138 页。
③ [法] 让·鲍德里亚：《美国》，张生译，南京：南京大学出版社 2011 年版，第113 页。

调的寻觅中,将所有泛音从假设中解放出来"。①

在时间维度上,象征存在的整体性呈现为即时的关系在场,鲍德里亚认为,个体可以通过一种"无懈可击"的内在计算,来摆脱关于与存在相似的价值反思性托词。他提出,在象征的自为形态中,社会个体应该采取"玩世不恭"的态度,通过"与自己的生命互动"② 来实现即时的共在性。这是象征交换在无意义表象空间中的关系呈现,也是象征主体或对象之物参与其中的同质化共在过程。因而,从象征的抽象化形态来说,"最远的物体会处于彻底的近处"③,鲍德里亚认为,也只有这样,个体才可以实现在象征交换整体化设定之中的自为关系形态。

对于象征交换在整体形态中的连续性过程,鲍德里亚在《冷记忆Ⅱ》中以瀑布为例进行了一个很形象的描述。在文中,鲍德里亚提到瀑布的流动,在瀑布的"水的泻落"形态中反映了原始象征状态:"它垂直地组织成连续不断的波浪,宛如涨潮时的波涛,在水平的沙滩上层层叠交。河水形成的瀑布呈抛物线状,恰似某种动物的巨型前胸,如马匹的前胸,在水雾的照耀下斑驳陆离"④。鲍德里亚指出,与水流和诗意形态相对立的是作为客体抽象独立出来的"自然景观":在主体反思的"他者"分界和意义的再加工过程中,水的下落运动被分解为不再连贯的概念实体,在象征语境中应该以无"间隔"形式流动着的瀑布此时在主体的反思慢镜头之下,成为在相对时刻和固定场景之中静止不动的"冰川"。借助瀑布的比喻,鲍德里亚进一步强调,在象征

---

① [法]让·鲍德里亚:《冷记忆Ⅱ》,张新木、王晶译,南京:南京大学出版社2009年版,第89页。
② [法]让·鲍德里亚:《冷记忆Ⅱ》,张新木、王晶译,南京:南京大学出版社2009年版,第94页。
③ [法]让·鲍德里亚:《冷记忆Ⅱ》,张新木、王晶译,南京:南京大学出版社2009年版,第89页。
④ [法]让·鲍德里亚:《冷记忆Ⅱ》,张新木、王晶译,南京:南京大学出版社2009年版,第15页。

形态中空间与速度是统一的，要素之间通过礼仪交换形态建构起游戏式的双向共在关系，因而，对于个体来说，象征形态中的时间与心理之间存在着一种自由关系，其中不包含实时性的操作，同样也没有任何期限的设定。

（二）象征诱惑的礼仪形态

鲍德里亚认为，象征交换是人类文明发展中原始性的社会交往活动，象征既不是概念，也不是人为设定的结构式的体制或范畴，而是社会个体之间应然性的关系表述。作为现实社会场景中被遮蔽了的"悲惨和礼仪的形象"①，象征意义中的社会性回归只能通过一种永久性的、潜在性的礼仪式调节来实现。

1. 象征礼仪中的"仪式的暴力"

鲍德里亚提出，象征交换是一种礼仪，即来自外表的挑战，可以通过原始场景中"仪式（ceremonail）"的策略呈现出来。礼仪最初是莫斯人类学理论中原始社会的馈赠交换行为，鲍德里亚将其引申为象征交换本真性的关系在场方式，是隐匿在人类社会拟像秩序背后的，以隐性的暴力形式呈现出来的关系客体。

在《致命的策略》中，鲍德里亚将礼仪阐述为象征形态的"世间的仪式"②，在逻辑上呈现为宿命式的迷狂与关联。鲍德里亚在文中提到，象征仪式同时超越了主体欲望或客体偶然性，代表着价值与阐释话语体系之外的符号规则，在形式上"仅仅是纯粹的展开，仅仅是日日夜夜的契约形式的纯粹暗码"③。具体来说，在象征仪式的关系场景中，占据主导位置的是规则，规则并非是模式化的，而是表征着某种"软弱"的、"平庸"的秩序化特征，或者说，是"某种紊乱"，其中，

---

① [法] 让·鲍德里亚：《论诱惑》，张新木译，南京：南京大学出版社 2011 年版，第226 页。
② [法] 让·鲍德里亚：《致命的策略》，刘翔、戴阿宝译，南京：南京大学出版社 2015 年版，第242 页。
③ [法] 让·鲍德里亚：《致命的策略》，刘翔、戴阿宝译，南京：南京大学出版社 2015 年版，第242 页。

"符号和差异则存在于最细小的动作当中、最无足轻重的言辞当中、最隐微的身体分泌当中和最不起眼的自然事件当中"。[①]　在这里，鲍德里亚阐述了由仪式化的区别彰显出来的原初必然性，在逻辑上则表现为超自然的行为：在行为发生之前就已经被决定，在关系被证明之前就具备了自身的目标属性，在意义现实呈现出来之前就已经包含着的符号仪式的力量。

在这里，我们可以发现，鲍德里亚对于象征礼仪中规则的论述在逻辑形态上表现为客体的必然性，他在文中提到象征"仪式的暴力"，认为在象征的仪式化形态中，个体会受到象征形态终极性的、随机的规则制约。从理论的逻辑形态来说，鲍德里亚认为"仪式的暴力"代表着已经被决定的秩序，是"这样一种由终极逻辑宰制语言的所有偶然性的秩序"[②]。他指出，仪式秩序的客体形态并不意味着随意的暴力呈现，"它会带来某种戏剧性的急转直下"[③]，在逻辑形态上表现为对规则的加剧或违反。

在鲍德里亚的论述中，仪式秩序中的暴力形态是可逆式的，即通过违规的张力呈现，或者规则的消失来形成绝对的空白"反转"，或者说，在仪式的外观场景中同时制造关于出现与缺席的在场，通过二者之间必然性的相互转换来实现要素间的关系递进。鲍德里亚在文中列举的是舞台戏剧中的留白效应，例如在京剧中，角色在对打过程中对某一动作的突然定格，可以制造出游戏中的暂停效果，进而形成潜在的冲突和张力。鲍德里亚认为，此时仪式的违规张力即表征着符号的

---

① ［法］让·鲍德里亚：《致命的策略》，刘翔、戴阿宝译，南京：南京大学出版社 2015 年版，第242 页。

② ［法］让·鲍德里亚：《致命的策略》，刘翔、戴阿宝译，南京：南京大学出版社 2015 年版，第244 页。

③ ［法］让·鲍德里亚：《致命的策略》，刘翔、戴阿宝译，南京：南京大学出版社 2015 年版，第244 页。

暴力,"这突如其来的缄默里,'静'本身就是对'动'的暴力"①。由此,通过规则形态中的"仪式的暴力",鲍德里亚阐述了在拟像形态中可以被具象化的象征暴力。通过上述的阐述,我们则同样可以发现,以象征仪式的暴力形态展现出来的是逻辑上的对立反转效应,对此,我们在后面的章节中将予以进一步的阐述。

2. 与理性法则相对的礼仪规则

在明确象征交换的价值本真意义之后,鲍德里亚提出,阻碍象征交换作为社会管理机制的因素,就是以生产为核心的价值规律。这是对马克思主义政治经济学开门见山式的否定,否定的论据在于:建立在价值规律基础之上的资本主义批判话语已经成为"遵守法则的革命"②。他指出,在所有伪象征的社会形态中,社会关系得以建构的核心是以符号意指体系为前提的"法则"(loi),以及在"法则"支配下的社会"困扰"。他在《论诱惑》一书中提出,决定社会关系结构的"法则"涵盖了人类文明在原始社会之后的所有社会形态,而"法则"在人类社会不同拟像阶段的价值构境本身,则体现着对于象征原始属性的压抑。这一压抑的过程不仅支撑了现代性视域中的社会学、历史分析、政治经济学、精神分析理论等,同时也包括以反思与批判为出发点的后现代主义理论。鲍德里亚认为,生产世界依赖于约束与禁忌的法则,而仪式化的情境依赖于义务的规则(règle),两者有着本质的区别,其中,规则的核心是游戏,是可以真正与法则相抗衡的本真关系形态。

鲍德里亚在《论诱惑》中对"规则"和"法则"的概念角色进行了专门的比较,依据他在文中论述,我们大致可以将二者之间的区别

---

① [法] 让·鲍德里亚:《致命的策略》,刘翔、戴阿宝译,南京:南京大学出版社2015年版,第245页。
② [法] 让·鲍德里亚:《象征交换与死亡》,车槿山译,南京:译林出版社2006年版,第1页。

概括为以下几个方面：从概念的逻辑构成来说，"规则（regle）是在任意符号的内在连接上做文章，而法则（loi）则建立在必要符号的超验连接之上"①。在这里，鲍德里亚认为，规则以意义全透明符号之间的内在连接为前提，是约定程序的循环与重复出现，在规则的义务范畴中实现的是游戏的仪式性激情。法则以符号意指关系的超验式连接为前提，是在不可逆的持续性过程中建立起来的行为体，可以通过约束来实现与服从或冒犯相关联的享受。他在文中强调，法则的符号关系中设置了一条意义的分割线，即对于某一价值体系的界定，同时为违反这一价值体系提供了概念参照；而规则中不存在任何的价值分界，在游戏符号的循环重复中，没有需要维护或超越的分界线，一旦游戏中出现了区分的界定，那么游戏本身也就结束了。在上述论述中，法则对于本质的追求体现为线性的目标累积，而规则可以走向任何地方，是无限可逆循环的过程。

从价值的意指关系来说，鲍德里亚一直强调符号价值关系中的意义分界线表示着能指/所指的概念区分，由此构成了理性法则中目标价值意义的先验逻辑前提，法则可以通过阐释和解释被认知或证明，具备本质/表象的逻辑结构和普遍的适用性。礼仪规则中没有意义的外延，是约定俗成的，也是任意性的，其中不会有具体的目标导向，也不会有关于本质/表象的本体性预设，因而，在礼仪形态中，"符号不能这样去冒险，满载着自身的参照（reference），满载着意义的碎片"②。在象征的游戏式场景中，规则是随机制定出来的，因此，对于游戏者而言，规则不反映任何的客观真理，因而也无所谓相信或是不相信。大家需要的只是遵守规则，在规则的执行过程中，相对于主体而言，没有任何先验式客观价值标准，也没有在价值标准之上的关于

---

① ［法］让·鲍德里亚：《论诱惑》，张新木译，南京：南京大学出版社2011年版，第202页。
② ［法］让·鲍德里亚：《论诱惑》，张新木译，南京：南京大学出版社2011年版，第211页。

道德或是心理的上层建筑。

从存在论的角度来说，二者在价值意义层面的不同设定体现出来的是对于价值本体的不同立场。如果说法则中的外在超越性构成了意义和价值的不可逆性，那么，规则的内在任意性则在其自身的范围内指向关系场景中的可逆性和自为转换过程。"法则描述一个意义与价值的体系，一个潜在的普遍体系"①，其中内含着本质主义的先验价值核心，无论是以禁忌、冒犯或是解放的方式，秩序的确立与违反都必须以价值的本真形态为前提。规则是内在性的，在受制的有限体系内，并不具备普遍的控制形式。在规则中没有关于真理的确定或掩盖，因而，规则既能够描述一个体系，同时却又不能超越它，"它不会经历到压抑，也不会有明显和潜在的区分：它仅仅是没有意义而已"②。

（三）后资本主义时代的象征隐喻

1. 法国"红色风暴"与城市"涂鸦"中的象征暴力

1968 年学生运动爆发时，鲍德里亚正在楠泰尔大学任教，而这里恰恰是运动的起点，可以说，从运动的一开始，鲍德里亚就"处在了风暴的核心位置"③。和经历过 6 月"红色风暴"的大部分知识分子一样，鲍德里亚对"二战"之后资本主义社会面临的危机持有批判的态度，他的否定性立场是彻底的，也是一以贯之的。在《象征交换与死亡》之后的一系列文本中，鲍德里亚以骇人听闻式的故意和不妥协，在最激进的问题上展现了形而上学式的批判场景。他的批判路径在理论体系的演变之初就呈现出相对固定的、反向解析的逻辑内核，深深地受到莫斯-巴塔耶草根浪漫主义的影响。

在《导读鲍德里亚》中，莱恩认为，1968 年的运动直接影响着鲍

---

① ［法］让·鲍德里亚：《论诱惑》，张新木译，南京：南京大学出版社 2011 年版，第206 页。
② ［法］让·鲍德里亚：《论诱惑》，张新木译，南京：南京大学出版社 2011 年版，第202 页。
③ Mike Gane, *Baudrillard Live：Selected Interviews*, London and New York：Routledge, 1993, p. 2.

德里亚的早期理论。在 20 世纪 60 年代末的批判浪潮中，鲍德里亚和同时代的法国思想家们一样，一方面受到当时法国哲学界主流结构主义思潮影响，一方面又致力于寻求超越社会现实结构化运作模式的可能途径。莱恩在著作中提到，"当时，鲍德里亚从一个结构主义者的视角质疑了马克思主义，这个观点后来被应用在 1968 年所出版的《物体系》中"①。我认同莱恩在这一问题上的观点，在鲍德里亚不同时期的理论建构中，"五月风暴"运动的影响始终是巨大的，这样的影响出现在他不同阶段的理论陈述中，其中包括"象征交换""死亡""符码交换""媒介"等一系列核心的概念。

在鲍德里亚的论述中，"五月风暴"作为激进的社会事件，是对于日常社会生活的干预与破坏，从理论抽象的角度来说，"事件"本身是象征性的，在符码的即时性反馈中被解构的，是现行教育体系中单向度的意识形态统治。在《符号政治经济学批判》中，鲍德里亚有过一段著名的论述："在五月风暴中，真正有革命意义的媒介是那些墙壁和墙上的宣传，那些印刷的海报和手写的布告，在那些街道上，言论宣传萌发了并被相互交换——所有这些都得到了即时的记录，发出和反馈、言说与回答在相同的空间和时间运动，有着交互性和敌对性。在这一意义上，街道成了大众媒介的另一种替代且颠覆的形式，因为街道与大众媒介不同，后者是一个对于回应的远程传递系统的客观化支撑物"②。他也曾经在一次访谈对话中提到，1968 年在楠泰尔所发生的事件是象征性的，原因在于这一过程打破了对于符码价值体系的延续，事件不仅扰乱了学习的系统安排，而且还试图以即时性的对话来取代传统学术范畴中的自说自话。"我希望某种形式上的自由，以游戏的方

① ［加］理查德·J. 莱恩：《导读鲍德里亚》，柏愔、董晓蕾译，重庆：重庆大学出版社 2016 年版，第22—23 页。
② ［法］让·鲍德里亚：《符号政治经济学批判》，夏莹译，南京：南京大学出版社 2009 年版，第175 页。

式。在我那个时代,人们经常会这么想。你选择了离开,而能量就在这样的断裂过程中迸发出来"[1]。

在这里,我们可以接触到鲍德里亚后期拟真理论中以象征"死亡"为逻辑主线的批判路径,或者说,是超真实的零度表象空间中关于象征回归的双向互逆转换方式。现代城市街道空间中的象征场景在《象征交换与死亡》中被进一步抽象化为符号代码的仪式化转换,鲍德里亚在文中解读了后工业社会中以"涂鸦"为代表的街头象征性示威行为,由此重新阐释了"死亡"象征暴力的超越意义。

与政治社会中常见的民众自发抗议和宣传方式相对,"涂鸦"中的标语形式针对的不仅仅是符号的功能性本身,同时也是对概念意义同一性框体系的造反。鲍德里亚认为,作为现实的文化场景的一部分,"涂鸦"是对传统符号体系中载体/中介模式的反抗,通过攻击意义"载体"本身,让墙面恢复一种"野蛮的变动性"和"一种图文的突发性"[2]。他提出,作为城市空间中的行为表征,"涂鸦"在形式上、在能指层面均处于进攻自由的形态,代表着城市空间中的某种抽象化在场方式,类似于文字之前部落的岩画,其中带有明显的象征标示,但意义却丧失了。对此,鲍德里亚在1988年《透明的仪式》一文中对"涂鸦"的解构式属性作出了进一步的阐释,他提到,纽约的城市涂鸦现象是意义全透明表象形态中符号的象征在场方式,与语言符号孕育意义相反,涂鸦符号的出场形态是纯粹图像式的,是不可辨别的、潜在的必然规定性。

我认为,在鲍德里亚的论述中,涂鸦行为代表着没有目标、内容的原始象征形态,同时也反映着象征暴力通过大众群体性参与实现的

---

[1] Mike Gane, *Baudrillard Live*: *Selected Interviews*, London and New York: Routledge, 1993, P. 19.

[2] [法] 让·鲍德里亚:《象征交换与死亡》,车槿山译,南京:译林出版社 2006 年版,第116 页。

拟真超越性，通过不可编码的绝对差异，涂鸦形式消解了可以被编码的差异性网络。涂鸦的象征暴力形态中包含着对符号拟仿系统的抽象否定，在消除了一切的阐释、外延、内涵和指涉之后，涂鸦仪式闯入了城市的拟真空间中的充实符号领域，仅仅通过自身的在场方式本身来消解符号的意义。在 "涂鸦" 的游戏范式下，社会群体将普遍采用 "秘传" 的方式参与关系形态的建构，这是自发式的民族群体行为，这一过程涉及被压迫群体的政治意识与文化意识，具有攻击性，也具有更为激进的 "野蛮" 效应。鲍德里亚在文中将这一效应过程阐述为符号的集体式匿名交换，是与大众传媒拟真形态不同的空虚仪式。

由此，我们可以认为，"涂鸦" 在城市空间范畴中代表着回归象征本真的隐喻式解读，通过集体匿名式的无限给予和相互交换来传递关系，这也是象征暴力对于城市空间的戏剧化干预，由涂鸦行为体现出来的是象征暴力在拟真形态中的隐形在场：一方面是意义解构之后在表象空间中的无可言说，而另一方面在现实场景中，象征礼仪的绝对客体形态会在意义的透明空间中被形式化地表达出来。

2. 摄影作品中的象征性呈现

鲍德里亚在 1980 年代中后期开始投入大量精力在摄影实践中，而他的摄影作品中同样表达了批判与象征的维度。2003 年 12 月 14 日至 2004 年 2 月 29 日，鲍德里亚在德国卡塞尔（Kassel）市的腓特列艺术中心（Kunsthalle Fridericianum）举办了个人摄影展，展示了他于 1983—2002 年间创造的近百幅摄影作品，而此次展出的标题就是 "世界的不在场"（Die Abwesenheit der Welt）。在展出的过程中，鲍德里亚通过屏幕阐释了象征语境中关于时间、空缺以及无主客二分等问题的艺术讨论。他认为，摄影的技术呈现，是对传统艺术中以主体为核心的意义确定性体系的解构，我们可以在摄影作品中找到艺术审美的象征幻觉。

在这一问题上，我们可以这样来理解：从欣赏主体的角度来说，欣赏摄影作品是一个"转身"的过程，主体对于影像的"凝视"行为包含着意义的空缺，其中在场的是由作品形式本身所激发的"惊奇"。我认为，鲍德里亚对于影像的艺术呈现在本质上是象征式的，类似于《象征交换与死亡》中提到的诗歌的易位书写。在诗歌的易位书写状态中，文本的意义消失了，最初的词项形式被分散并消解，取而代之是另一种话语的连接方式。在影像的瞬时片段中，现实的意义同样消失了，如同《真实世界的消失：布希亚的现身》一文中所提到的，"一旦对象被感光在软片上时，这一瞬间所有真实世界的维度都被取消。气味、重量、密度、时空以及依布希亚所说，与其存在感相连的一切过去……而此客体便随着一种完全新的、独立的相同性重获新生"①。在这里，消失的是与现实性相关的所有意义和价值话语，呈现出来的是客体之物的独立存在。所以说，在鲍德里亚的论述中，影像就是影像，在影像中添加说明是无益的，因为并不包含任何主体性的意图或是计划性，摄影者不会为了实现某一意义而进行有意识的摄影，影像完全是在摄影过程中自为产生的，或者说，体现着摄像过程中自为式的象征属性。

《真实世界的消失：布希亚的现身》一文记录了对鲍德里亚的一次访谈，访谈中，鲍德里亚表示，他喜欢摄影过程中的角色颠倒，因为可以凭借着某种方式让物件自己提供客观性。他认为，对于摄影者来说，相机技术提供了"自动书写（l'écriture automatique）"的可能性，也就是说，让世界自己铭写自己。"它一方面存在，一方面又不存在……影像的角色毋宁就是通往缺空（不在场），也就是说，是给出而非见证……世界的双重性，客体的双重性，这些是不只摄影当然还有语言试着要意识到的双重性，人们一直试着要对抗一种世界过度和荒

---

① [德] 苏姗·洛尔（Susan Loehr）：《真实世界的消失：布希亚的现身》，洪菁励转译，载《文化研究》2008 年第 7 期。

谬的呈现"①。在上述访谈中，鲍德里亚展现了摄影活动中影像信息在拍摄者与拍摄对象之间的双向流动过程，在这一过程中，摄影技术承担着中介的角色，但不是在帮助摄影者成为拍摄行为的控制者，而是在于帮助被拍摄的客体来摆脱主体，由此展现现实世界中客体的象征自为式呈现。由此，我认为，鲍德里亚对摄影活动的象征性建构在逻辑形态上类似于行为艺术的表达方式，也可以说，摄影艺术应该具备与传统理性审美相对立的审美仪式化属性。这一过程包含了象征批判的否定式逻辑，其中，摄影通过影像的即时性与自为性展示，在消解了时空线性逻辑和意义价值场景之后，成为对抗或超越现实伪象征审美形态的可能方式。

从这一意义上来说，鲍德里亚关于摄影象征属性的论述，表征着拟真批判的话语场境。尽管在《象征交换与死亡》之后，鲍德里亚的文本叙述中越来越少出现体系化的建构方式，而是更加倾向于采用个人色彩鲜明的碎片式表达，但是，他进行话语言说的理论实践本身始终不可能脱离概念的意义体系。这一矛盾的理论形态在摄影过程中同样有所体现，一方面，鲍德里亚追求摄影过程中由被拍摄对象自行显现的效果，而与此同时，摄影师无法彻底摆脱由器材或相机技术带来的中介式影响，也就是说，即使是在影像呈现的象征形态中，摄影的专属技术性依旧在为象征的本真表达提供现实的渠道。在这里，我们需要注意的是，作为思想理论家和彻底的批判者，鲍德里亚在理论和著作的阐释中一直面临着言说的困境，一方面，理论话语的表达不可能摆脱语言的逻辑建构，另一方面，语言又具有自身的游戏性特征，强调自身的独立运作，以及对于"意思（le sens）"强制性或者是"意

---

① ［德］苏姗·洛尔（Susan Loehr）：《真实世界的消失：布希亚的现身》，洪菁励转译，载《文化研究》2008 年第 7 期。

义（la signification）"的消解。①

二、"性解放"话语中的"诱惑"概念

鲍德里亚关于诱惑的论述主要集中在 1979 年的《论诱惑》一书中，他在文中对拟真的伪象征形态进行了阐述，围绕"诱惑"概念建构了超真实场景中的祛魅与施魅形态。其中，对于诱惑理论的抽象化阐释一直延续到之后的《拟仿物与拟像》《致命的策略》《艺术的共谋》等文本中，成为鲍德里亚解读拟真社会客体统治和资本主义权力策略的逻辑主线。

在《论诱惑》一书的序言中，张一兵提到，"诱惑"是"拟像-拟真"逻辑的形而上学基础，也是鲍德里亚带有个人色彩的原创性思想，"是他用以取代马克思主义关于当代资本主义社会奴役透视的最新批判话语"②。他同时指出，鲍德里亚提出"诱惑"理论，本意是为了通过美学层面上的反讽方式，对拟真的伪象征形态进行深层次的表达，以此在批判的意义上将自己与后现代性划清界限。

我赞同张老师关于这一问题的论述，从理论逻辑建构的角度来说，诱惑是一个抽象的概念，是在超越伦理道德体系的理性话语之后，用以表述社会存在之普遍形态的后结构式呈现。从社会历史的角度来说，诱惑代表了人类社会发展宏大叙事模式之外的另一个全新维度，鲍德里亚通过诱惑理论呈现出来的首先是对于生产逻辑的非本质化解构，同时也是对于人类文明现代性话语的彻底否定。

与此同时，我认为，在鲍德里亚的话语场景中，诱惑同样包含着

---

① 参见［德］苏姗·洛尔（Susan Loehr）：《真实世界的消失：布希亚的现身》，洪菁励转译，载《文化研究》2008 年第 7 期。
② ［法］让·鲍德里亚：《论诱惑》，张新木译，南京：南京大学出版社 2011 年版，第16 页。

关系本真性的内涵，可以表征为拟真理论在象征暴力形态中的逻辑抽象。在鲍德里亚的论述中，"诱惑"概念包含着两个维度的含义：象征交换的本真逻辑呈现，以及在拟真批判维度上的反讽式超真实形态。在本文的论述中，我将借助"象征诱惑"和"拟真诱惑"两种不同表述方式来区分诱惑的对立形态，同时，我也将围绕《论诱惑》一书的逻辑框架，从"性解放"出发，分析拟真形态下"外表的诱惑"在后工业社会超真实场景中的伪象征逻辑，围绕全透明代码体系中的"祛魅"与"施魅"效应，对拟真的形而上学式表征进行具体阐释。

以女性气质为表征的诱惑

在鲍德里亚的象征语境中，"诱惑"概念首先是解构式的："诱惑是消除话语意义并且使话语偏离真理的东西"①，也就是说，"诱惑"是在"真实"的概念场之外的。鲍德里亚认为，诱惑的魅力正是体现在非本质的、反秩序化的抽象过程之中，他在文中将其形容为带有本真性内涵的女性气质。

鲍德里亚认为，女性气质体现着象征关系中性的特性本身，在女性气质中包含着非本质化的维度，可以通过游戏挑战的外表策略呈现出来，同时也代表着与精神分析学和性别特征等现代性话语相平行的反讽抽象空间。在鲍德里亚的诱惑语境中，女性气质是象征礼仪在现实层面的诱惑力表征，在逻辑形态上可以通过零度表象空间中的形式化逆转来实现，而诱惑的普遍魅力也恰恰存在于女性气质的这一逆转空间之中。"任何话语都受到这种突然的可逆性的威胁，或被吸收到它自身的符号中，不留任何意义的痕迹"②。

---

① [法] 让·鲍德里亚：《论诱惑》，张新木译，南京：南京大学出版社 2011 年版，第81 页。
② [法] 让·鲍德里亚：《论诱惑》，张新木译，南京：南京大学出版社 2011 年版，第2 页。

（一）女性气质中诱惑的否定性逻辑

在《论诱惑》中，诱惑的施魅过程被赋予了女性气质，鲍德里亚提出，在象征语境中，女性不是一个表征性别内涵的意义语词，在女性气质中也从不包含主体的自主性。他在《论诱惑》的开篇提出："女性气质作为不确定原则"，是"废除区别性对立的东西"，代表着"性特性（sexualité）"本身。① 他在文中将女性气质的"性特征"阐述为与精神分析学和心理学相异的理论场景："让人们隐约看到一个另样的世界（与精神分析学和性别特征的方向平行，二者在这个方向上永远都不会相遇），这个世界不再用心理和心理学关系的术语进行表述，也不用压抑或无意识的术语进行表述，而只能用游戏、挑战、二元关系和外表策略的术语进行表述：即诱惑的术语——不再是结构性和区别性对立的术语，而是诱惑的逆转性的术语——在这个世界中，女性不再是对抗男性的东西，而是诱惑男性的东西。"②

依据上述引文中的陈述，我们可以认为，鲍德里亚将女性气质排除在现代性话语体系之外，认为由女性气质表征出来的，是外表策略形态中游戏与挑战的关系场景。在由女性气质所代表的诱惑形态中，被终结的理论形态中不仅仅包含着符号的意义价值属性，同时还包括作为意义基础的能指/所指关系，以及主体与客体、主动与被动甚至内部与外部之间的概念分界。

鲍德里亚在文中指出，无论是索绪尔关于能指/所指的语言学意指结构框架，还是精神分析学中的"无意识"介入，都是符号价值体系中二元对立模式的呈现，是我们在阐述诱惑象征形态时必须予以否定的理性前提。从逻辑形态上来说，他将女性气质中对于"显性话语（discours manifeste）"和"隐性话语（discours latent）"对立关系的消

---

① [法] 让·鲍德里亚：《论诱惑》，张新木译，南京：南京大学出版社2011年版，第17页。
② [法] 让·鲍德里亚：《论诱惑》，张新木译，南京：南京大学出版社2011年版，第12页。

解，作为性话语中的象征诱惑与精神分析学在本质上的区别。他认为，精神分析学依然遵循着传统理论框架中的显性话语/隐性话语对立结构，在意义的价值体系中预设了与真理相对应的显性话语表象，进而通过"/"（la barre）的分界形式，为实现显性话语表象背后的隐性价值本真内涵提供了逻辑前提。与之相对，在象征诱惑的表象仪式场景中，在显性话语与隐性话语之间预设性的分界关系是不存在的，二者共同被纳入礼仪的纯粹外表空间中，成为象征交换过程中游戏式挑战的一部分。

鲍德里亚同时也认为，象征形态通过女性气质表现出来的交互式关系可以被普遍作用于现实层面的社会关系，代表着拟像社会中象征暴力的抽象化维度。他在《论诱惑》中指出，女性气质在逻辑形态上反映了诱惑在"空白"可逆过程中的"施魅"场景。其中，女性气质被抽象化为"什么都不是的东西，从来不'发生'的东西，从来不在女性发生的地方出现的东西"①，由此，在形式表象中形成意义全透明的价值"空白"，进而生成"他者"的不在场转换机制，实现象征暴力在现实拟真场景中的诱惑效应。

（二）性话语中诱惑的礼仪属性

鲍德里亚认为，在象征语境中，性别符号应该具备礼仪的属性，同样，女性气质作为象征诱惑的抽象式表征，在性话语中的诱惑力即来自礼仪式的关系建构。在诱惑的礼仪形态中，女性和男性的对抗不在于性别的分界，而是需要通过游戏和挑战的形式来得以实现。

我们在前面的章节中已经提到，象征交换中的关系是礼仪式的，反映了"仪式的暴力"，同样，象征诱惑也具备礼仪的属性。鲍德里亚在《论诱惑》中提到，"诱惑从来就不属于本性的范畴，它属于着数的

---

① ［法］让·鲍德里亚:《论诱惑》，张新木译，南京:南京大学出版社2011年版，第12页。

范畴——从来不属于能量的范畴，而属于符号与礼仪的范畴"①。我认为，礼仪游戏是象征诱惑在关系存在论意义上的呈现：不是主体性的，也不是无意识式的，而是应该被当作一种形式上的游戏挑战。依据鲍德里亚在文中的表述，象征诱惑的行为类似于庆典活动或者战争，其中包含着挑战的逻辑和快感的逻辑，在这里，诱惑的游戏式展现不是偶然性的，同样也不会受到理性法则的控制，个体参与其中时，将产生游戏场景中的竞价式期待，表现为"妄想或礼仪的眩晕"②。或者说，是参与者在游戏之中被客体化了的"激情"的呈现，"这一切中没有任何想象的东西，只有一种迫切的需要，要结束差别的自然游戏，结束法则的历史性未来"。③

鲍德里亚将象征诱惑的"眩晕"效应阐述为礼仪符号之间存在着的超感性的联接关系，是通过戏剧性的空白，从而构成诱惑在外观表象中的形式策略。而在逻辑形态上，象征诱惑则表现为规则的内在循环方式，类似于日常社会生活中的扑克牌或象棋等游戏行为，其中包含着反讽式的戏剧性要素和赌博式的激情。鲍德里亚认为，在诱惑的礼仪展开形态中，所有的张力将撤回为规则的内部操作，从而用于显示关系建构的形式差异性，这一过程则具有一定的暴力性质。

在这里，我们需要强调的是，诱惑礼仪的暴力作用并非是对制度律令的违反，而是在于通过符号与自身对立面的转换来实现力量的关联，由此，符号之间的关联能够根据仪式的规则独立实现彼此之间的关系效应，也就是说，符号间的每一个关系结构都具备自身真实性的原则，以此交互式地投射到其他符号关系之中。由此，我们可以认为，象征诱惑的关系形态就存在于这一互赠式的、普遍的形式暴力场景之中，鲍德里亚在文中将象征的礼仪化逻辑表征称为"种族的形态学能

① [法] 让·鲍德里亚：《论诱惑》，张新木译，南京：南京大学出版社 2011 年版，第 2 页。
② [法] 让·鲍德里亚：《论诱惑》，张新木译，南京：南京大学出版社 2011 年版，第 227 页。
③ [法] 让·鲍德里亚：《论诱惑》，张新木译，南京：南京大学出版社 2011 年版，第 227 页。

指游戏"①，可以与东方文化中的仪式之美联系起来，成为与西方文化中形式所指的美学价值形态相对立的、具有存在论意义的关系本真建构。

(三)诱惑礼仪的游戏挑战

在《论诱惑》中，鲍德里亚通过性话语阐述了诱惑礼仪的游戏化场景。他在文中提到，诱惑的内在魅力属于女性气质的外表王国，女性魅力不在于对抗传统意义上作为深层关系的男性，而是在于礼仪式的游戏挑战。"诱惑是一种游戏，而性别则是一个功能。诱惑属于礼仪(le rituel)的范畴，性别和性欲属于自然的范畴。"② 换句话讲，我们可以认为，女性实现自身的魅力，不在于反对既有的男权话语体系，而在于实现外表礼仪的游戏式挑战，这也是女性气质在拟真场景中的威力呈现。

在女性气质的象征基础之上，鲍德里亚论述了性特征关系场景中的游戏挑战形态。他提出，性爱的快乐应该来自双方的挑战而不是享受，一旦享受成为目的，性爱就被赋予了意义的含义，成为伦理道德范畴中的价值规定，从而丧失真正的诱惑力。我认为，在这一问题上，鲍德里亚依然在表达诱惑形态中的非主体性特征，他认为性爱的快乐应该是无目的性的，也就是说，在性爱中没有可以被定义出来的主体的享受，进而也就没有主动的诱惑者或是被动的接受者。他在文中同时将性爱中诱惑的礼仪形态类比为游戏活动中的竞价拍卖行为，"在这场拍卖中，谁在诱惑、谁被诱惑的游戏从来就没有进行过。"③

由此，鲍德里亚认为，在性诱惑的符号秩序中，我们面对的是性别的竞价式迂回游戏，其中包含着外表的游戏形态和游戏双方的挑战

---

① [法]让·鲍德里亚：《致命的策略》，刘翔、戴阿宝译，南京：南京大学出版社2015年版，第247页。
② [法]让·鲍德里亚：《论诱惑》，张新木译，南京：南京大学出版社2011年版，第33页。
③ [法]让·鲍德里亚：《论诱惑》，张新木译，南京：南京大学出版社2011年版，第35页。

关系。鲍德里亚在文中首先确立了"游戏"的存在论属性，即"游戏"代表了拟真在意义零度表象中的诱惑规则。在"游戏"的规则效力中，没有现代理性的形而上学式根基，也没有来自主体的欲望或反思。"这是诱惑的内在威力，它将真理中的一切东西抽掉，把它纳入游戏，纳入外表的纯粹游戏"①。从这一意义上来说，游戏规则代表着拟真形态中的解构维度，是对于现代理性话语体系中意义和权力价值体系的否定。

鲍德里亚对于"游戏"概念的形而上学式建构源自尼采，尼采在《查拉图斯特拉如是说》中为创造性的游戏赋予了主体的精神意志，而鲍德里亚则从相反的方向，将"游戏"通过精神意志力展现的主体性维度转化为表象零度空间中诱惑的客体性威力。他在文中提道：游戏是"从反面向我们揭示了规则的激情，规则的眩晕，来自某种仪式的威力，而不是来自某种欲望的威力"②。他同时也指出，在游戏威力的实施过程中，被建构起来的是外表游戏中的"挑战"关系。游戏中诱惑力的呈现来自规则的"重复出现（récurrence）"：诱惑中的快感只有通过"荒唐的重复"才可以实现，"这种重复出现既不来自某种意识的秩序，也不来自某种无意识的无序，它是一种纯粹形式的逆转和复现，根据内容及其积累的法则，它呈现出竞价和挑战的形式。"③

通过上述外表形式的逆转和复现，游戏挑战体现着象征形态中互为馈赠式的交换关系，这一过程带有自身的节奏和模式，由此超越了先验式的契约和经济理性。就游戏挑战的理论形态来说，挑战的规则是"即时的、内在的、不可避免的"④，因而不需要被独立地抽象出来，

---

① [法] 让·鲍德里亚：《论诱惑》，张新木译，南京：南京大学出版社 2011 年版，第 11—12 页。

② [法] 让·鲍德里亚：《论诱惑》，张新木译，南京：南京大学出版社 2011 年版，第203 页。

③ [法] 让·鲍德里亚：《论诱惑》，张新木译，南京：南京大学出版社 2011 年版，第227 页。

④ [法] 让·鲍德里亚：《论诱惑》，张新木译，南京：南京大学出版社 2011 年版，第124 页。

也不需要被宣布或是言说。与传统语言表述中的目录式的文本形态和可以被制定出来的规范不同，挑战的双方必须在规则的逻辑范畴中不停地进行回应或者参与竞价，这一过程本身是可逆的，代表着某种必然性的、连贯的循环过程，其中无所谓主动或是被动的区分，就好像在两个坡面上做游戏，而坡面间没有任何的界线，在场的仅仅是游戏的挑战本身。

"性解放"运动：外表超真实的祛魅过程

在资本主义之前，性作为社会价值本质的对立面，始终是被遮蔽的。进入资本主义社会，性诱惑在理性的话语体系中往往被表述为是与价值积累格格不入的消耗和享受，同样需被排除在生产逻辑之外。鲍德里亚认为，恰恰是在意义价值体系的压抑过程中，性因为处于"某种不透明的秘密象征域"① 而具有了反讽式的诱惑力，通过"空白"的"反转"体系建构起来的是性话语中的象征魅力，这也是鲍德里亚以诱惑为核心的批判理论中先验式的抽象关系场景。

从性话语中诱惑的"施魅"形态出发，鲍德里亚从批判的角度对"性解放"运动进行了论述。他在文中提到，以"性解放"运动为核心的解构话语主张对男权统治下的性束缚予以彻底否定，在这一过程中，社会关系层面关于"不透明物"的诱惑想象被消解了，进而性话语在象征意义上的施魅作用也不复在场。我认为，在这里，鲍德里亚对"性解放"的批判性论述同样可以延展到他关于后现代主义的理论分析中，或者说，我们可以将"性解放"运动中普遍的性享受法则作为后现代解构话语的一部分，由此引出，性话语中的象征诱惑在后现代的价值零度表象中同样是被遮蔽的。在后现代主义的普遍解构式场景中，表象符号如洪水般地泛滥起来，纯粹表象场景中的全景式价值展示将

---

① [法] 让·鲍德里亚：《论诱惑》，张新木译，南京：南京大学出版社2011年版，第22页。

最终导致本真诱惑性的缺失，从这一意义上来说，后现代主义在否定以生产为代表的价值本质论的同时，一并予以消解的是诱惑在"缺乏"中的"反转"式生成机制。

在现实层面，鲍德里亚将后工业社会中象征诱惑的缺乏称为资本主义对"自身现实存在的想象性支撑"①，反映着关系中"比真实还真实"的伪象征性社会存在，是在超真实的"祛魅"过程中被重新表征出来的伪不确定性。后工业社会中普遍的技术法则和消费符号构成了类似性话语中的"超级诱惑"②，其中，符号在零度表象空间中的形式化流通反映着超真实场景中剩余物的单向累积过程，与象征构境中双向馈赠的交互式关系相对，通过表象层面"诱惑"的象征暴力形态，塑造着资本在拟真场景中的再生产过程。

（一）"性解放"话语中的遮蔽策略

鲍德里亚在《论诱惑》中提到，"性解放"运动中对于女性气质的规定是一种戏仿行为，是"通过对深层拟真（simulation en profondeur）的表面进行超级拟真（hypersimulation）的解决法"③，其中表征出来的是"诱惑的性转移游戏"④。在鲍德里亚的诱惑理论中，此处的"深层拟真"反映着传统男权主义话语中对女性气质的约束式规定，而"超级拟真"则呈现为以解放为直接目的的否定式规定，鲍德里亚认为，二者在逻辑本质上一致的，都是对于性话语中象征诱惑的遮蔽与消解。与此同时，我们可以认为，在"超级拟真"的现实场景中，对于女性气质的否定式规定将生成另一个维度的诱惑效应，其中，性的象征属性在游戏式的拟真场景中被表象的超真实所替代了。

---

① [法] 让·鲍德里亚：《论诱惑》，张新木译，南京：南京大学出版社 2011 年版，第23—24 页。
② [法] 让·鲍德里亚：《论诱惑》，张新木译，南京：南京大学出版社 2011 年版，第26 页。
③ [法] 让·鲍德里亚：《论诱惑》，张新木译，南京：南京大学出版社 2011 年版，第27—28 页。
④ [法] 让·鲍德里亚：《论诱惑》，张新木译，南京：南京大学出版社 2011 年版，第28 页。

上述关于“性解放”的阐述展现了一种解构式的拟真话语形态，其中包含着超出象征形态之外的否定性“改造”，也是对女性气质进行超真实展示的祛魅过程。鲍德里亚在文中指出，“性解放”中的“改造”是“对人为做法的讽刺”①，通过加强并展示女性的特征意义，一方面，以批判的形式否定了男性在性话语中的价值特权统治，而另一方面，“性解放”通过对性意识中的自我价值进行认定和导向，建构了一个封闭式的“完美”表象系统，在性别关系的游戏中将性的诱惑力消解在完全意义上的拟仿式场景之中。在这里，我们可以将鲍德里亚“性解放”的拟真过程解读为通过对女性特征的过度展示，在“比虚假还虚假”的表象化场景中，“将男人这个性别现实的老爷和主人推向想象主体的透明性”，展示的过程同时也反映着客体的讽刺性威力，“而女人在主体的提升中将失去这个威力”。②

我认为，鲍德里亚在这里阐述了性别的权力话语在“性解放”中的策略性再现：传统男权体系中的权力机制在于对抗女性气质中原始象征性的诱惑力，而现代女权主义的“性解放”则通过对女性气质的过度呈现，以更加隐性的方式遮蔽了象征诱惑。“它将重新构建一种解剖学的反向限定，并让这个限定以命运的形式继续存在——而‘女性气质讽刺’中的一切再次荡然无存”。③ 在这里，鲍德里亚再一次指出，一旦性意识以批判为名被再次赋予价值的内涵，性别的解放就只能表现为话语层面的象征暴力，而性的真正诱惑力依然将被隐藏在语词的客体逻辑之后。

（二）性特征的超真实展示

在接下来的论述中，我将围绕鲍德里亚在《论诱惑》中的文本阐述，对“性解放”话语中的超真实形态作出进一步说明，同时就女性

---

① [法] 让·鲍德里亚：《论诱惑》，张新木译，南京：南京大学出版社 2011 年版，第 23 页。
② [法] 让·鲍德里亚：《论诱惑》，张新木译，南京：南京大学出版社 2011 年版，第 23 页。
③ [法] 让·鲍德里亚：《论诱惑》，张新木译，南京：南京大学出版社 2011 年版，第 26 页。

气质在现实拟仿效应中的非主体性维度予以梳理。在《论诱惑》中，鲍德里亚对"性解放"运动中拟真形态的论述是在后现代主义的理论场景进行的，他在文中提到，"性解放"理论在否定现代性话语中男权本质主义的同时，将批判的立足点放在表面的性感部位的展示中，由此建构了功能化的身体言语，其中，快感或是性欲成为预设的价值目的，性享受则直接导向为身体的功利性关系形态。他认为，"性解放"中关系建构的核心在于对表象层面的功能性展示，在这一过程中，"性享受"不再是象征性的体验过程，而是被建构为生产性的"提取物"，成为性价值过度展示的技术性产品，鲍德里亚在文中称之为"快感的后勤产品"①。在这里，鲍德里亚描绘了拟真状态中超真实的祛魅方式：一方面比本真的象征之性更为真实，另一方面，以解构为目的细节展示消解了现代性话语中对于诱惑的压抑。

鲍德里亚同时指出，"性解放"的祛魅形态在现实层面呈现为否定性的权力话语，体现着诱惑的威信："这里存在一种诱惑的最高权威，它是一种激情，一种符号秩序的游戏，而从长期来看，这种激情将占据优势，因为这是一个可逆转和不确定的秩序"②。他指出，在对女性气质的过度展示中，建立起来的是新的性别理性和社会压制，其中的关键是"性意识"的觉醒。与象征诱惑中礼仪交换的连续性和竞价式法则不同，在"性意识"中包含着"一种临近和平庸的目的：即性享受，欲望得以实现的即时形式"③。这里的即时性是对"性意识"实现范畴的外表规定，同时包含了普遍意义上的性享受要求。

在这里，我们涉及"性解放"中伪象征建构的关键点：对于性意识的意义界定。鲍德里亚在《论诱惑》中将"性意识"称为"性别超

---

① [法] 让·鲍德里亚：《论诱惑》，张新木译，南京：南京大学出版社 2011 年版，第33页。
② [法] 让·鲍德里亚：《论诱惑》，张新木译，南京：南京大学出版社 2011 年版，第35页。
③ [法] 让·鲍德里亚：《论诱惑》，张新木译，南京：南京大学出版社 2011 年版，第36页。

值指意（sursignification）"①，具体地说，就是通过过度的形式表达方式，实现对性别特征进行炫耀的游戏式模仿。鲍德里亚认为，戏仿者的行为代表着拟真的伪象征形态，就好像在舞台上有着自我性意识的演员，是展示不出来真正的诱惑力的，她实现的只是对女性气质魅惑的超真实拟仿。

　　由此，我们可以对鲍德里亚"性解放"批判的逻辑形态作出清晰的梳理。在"性解放"运动中，"性意识"的觉醒是最为直接的目的和最为直接的表达，"性解放"追求对女性气质的普遍展示。鲍德里亚认为，在"性解放"的普遍展示中隐含着对于女性气质真实魅力的强大讽刺：女性主体地位的界定与提升在性意识的目的性觉醒中被再一次纳入客体的逻辑中。具体来说，鲍德里亚认为，"性解放"的提出消解了施加在欲望和性享受之上的道德本质束缚，由此形成过度溢出的关于女性特征的外表场景，其中，女性气质在过分精确的具象化展现中被抽象为剩余物的形式，并进一步呈现为男权价值体系解构之后的中性化形态。由此，女性在"性意识"觉醒的过程中，将由开始的欲望主体走向性别意义模糊化之后的另一种本质化需求，而与此同时，全社会将进入追求"性享受"价值本身的空想式幻觉，这一幻觉通过已经被设定了的、中性化了的女性品质体现出来，在社会范畴中构成一种普遍的单调。

　　对于上述在"性解放"过程中设定的中性化幻觉，鲍德里亚在文中列举了异性服装癖者的事例。他提出，在异性服装癖者的易装活动中，个体的行为直接展现着身体的礼仪化的游戏挑战，异性服装癖者通过对女性装扮的戏仿产生一种魅力，他们的魅力并不在于一个性别对另一个性别的吸引或是引诱，而是来自乔装过程中对性别的摇摆不定。在这里，鲍德里亚阐述的异性服装癖者的行为更像是一个游戏的

————————————

① [法] 让·鲍德里亚：《论诱惑》，张新木译，南京：南京大学出版社2011年版，第21页。

过程，游戏的参与者不需要通过重复服饰符号的意义来确认自身，取而代之以符号的纯粹形式来造成中性化的展示。

鲍德里亚在文中还提到诱惑中性化形态的另一种在场方式：舞台艺术，他认为，在表演的过程中，演员本人的性别是无关紧要的，重要的是通过戏仿和礼仪来呈现诱惑。在表演的中性化展示中实现的，是比角色的性感更具诱惑力的诱惑，而一旦进入日常生活，演员的真实性别显露出来，这样的魅惑力也就随之消解。从这一意义来说，舞台上的女演员是剧中人，但她是"非女人"的，她在符号形式场景中移动，施展出一种诱惑力，从而达到形式诱惑的顶峰。

由此，我认为，在鲍德里亚的诱惑理论中，表演者的角色魅力仅仅在于戏剧表演的艺术形式本身，对于戏剧表演的评价同样也是需要超越性别特征的，需要在性别特征之外从表演符号流动中来进行评价。在这里，鲍德里亚并没有继续阐述符号流动评价接下来会呈现为什么样的过程，我们只能说，他为评价指出了一个方向性的规定，但是也仅仅是方向，评价的内涵则是虚无的。

（三）性解放中的"黄色淫秽"与"超级真实"

性解放中的"超级诱惑"是如何呈现出来的呢？鲍德里亚在文中借用了一个重要的表述："黄色淫秽（prono）"[1]，他认为，黄色淫秽意味着现代社会中泛滥着的表面现象，或者说，是现实本身的过量，同时，也表达了一种讽喻：对符号进行的超值意义的塑造，以"真实"为目的而实施的超真实。此处提到的符号的超值操作是指关于细节的过度展示，是"一种现实主义的狂欢和生产的狂欢"[2]，所有的事物都将在符号细节的展示下变得一清二楚，"所有隐藏着的东西，所有还享受着禁忌的东西将被挖掘出来，回归到言语中，回归到光天化

---

[1] [法]让·鲍德里亚：《论诱惑》，张新木译，南京：南京大学出版社 2011 年版，第31 页。
[2] [法]让·鲍德里亚：《论诱惑》，张新木译，南京：南京大学出版社 2011 年版，第52 页。

日之下"①。

在这里，来自禁忌的"匮乏"被消解了，真正的诱惑也将不再出场。"这一切都太真实了，也太近了，因而反倒不真实"②，由此，鲍德里亚提出，在黄色淫秽中，唯一关键的是关于"真实"的幻觉，是"被吸收在真实和超真实（hyperreel）以外事物中的幻觉"③。在性解放的"黄色淫秽"场景中，通过营造性爱的超真实场景，达成窥淫癖式的过度展示过程，进而消解象征意义上的性爱诱惑。超真实形态呈现的是全然的细节化陈列，是祛魅的过程，具体到以女性气质为代表的"性解放"价值设定中，当女性的气质变得清晰可见，关于性和女性都不再有不确定性或是秘密，也就不再有真实的诱惑力。

在文中，鲍德里亚列举了高保真音响的例子。当我们在被完美技术处理过的空间中享受着高保真的音乐时，由技术和材料组合而成的音效具备了环境空间之外的第四个维度，除了传统的时空距离，主音箱、主置、低音炮等技术器材组成了完美音效的最直接终端。由此，对于欣赏者而言，个体不再处于音乐的自为空间中，而是被技术客体的拟真气氛所包围。由此，音乐技术的超真实场景剥夺了主体对于形式关系外表的礼仪化感知，而这样的感知本该是音乐的象征魅力所在。

从上述技术拟真的呈现形态中，我们可以发现，处于主导地位的是意义全透明符号的线性积累过程，由符号形式的单向流通所建构出的是自我封闭的、无穷无尽的、消解本质存在的超真实场景，在其中，不再有主体性的反思互动，也不再有象征性的抽象式在场，有的只是客体化的关于符号形式本身的生产。对此，鲍德里亚在文中进行了一段精辟的论述："从劳动话语到性别话语，从生产力话语到冲动话语，传送着与生产（pro-duction）一样的命令要求，即字面意义上的生产。

---

①［法］让·鲍德里亚：《论诱惑》，张新木译，南京：南京大学出版社 2011 年版，第52 页。
②［法］让·鲍德里亚：《论诱惑》，张新木译，南京：南京大学出版社 2011 年版，第46 页。
③［法］让·鲍德里亚：《论诱惑》，张新木译，南京：南京大学出版社 2011 年版，第46 页。

生产最初接受的词义实际上不是制造的意思，而是使某物可见（visible）的意思，即让某物显现（apparaître）或出庭（comparaître）。性别被生产出来，正如人们生产一份文件那样。或者像谈论一位演员那样，说他自己生产自舞台上。"①。在这一段话中，我们可以发现，鲍德里亚通过"黄色淫秽"的超真实场景展现出来的依然是否定性的批判逻辑，他认为，拟真形态中对于"真实"的过度呈现在逻辑形态上依旧没有超越劳动生产话语的伪象征拟像：将生产的内涵从价值的生成、流通和积累转换为物的在场方式本身，而这一过程同样代表着能量的单向流通，在抽象意义上则体现为资本的剩余物再生产形态，对此，我在后面的章节中会予以进一步的探讨。

三、拟真诱惑：零度表象的深渊

从人类社会发展的拟像-拟真框架出发，鲍德里亚认为，后工业时代的资本主义形态是拟像在第三阶段的呈现，他在《论诱惑》一书中提出，在资本主义社会的现实场景中，拟真诱惑取代了价值理性的权力话语，成为资本在拟真框架中新的统治方式。诱惑在社会关系层面的统治方式是抽象化、形式化的，同时也是隐蔽式的，我们可以称之为"外表的纯粹游戏"②，在理论形态上类似于后现代主义强调的"外表的秘密"，其中包含着对于现代理性主义本质论和总体性建构的否定，是鲍德里亚在"价值的结构革命"之后，对人类社会的表象形态在存在论意义上的伪象征批判。

鲍德里亚认为诱惑反映了拟真中的剩余物场景，一旦"没有本质"

---

① [法] 让·鲍德里亚：《论诱惑》，张新木译，南京：南京大学出版社 2011 年版，第57 页。
② [法] 让·鲍德里亚：《论诱惑》，张新木译，南京：南京大学出版社 2011 年版，第25 页。

成为新的外表形态,当一切凝固的都烟消云散,在现实关系表象背后留下的,是意义全透明表象场景中的形式剩余物。"诱惑就是命运所剩下的东西,是赌注、巫术、宿命和眩晕所剩下的东西,是无声效率所剩下的东西。"① 他指出,超真实的关系场景提供了理论抽象层面的意义全透明表象空间,其中包含着关于"真实"的绝对剩余物形态。鲍德里亚认为,零度表象空间中超真实剩余物的积累意味着拟真诱惑的"祛魅"过程,而当剩余物的单向积累达到一定程度之后,系统将形成无意义的"增熵"的场景,以象征性的方式消解自身。"它们不再'显示',它们不再是物品,不再是什么东西……作为社会生活的垃圾,它们便掉过头来对抗社会"②,由此实现诱惑的象征暴力,或者说,是拟真在抽象维度的"施魅"过程。

拟真诱惑的施魅过程与启蒙现代性的理性空间是相对立的,其逻辑立足点并不在于外部的权力话语,而是在于拉康逻辑构境中不在场"他者"的反讽式自我生成。与此同时,作为理论超真实场景中否定式的"祛魅"呈现,后现代主义在解构的零度话语范畴中同样蕴涵着诱惑的"施魅"机制,从另一个维度表征着现代性之后资本再生产逻辑的抽象化形态。由此,鲍德里亚将诱惑的形而上学意义予以普遍化,强调在拟真的伪象征场景中,拟真的"诱惑"式象征暴力将以再生产的方式充当主宰,在现实层面表征为资本逻辑在零度表象空间中的权力意识形态。

在前面的章节中,我们已经围绕超真实的祛魅过程进行了相关论述,接下来,我们将从外表的自为逆反逻辑出发,探讨拟真诱惑在"虚假的真实"中的"空白"反转机制,对诱惑场景中的拟真施魅过程进行详细阐述。

---

① [法] 让·鲍德里亚:《论诱惑》,张新木译,南京:南京大学出版社 2011 年版,第276 页。
② [法] 让·鲍德里亚:《论诱惑》,张新木译,南京:南京大学出版社 2011 年版,第91 页。

超真实的外表零度空间

在《论诱惑》中，鲍德里亚对于诱惑的外表呈现有过一段具体的论述："它将真理中的一切东西抽掉，把它纳入游戏，纳入外表的纯粹游戏。在游戏中，它转眼间挫败所有的意义体系和权力体制：让外表围着自身打转，让身体以外表形式进行游戏，而不是作为欲望的深处——然而所有的外表都是可逆转的——在这个唯一的层面上，所有体系都是脆弱的、易受攻击的——意义只有在巫术中才容易受到攻击"。[①] 这一段话中提到诱惑在表面的游戏，其在内涵上是非本质论的，承接着对意义体系的消解和关于权力话语的彻底颠覆，同时在外延上构成普遍化的客体逻辑。

通过对诱惑零度表象空间的建构，鲍德里亚提出了拟真话语中新的权力话语：一旦诱惑消解了关于真实和价值的确定性体系，以主体反思为前提的意义流通过程同样也成为不可能。在全然的表面游戏性之后，是全然的客体性统治，这是后现代场景中拟真的诱惑策略，也是资本逻辑在拟真关系场景中的隐形逻辑表征。

（一）诱惑在零度表象空间中的镜像反转机制

在鲍德里亚的论述中，诱惑作为"外表的秘密"，从符号价值论的角度来说具有反本质的特性。与理性体系中的先验价值逻辑相反，诱惑的显现被放置于最为表层的话语形态之中，在理论上通过外表的零度关系建构，来彻底消解隐性话语/显性话语的价值阐释体系。在诱惑的表象化过程中，意义全透明外表符号体系中建构起来的关系模式是游戏式的，反映了要素之间随机的、荒谬的、仪式化的逻辑特征，代表着拟真客体在抽象维度的施魅方式。

[①] [法] 让·鲍德里亚:《论诱惑》，张新木译，南京：南京大学出版社 2011 年版，第 11—12 页。

鲍德里亚在《论诱惑》中，对诱惑语境下符号的意义全透明逻辑形态进行了规定："这是一些空白的符号、虚空的符号，意味着反庄严性、反社会再现、反宗教或反艺术再现"①。随后，他在超真实的祛魅形态中，将符号的无意义形态进一步抽象化，确定为形式表象关系场景中的"剩余物"。在这里，我们需要明确，"剩余物"是鲍德里亚进行诱惑拟真批判的关键概念，在概念形式上参照了价值生产批判的话语逻辑，在理论内涵上则表征着与象征交换本真形态相对立的拟仿物逻辑。

由此，鲍德里亚确立了符号在拟真诱惑中的"空白"反转策略，依据他在《论诱惑》中的相关论述，我们可以对符号反转的逻辑形态进行大致的梳理：首先，拟真零度表象空间中的符号形态是"空白"式的，"空白"的符号在理论形态上蕴含着关于价值意义"不在场"的潜在预设，在表象的关系形态中代表着一种逻辑暗示：对于"空白"状态的认同并不在于以 A＝A 的直言式表述来描绘一个既定的现实，而是在于确认"不在场"的状态，或者说，是说明关于任何其他可能性的在场。由此，我们可以大致勾画拟真诱惑得以产生的逻辑场景："今天最大的诱惑就是看起来没有深度的形象和外表，现在最有吸引力的东西恰恰是本质和真理的不可能性"②。

在这里，由"空白"符号表征出来的是逻辑上的反向印证，类似于一个镜像式的反射转换形态。鲍德里亚认为，镜子的反射效应是具有精神性的，同时，由镜子反射出来的影像又是"斜向性"的，"通过唯一一条对角线穿越心理世界及其不同的层面，以便到对距点触及那个盲目而又未知的点，秘密的封存点，谜团的封存点"③。具体来说，在镜像效应的对角线连接范围内，镜子两端的影像形式是重叠的、巧

---

① [法] 让·鲍德里亚：《论诱惑》，张新木译，南京：南京大学出版社 2011 年版，第91 页。
② [法] 让·鲍德里亚：《论诱惑》，张新木译，南京：南京大学出版社 2011 年版，第45 页。
③ [法] 让·鲍德里亚：《论诱惑》，张新木译，南京：南京大学出版社 2011 年版，第164 页。

合式的,"具有两个同时的时刻,或一个时刻的两个瞬间"①。对角线的形态可以被阐述为特殊的弧形,能够通过自身的即时扭曲,使一个端点"自然而然"地到达另一个端点。在《论诱惑》中,鲍德里亚将这一镜像式的关系形态类比为一根线段,代表着符号自身"不在场"与"在场"之间的最短作用距离,在两个极点之间,可以通过对角线的弧线效应形成关系的"短路",从而实现由空白"不在场"向符号拟真意义的逻辑指认。在这里,"短路"的逻辑形态可以表征为象征暴力场景中各个要素间交互式渗透的结果,在逻辑形态上类似于鲍德里亚在《象征交换与死亡》中提到的索绪尔语言学配对原则:通过语句与"反语句"的仪式化规则来实现仪式的快感,"这段极其短暂的、能指返回自身的时间里,这段消除的时间里,却有无限的意义和无限的替换潜在性,有极其迅速的疯狂消耗,所有信息都瞬间短路,但这些信息从来都没被意指出来。意义没有凝固:它保持流动状态、离心状态、'旋转'状态——如同象征交换中的财产:不断地馈赠,归还,永远不受价值机制的约束。"②

依据上述"空白的符号"的镜像式自我印证反转过程,鲍德里亚提出了符号在现实维度中的拟真"施魅"形态,即通过符号的镜像转换机制建构起来的象征暴力场景:与自文艺复兴以来确立的理性主义表现空间相对立,同时表征着对于象征诱惑的礼仪形态的更深层次的遮蔽。鲍德里亚认为,在符号的"外表的秘密"中包含脱离了参照性关系的、否定式的施魅过程,其中,诱惑力在关系层面的建构不再来自象征的美学角度,而是属于玄学式的逻辑抽象,反映着符号表象层面的游戏属性。"诱惑,就是要让形象在自身之间进行游戏,让陷入自

---

① [法] 让·鲍德里亚:《论诱惑》,张新木译,南京:南京大学出版社 2011 年版,第164 页。
② [法] 让·鲍德里亚:《象征交换与死亡》,车槿山译,南京:译林出版社 2006 年版,第346—347 页。

身陷阱的符号在自身之间进行游戏"①，由此，他将符号的表象策略与超真实的游戏形态联系起来，确立了拟真符号在空白表象场景中的客体统治逻辑，进而在现实层面营造出关于资本主义拟真统治的新的权力意识形态。

（二）镜像式反讽中的象征暴力

在阐述了拟真符号在"外表的秘密"中的诱惑力呈现之后，鲍德里亚进一步提出，诱惑力在空白符号镜像关系中的施魅形态带有讽刺（ironie）意味，在逻辑形态上同样体现了拟真外表空间中的象征暴力。

"Ironie"一词的法语表述包含着"反话""讽刺""奚落"等意，在理论评论中往往是作为修辞学的概念被提出来的，即用来表示一种修辞手法，可以通过能指与所指之间的对立来暴露对象的矛盾或缺点，从而实现某种程度的教诲作用。在《论诱惑》中，鲍德里亚消解了讽刺概念内涵中的能指/所指分界和主观功能性呈现，将讽刺形态抽象化为普遍意义上的关系建构，用以表征在诱惑的表象施魅过程中，由空白符号的反转机制实现的客体逻辑。

依据鲍德里亚在文中的阐述，我认为，讽刺在诱惑语境中的逻辑形态包含了两个方面的规定。首先，讽刺反映了诱惑行为中的象征性内涵。在前面的章节中，我们已经探讨过象征属性的礼仪式游戏形态。在这里，鲍德里亚将讽刺作为女性气质的施魅表征，认为在讽刺式的关系场景中同样包含着礼仪性和游戏性。他在《论诱惑》中引用黑格尔的表述，提到在由女性气质表现出来的象征诱惑中存在着"群体的永久性讽刺"②，同时在文中提到西方文化中身体的礼仪（在日常生活中"礼貌的礼仪"消失后依然会保留的象征仪式），认为身体礼仪"作为讽刺形式和交替形式的诱惑"③，反映了在否定参照物体系之后的游

---

① ［法］让·鲍德里亚：《论诱惑》，张新木译，南京：南京大学出版社 2011 年版，第157 页。
② ［法］让·鲍德里亚：《论诱惑》，张新木译，南京：南京大学出版社 2011 年版，第17 页。
③ ［法］让·鲍德里亚：《论诱惑》，张新木译，南京：南京大学出版社 2011 年版，第34 页。

戏与挑战的空间。

鲍德里亚进一步指出，象征性的讽刺场景代表了诱惑施魅过程中的普遍关系建构，是空白转换秘密的"获知者"。他在文中提到，反讽的逻辑出发点是主观式的，但并不是科学理性范畴中主客关系的辩证框架，而是在消除主/客对立统一形态之后的聚合。象征诱惑中的关系形态反映着镜像关系中极点之间的"一种二元的和不可知论的关系"①，其中，诱惑力的实施依托于关系极点之间连贯的讽刺场景，"这种连贯得到诱惑的类比连贯的雕琢——犹如一个巨大的妙语，用一根线条连接起的相对极点"②。在此基础之上，以对角线或斜线方式形成极点间的转换互证关系，进而生成反转式的诱惑形态。

由此，我们可以引申出鲍德里亚的诱惑理论框架中的另一个理论维度：象征诱惑中的讽刺形态与拟真零度表象空间中的符号镜像反转过程在逻辑形态上存在着某种关联性，或者说，鲍德里亚通过"讽刺"的关系形态表述出来的，是拟真诱惑在关系场景中的象征暴力形态。通过施魅过程中的讽刺形态，鲍德里亚建构出象征暴力在诱惑礼仪游戏关系中的客体逻辑，具体表现为在施魅过程中诱惑主体和被诱惑客体的角色定位的模糊化，在逻辑上则反映了符号镜像反转形态中的非主体性、幻觉式的补偿关系。

在诱惑的施魅过程中，象征暴力的在场方式是客体式的，通过礼仪式的游戏形态实现对于主客体角色调转的表述："主体不再是复现表象的主人（'我将成为你们的镜子!'），而是对世界客观嘲讽的操作者。"③ 或者说，客体使主体折射，并强制性地为主体规定其存在的抽象形态。在主客体的倒置形态中，主体的不在场是一个透明的被反射的过程，客体则同样被超真实的策略剥夺了所有的幻觉。在脱离主体

---

① [法] 让·鲍德里亚：《论诱惑》，张新木译，南京：南京大学出版社 2011 年版，第 160 页。
② [法] 让·鲍德里亚：《论诱惑》，张新木译，南京：南京大学出版社 2011 年版，第 160 页。
③ [法] 让·鲍德里亚：《完美的罪行》，王为民译，北京：商务印书馆 2000 年版，第 72 页。

的轨道之后，客体成为纯粹关系形态中的无内涵的超导体，社会个体将自行地承担起自我反讽的任务，依据自身的存在形态经由大众传媒或影像符号形成连接链效应，并通过这一连接的过程创造出一种滑稽和模仿的效果。

与上述象征诱惑的客体逻辑相并列，诱惑的讽刺意味在拟真形态中同时呈现为外表的象征暴力。鲍德里亚在文中提到，"一种像原始仪式中悄悄进行的规则革命，一种现实中的空洞，一种讽刺性转换——隐藏在现实中心的精确拟像，而现实在整个操作中都取决于拟像：这便是外表的秘密。"① 在这里，我认为，拟像"外表的秘密"与象征诱惑的镜像反转过程在逻辑上是一致的，换句话说，在意义零度表象的拟真形态背后，隐藏着象征诱惑在现实维度的施魅逻辑，其中，由讽刺关系呈现出来的象征暴力反映着诱惑的镜像反转机制，这一过程的核心则依然是关于"空白"的虚无或不在场。

在拟真诱惑的讽刺式象征暴力形态中，现实的拟像过程释放出来的同样是礼仪的力量。对此，鲍德里亚在文中围绕现代社会的政治形态进行了阐述，他指出，现代性拟真场景中的社会政治行为本身并不是一个真实的功能或空间，关系形态中权力的兑现来自对某个拟真空间的形式掌握。这是从拟真外表空间的整体框架中分隔出来的、在某个场所可以通过内部的转换来实现的一种"冷酷的"、原始性的仪式，是通过礼仪形态实现的游戏与挑战。由此，鲍德里亚明确指出，诱惑中对于原始规则的革命是隐藏在政治现实维度中象征暴力的精确拟像，也是在政治深层空间中"可能的可逆性秘密"②，其中，外表施魅的讽刺性转移具备普遍性的意义，通过拟真再生产过程中的"一般等价物"形态呈现出来。

---

① [法] 让·鲍德里亚：《论诱惑》，张新木译，南京：南京大学出版社 2011 年版，第100 页。
② [法] 让·鲍德里亚：《论诱惑》，张新木译，南京：南京大学出版社 2011 年版，第100 页。

拟真社会中诱惑的权力客体

从理论形态上来说，鲍德里亚的诱惑理论是在形而上学范畴内对拟真过程的抽象诠释，诱惑的施魅过程在形式上反映为客体性的逻辑，同时也是在拟真符号语境中对于超真实象征暴力场景的镜像式呈现。在接下来的论述中，我将从诱惑的角度出发，对拟真在外表零度空间中的客体逻辑进行批判式解读，依据符码的镜像反转模式，对拟真诱惑策略中的隐性权力话语作出进一步的阐释。

（一）意义零度空间中被建构的主体欲望

我们前面已经提到，拟真诱惑在外表的零度表象空间中建构起来，这一逻辑场景是以理性范畴中能指/所指对立分界形态的消解为前提的。鲍德里亚在文中将拟真在外表空间中的意义全透明关系形态称为符号的"能指衍生"，他沿用了皮尔士和克里斯特娃的理论概念，将拟真形态中的符号能指形态阐述为一个透明的、动态的、仪式化的自我生成体系，可以用来表征类似于生物体的自我延续过程，"是生产和自毁的开放空间中的胚芽的集中。这是一个'不同的无限性，其无限的结合性永远没有边界'"。[①] 在鲍德里亚的论述中，符号的能指关系呈现为生产式的表象形式流通过程，一方面，能指在概念内涵上不再与所指建立彼此之间的结构式对应关系；另一方面，能指在仪式化的关系场景中具备了社会生产话语空间中的剩余物形态，通过表象层面的无限流通呈现出单向无限可积累的特征。在此基础上，剩余物积累到一定阶段之后，符号价值之"熵"的流通会达到最大，而意义的总和将成为最小，进而造成整个符号体系的意义缺失，在现实关系层面构成不在场的"他者"形态。

在超真实的诱惑场景中，符号概念的"能指衍生"表征着主体欲

---

① ［法］让·鲍德里亚：《论诱惑》，张新木译，南京：南京大学出版社2011年版，第32页。

望的祛魅过程,这是意义价值层面的"空白"或"缺乏",全透明外表场景中以"空白"为核心镜像反转形态,同时从抽象维度上表征着对于主体欲望的意识形态重构。在《论诱惑》中,鲍德里亚讲述了一个非常著名的关于狐狸红色尾巴的故事,他指出,"在这里,空白就像是狐狸尾巴的红颜色这种无意义(因此孩子才会满不在乎)引发的空白。在别处,词语和举动的意义将通过连篇累牍和突出音步被清空:让意义疲劳,消磨它,弱化它,以便从零能指中,从空白词语中解放出纯粹的诱惑——这便是礼仪魔术和咒语术的力量"①。

在这里,拟真诱惑中假设的是形式的极端立场,而施魅的过程就隐匿在形式立场的抽象范畴中,在逻辑层面上呈现为符号的空白(虚无)转换机制。我们可以将形式的抽象化逻辑扩展到现实的社会关系范畴,其中,超真实的全然透明表象空间建构对应于想象域中的空白在场,社会个体在这样的想象域中被诱惑并建构出来,成为后工业社会中资本权力和功能性生产的现实支撑。

鲍德里亚在文中指出,资本主义社会中的权力、经济和性等社会存在的方式,正是通过拟真诱惑的全然透明性之相反镜像,实现对立模式中的相互反射,在此基础上进行着符号关系的持续转换,一边享受着个体的感性体验,同时也将面临自身诱惑式逆转的必然形态。"如今正是这个空白给这它们最后一丝现实的希望。若没有逆转它们、废弃它们和引诱它们的东西,它们将永远也不会获得现实的力量"②。

上述过程表征着诱惑语境中资本主义社会中的结构性统治方式,社会个体需要在拟真诱惑的无意识形态中参与确认现实的"真相"。我认为,在鲍德里亚的理论中,诱惑从来都不是关于主体性的"欲望"呈现,游戏的规则中无所谓主体/客体的对立区分,在主体性的表象之

---

① [法] 让·鲍德里亚:《论诱惑》,张新木译,南京:南京大学出版社 2011 年版,第113 页。
② [法] 让·鲍德里亚:《论诱惑》,张新木译,南京:南京大学出版社 2011 年版,第73 页。

下，发挥决定作用的是诱惑的符号镜像反转过程。如同胡大平在《荒诞玄学何以成为革命的理论——鲍德里亚的资本主义批判逻辑》一文中所提到的，诱惑通过"消失"（disappearance）的策略逆反性地获得的"露面"（appearance），这一过程体现了意义零度表象空间范畴中绝对的客体性策略，这种策略是诱惑在拟真场景中的暴力呈现，"它是一种没有任何外在参照的封闭的表皮（appearance）。用传统术语来说，这是一个没有内容的形式"。[①] 胡老师在文中强调了诱惑的无主体性形式表征，我认为这一观点准确地呈现了拟真诱惑中象征暴力的仪式化形态。鲍德里亚在文中将拟真场景中的象征性形态阐述为先验式的、非决定性的整体结构，"正是在这种可能的整体拟真的废墟和遗忘之上，在这种拟真的整体螺旋体之上，即先于真实而我们又毫无意识的拟真之上——才有真正的无意识：对拟真的不了解，对令人眩晕的非决定性（indétermination）的不了解，这种非决定性调节着我们生命的秘密秩序。"[②] 这一段引文论述了拟真诱惑中象征暴力的非主体性逻辑特征，在拟真的仪式化施魅过程中，作为诱惑的参与者，主体无法认识到在诱惑力表象呈现之后的象征性过程，因而，主体关于"真实"的意识只能建立在"拟真的无意识"[③] 之上。

从这个意义上来说，我们可以再次确认，在拟真诱惑中，主体的欲望是被建构的，任何关于施魅者的"欲望"的言说都可以被认为是属于拟仿物的概念，而在诱惑拟仿的背后，依然是象征暴力的礼仪式在场。对于诱惑主体来说，诱惑的象征性施魅过程是可逆的，一旦确立了价值意义或是权力意志的目标，主体的欲望会建构出一个拟仿的镜像关系，从而生成来自主体自身的欲望挑战。这一过程是在诱惑的

---

① 胡大平：《荒诞玄学何以成为革命的理论——鲍德里亚的资本主义批判逻辑》，载《吉林大学社会科学学报》2008 年第 2 期。
② [法] 让·鲍德里亚：《论诱惑》，张新木译，南京：南京大学出版社 2011 年版，第232 页。
③ [法] 让·鲍德里亚：《论诱惑》，张新木译，南京：南京大学出版社 2011 年版，第233 页。

零度表象空间中实现的，在逻辑形态上表征为镜像式的反讽与转换，由此，"诱惑总是针对某种威力的可逆性和祛魅术"①，并将随着欲望挑战的完成而消解。

（二）诱惑在拉康语境中的"他者"形态

查尔斯·列文（Charles Levin）在《鲍德里亚，批判理论和精神分析学》（*Baudrillard，Critical Theory and Psychoanalysis*）中提到，鲍德里亚经常被解读为一个结构主义者或是后结构主义者，学界很少从拉康/法兰克福学派的传统中探讨他的诱惑理论，然而，事实上鲍德里亚在理论逻辑层面与后者联系甚密。② 张一兵在《论诱惑》中文版的序言中，将诱惑定义为主体"在存在论上失身"③，他认为，拉康从后精神分析学语境中论述了主体欲望的生成机制，通过不可能的他者在场，反转性地建构出另一个隐性对象。我赞同上述观点，鲍德里亚关于诱惑场景中符号镜像反转机制的论述，在逻辑形态上与拉康的"他者"镜像理论是同构的。

鲍德里亚在《论诱惑》中直接提到诱惑形态与拉康"他者"理论之间的关联，他指出，拉康的理论关涉能指游戏中的幻觉形式，将弗洛伊德精神的分析学说引向了一种诱惑实践，从而"以某种方式为被排除的诱惑报了一箭之仇"④。在逻辑形态的建构上，鲍德里亚首先将意义解构之后的全透明符号体系界定为外表的零度空间，由此确认了社会关系层面以缺席姿态出现的对象"他者"，在此基础上，参照礼仪符号的游戏挑战方式，建构起外表超真实场景中的权力施魅客体。依据鲍德里亚在《论诱惑》中的阐述，我们可以在拉康的"他者"理论

---

① [法] 让·鲍德里亚：《论诱惑》，张新木译，南京：南京大学出版社 2011 年版，第131 页。
② Charles Levin, "Baudrillard, Critical Theory and Psychoanalysis", See Arthur Krokern (ed.), *Ideology and Power: In the Age of Lenin in Ruins*, Canadian Journal of Political and Social Theory, 1991 (15), p. 152—167.
③ [法] 让·鲍德里亚：《论诱惑》，张新木译，南京：南京大学出版社 2011 年版，第45 页。
④ [法] 让·鲍德里亚：《论诱惑》，张新木译，南京：南京大学出版社 2011 年版，第88 页。

话语框架内，对诱惑场景中"他者"的主体欲望建构形态进行大致的表述。

在《论诱惑》中，鲍德里亚提出"空白的符号"，类似于拉康理论中的大他者"对象a"（objet-petit-a），也是拉康晚年提出的"大写的物"（Chose/Thing）。在拉康的后精神分析学语境中，对象a通过自身在存在本体意义上的先验式不在场形态，在主体认知的欲望场域中确立了另一个"他者"，由此在引导行为主体对"他者"进行概念印证的过程中建构起新的欲望形态。在上述过程中，对象a一方面将自身在主体欲望中的在场意义遮蔽起来，另一方面将主体放置于概念意义确定性的结构式逻辑场域中，建构出"对象a凭借本体论上那种不可失去带给我们对存在的期冀"①，在此基础之上完成对主体欲望生成的形而上学式引导。在这里，对象a在抽象化的关系形态中建构了一个诱惑场景，在本体论层面为主体性认知的反向建构提供了逻辑前提。

由此，联系本文在前面的章节中的论述，我认为，在拟真批判的话语场境中，对象a在逻辑形态上可以等同于诱惑零度表象空间中的"空白的符号"，是鲍德里亚称为的在理论层面没有被彻底象征化了的"剩余物"。在空白符号的自我反转形态中，符号通过自身作为不在场"他者"的结构式自我印证过程表征了施魅场景中的讽刺意味，构成了拟真表象关系场景中礼仪的游戏挑战形态，这也是象征诱惑在超真实现实场景中的隐性在场。

（三）诱惑在两性关系中的镜像呈现

在鲍德里亚的象征语境中，女性气质是象征诱惑的具象化体现，意味着礼仪的游戏挑战，而男性气质则是诱惑的拟像呈现，在由男性气质所代表的拟像式施魅场景中，参与双方以互为诱惑的方式构成礼仪式的镜像关系。我认为，通过对于两性诱惑事件的阐述，鲍德里亚

---

① 张一宾：《诱惑：一个揭开后现代玄秘画皮的通道》，载《学术研究》2009年第5期。

展示了在男性的诱惑行为中，以隐性方式在场的象征属性，或者说，是诱惑在拟像话语中的象征暴力形态。就理论的逻辑角度来说，上述过程表征着仪式化游戏进程，同时也是非主体性的，具有象征属性中的自为式形态，如同鲍德里亚在文中提到的那样，在任何诱惑过程中有某种无人称的东西，就像在任何罪行中那样，有某种礼仪的东西，超主观和超肉体的东西，男性诱惑者及其受害者对这种东西的经历仅仅是无意识的反映。[①]

在《论诱惑》中，鲍德里亚具体论述了两性诱惑中的双向关系场景，对诱惑的镜像式呈现过程进行了阐述。他在文中提到克尔凯郭尔的《诱惑者日记》，小说中描述了一个典型的男性诱惑事件，事件中的男主人公是一位成功的施魅者，他在诱惑柯德莉娅（文中的女主角，作为被诱惑者出场）时正是采用了诱惑施魅的镜像式反转策略："它给自己以镜子般的卑微外表，但这是一种操作性镜子（miroir manoeuvrier），就像珀尔修斯的盾牌，梅杜萨自己也感到非常吃惊"[②]。鲍德里亚强调，镜子的反射操作体现了"斜视（oblique）"[③] 的效应，这并不是线性的过程，也不同于"普通的诱惑"中面具式的遮蔽，而是在符号在悬空状态中实现的"精神的决斗"[④]。鲍德里亚在文中提到的诱惑的"斜视"效应是从诱惑者的主体性角度来说的，在前面的章节中，我已经就镜像效应中的"精神性"和"斜向性"进行过详细的阐述，在这里，鲍德里亚将诱惑镜像效应中的对角弧线关系进一步具象化，由此对两性诱惑场景中的双向镜像施魅形态进行了具体阐释。

在小说中，男性诱惑者在一开始并没有直接对女主角实施引诱，而是通过一些小的着数在女主角身边布置一些"网眼"，让女主角渐渐

---

① [法] 让·鲍德里亚：《论诱惑》，张新木译，南京：南京大学出版社 2011 年版，第153 页。
② [法] 让·鲍德里亚：《论诱惑》，张新木译，南京：南京大学出版社 2011 年版，第163 页。
③ [法] 让·鲍德里亚：《论诱惑》，张新木译，南京：南京大学出版社 2011 年版，第162 页。
④ [法] 让·鲍德里亚：《论诱惑》，张新木译，南京：南京大学出版社 2011 年版，第167 页。

产生施魅的欲望。"我不与她相遇，我只是碰到了她存在的周边……当她来到楼梯上时，我心不在焉地超过她。"[1] 随后，男性诱惑者故意与女主角保持一定的距离，从而制造出关系场域的"空白"，以此来一步步引导女主角接受镜像的场景，被施魅的行为所俘虏，转而成为不自觉的被诱惑者。

鲍德里亚认为，对于小说中的女主角来说，整个诱惑事件反映着拟真的镜像反转效应，其中包含着两个平行的时刻：一方面对于被诱惑者来说，她的女性特权威力被展现出来，另一方面，展现的过程是精神性与斜向性的，不是通过直接地对女性气质的具象化展示，而是诱导女性自由地在精神领域呈现自身的魅力，以此在自身与诱惑者之间建立起对角线的特殊弧形，通过二者关系的"突然扭曲"[2]，以自然的方式完成反向的"施魅"的过程。

在鲍德里亚的论述中，女性在诱惑中始终是处于非主体性的角色，她在自由施展威力的同时，走向了自身的迷失。一方面她对于即将到来的未知点表现出不安，另一方面她同时也知道这一个点是注定会到来的，在两者之间形成了高强度的张力，就好像是游戏中骰子流动和即将停止的那一刻，这也就是诱惑力的惊喜实现，是被诱惑的顶点。

从男性诱惑者的角度来说，在整个过程中，他的任务是设法制造并巩固在女性威力施展和实现之间的距离。他可以通过人为的着数建构出符号的悬空状态，符号的"飘流"，并在等待所有符号都互相回应的时候创造出一个完全的、特殊的眩晕（vertige）或是崩塌场景。鲍德里亚认为，此时呈现的是诱惑的"悬空的激情"[3]，也就是说，男性诱惑者的所要做的是，把握女性威力在施展与实现之间的距离，在距离的"空白"形态中制造诱惑力，从而对女性威力施展的节奏进行引

---

① [法] 让·鲍德里亚：《论诱惑》，张新木译，南京：南京大学出版社 2011 年版，第162 页。
② [法] 让·鲍德里亚：《论诱惑》，张新木译，南京：南京大学出版社 2011 年版，第164 页。
③ [法] 让·鲍德里亚：《论诱惑》，张新木译，南京：南京大学出版社 2011 年版，第170 页。

导，引导她的施魅行为在一个时刻达到最高点，在这一点上，被诱惑者的女性诱惑力将完全展示出来。由此，当女性被诱惑者将自己施展魅力的特权全部发挥出来时，她作为被诱惑者对于角色的扮演也就随之结束了。

通过上述的诱惑事件，鲍德里亚提出了一个论断："诱惑在别处"①。因为，在整个事件中，几乎都是年轻姑娘在单方面地施展着自身的威力，而男性诱惑者一直处于"不在场"的状态，他只需要在精神的层面建造出距离，以此来唤醒并引导女性的施魅过程。在这里，诱惑的"别处"或是"不在场"表征着空白"他者"的逻辑抽象，再一次对应于施魅过程的反转式关系场景，由此，鲍德里亚提出，诱惑力的生成过程中不包含任何与理性的技巧相关的东西，而是关系到威力牺牲和魅力消除的镜像化策略。

后现代主义：歇斯底里式的诱惑与反讽

鲍德里亚认为，后现代主义没有摆脱现代性话语的拟仿物属性，诱惑在零度表象空间中的镜像式施魅与后现代对于"外表的秘密"的解构是同质性的，其中，资本的权力统治形态通过符号的仪式化在场被建构出来，进而在外表意义被遮蔽处，重新建构出主体的伪欲望。他同时提出，拟真现实中的关系形态类似于没有光源的神秘光线，其中消除的不仅仅是传统理性范畴中关于"真实"的价值设定，同时也包含着对后现代性的伪象征隐喻。

我认为，在鲍德里亚的批判语境中，后现代性代表了更深层次的对于象征交换本真形态的遮蔽。如果说，在主体/客体对立的逻辑框架中，由现代理性价值体系确立起来的是本质主义的辩证关系，那么在鲍德里亚的论述中，后现代主义对于本质决定论的解构与"空白"反

---

① [法] 让·鲍德里亚：《论诱惑》，张新木译，南京：南京大学出版社 2011 年版，第 174 页。

转则构成了一种全然的客体：只能在关系表象层面实现，并在纯粹的表象空间中以不确定性的方式导向宿命式的专制。

在《论诱惑》中，鲍德里亚对于后现代主义伪象征形态的阐述是通过诱惑的表象施魅过程呈现出来的，他将后现代性在外表形态"怎么样都行"的不确定性关系表征与拟真诱惑的零度表象策略联系起来，在逻辑建构上区分为两种情况：一是通过不停地诱惑他人以便不被他人诱惑，二是假装被人诱惑从而摆脱诱惑，这两种形态在文中被分别阐述为后现代主义的歇斯底里式的激情与倒错的游戏冷淡。

（一）后现代场景中"不被诱惑的激情"

在《论诱惑》中，鲍德里亚将后现代性归属为资本主义现代性统治的反向同谋，是在同一性的否定式叙述过程中展现出来的非决定性：代表着一种规则性的、任意性的游戏式循环，进而，"这种体现将事件与命运带向一种幻觉性想象，与自身完全相似，使我们将其当作真相。这种逻辑我们无法理解，我们的真实意识正是建立在这种拟真的无意识上"①。在这一段话中，鲍德里亚指出，后现代性在逻辑形态上反映了超真实诱惑的伪象征关系场景，在全然的解构模式中直接指向外表空间中的否定式"空白"。他认为，正是这样的"空白"在场方式在逻辑上表征着超真实关系中的剩余物积累，由此在外表空间的零度关系场景中重构了拟真"施魅"的秘密秩序。

鲍德里亚认为，在后现代性的零度表象形态之中，我们可以找到诱惑的另一种拟真参与形态：个体因为害怕被诱惑而产生的"不被诱惑的激情"②。他在文中提到，"我们为在真理中得到强化而斗争，我们与想要诱惑我们的东西作斗争。我们因害怕被诱惑而放弃诱惑。"③ 在这里，鲍德里亚提出"不被诱惑的激情"是对诱惑象征属性的回归，

① [法] 让·鲍德里亚：《论诱惑》，张新木译，南京：南京大学出版社 2011 年版，第233页。
② [法] 让·鲍德里亚：《论诱惑》，张新木译，南京：南京大学出版社 2011 年版，第182页。
③ [法] 让·鲍德里亚：《论诱惑》，张新木译，南京：南京大学出版社 2011 年版，第182页。

同样也是通过女性气质表征出来的。在完成对现代性话语的全面否定之后，后现代性的魅力可以被解读为以象征暴力形式呈现出来的反向诱惑力，类似于政治经济学中以生产批判为代表的解构式场景："这种威力自身什么都不是，自身什么也没有，它只有消减生产的威力。而且它总是消减生产的威力"①。

具体到后现代主义的理论场景中，我认为可以这样来理解：批判性的出场是为了强化理想中的"真理"，或者说，为了不被"非真理"所诱惑。对于批判主体来说，批判的理论立场提供了在表象层面关于否定性的"空白"前提，进而为诱惑的"空白"反转形态提供了主观动力条件。如同鲍德里亚在文中所提到的，对于批判主体而言，主体建构的目的性意义在于自身不被诱惑，"为逃避这种状况，一切手段都可利用。从不停地诱惑他人以便不被诱惑，直到假装被人诱惑以便利索地斩断任何诱惑"②。就后现代的理论背景来说，在这里，需要逃避的"诱惑"可以是现代性的宏大叙事，也可以是以生产为核心的政治经济学逻辑，或者是男性话语主导下的权力统治等等。

联系鲍德里亚在文中的论述，我们可以对鲍德里亚提出的在后现代性形态中"不被诱惑的激情"做出几个方面的阐释。首先，鲍德里亚认为，在后现代性的批判话语中包含着歇斯底里的症状，与诱惑中的游戏挑战方式不同，在这里，歇斯底里症代表了一种"讹诈"。在文中，鲍德里亚认为，歇斯底里症中的"讹诈"行为是主观式的，"歇斯底里病人成功地将自己的身体变作对抗诱惑的障碍：被其身体惊呆的诱惑，被其自身症候蛊惑的诱惑"③。在这里，被诱惑者在想象的"不被诱惑"的驱动之下，通过自身的否定式行为重新建构了一个拟真场景，或者说，是过度的"不被诱惑"的目的展示。在这一过程中，歇

---

① [法]让·鲍德里亚：《论诱惑》，张新木译，南京：南京大学出版社 2011 年版，第 23 页。
② [法]让·鲍德里亚：《论诱惑》，张新木译，南京：南京大学出版社 2011 年版，第 182 页。
③ [法]让·鲍德里亚：《论诱惑》，张新木译，南京：南京大学出版社 2011 年版，第 183 页。

斯底里的症状来自对诱惑的恐惧，他需要建构自身的不在场形态，来面对即将到来的诱惑和未知的可能。

例如，鲍德里亚在文中提到一位女病人，她必须通过不停的游戏过程来清除身边的意义以实现自身的不在场。对她而言，抗拒诱惑的过程呈现为镜像式的效应：为了消除可能的意义的诱惑，将自身变为一面反转的镜子，在其中抹去任何意义的符号，最终在镜子前的人将在镜子的反射效应中再现自身的意义。由此，我们可以发现，歇斯底里症患者的"讹诈"行为同时也是面向外部的，或者说，批判者的主观意愿是被外部的反馈机制所导向的。根据鲍德里亚的表述，歇斯底里患者会以完全主观化的态度，在外表的关系场景实施否定性的行为，由此形成一种夸张的"舞台效应"。一方面，他自身的否定式"症候"构成了总体意义上的方向性，另一方面，他必须面对外部世界中"让人相信的绝对要求"[1]。在这里，歇斯底里症患者从自身的行为症候出发，将外部要素转变为诱惑本身，"好像它独自将整个的诱惑过程据为己有"[2]，从而再次使自己成为被诱惑的对象。

从这一意义上来说，我们可以确认，歇斯底里症患者的被诱惑过程是反向的，反向歇斯底里的意义在于藐视诱惑，进而以此制造诱惑的不在场，在逻辑形态上，这一过程反映了拟真诱惑中的"祛魅"效应。在形成"祛魅"效应的过程中，诱惑的藐视者无法回避对否定的回应，因为向自身来证明事情并非如此的行为本身就是对意义的确定，关于否定性的言说是再一次施魅的过程，在其中，祛魅行为的主体"不能阻止这一切重新变成诱惑的最终令人失望的企图，不能阻止否定重新变成一种挑战"[3]。在这里，鲍德里亚强调，诱惑是通过否定过程呈现出来的，"因为对诱惑的藐视是基本的方法之一。然而藐视必须给

---

① [法] 让·鲍德里亚：《论诱惑》，张新木译，南京：南京大学出版社 2011 年版，第183 页。
② [法] 让·鲍德里亚：《论诱惑》，张新木译，南京：南京大学出版社 2011 年版，第183 页。
③ [法] 让·鲍德里亚：《论诱惑》，张新木译，南京：南京大学出版社 2011 年版，第185 页。

另一个回应留有余地，它必须注意（并不是有意）让人诱惑，而在这里，游戏已经结束"①。

此处，鲍德里亚提到游戏已经结束，是从后现代主义的超越性角度来说的，而对于后现代主义场景中的"歇斯底里患者"来说，诱惑的游戏挑战仍在继续：诱惑会不断地受到挫折，从而不断地获得新生，被诱惑以拒绝的形式一次次地将诱惑搬上外表的舞台，从而完成下一个诱惑的过程，这恰恰就是后现代主义拟真诱惑的自我延续方式。

（二）倒错中的游戏式"冷淡"

在《论诱惑》中，鲍德里亚提出了"倒错"（pervert）概念，用以阐述批判语境中"对抗"诱惑的反常式激情，也就是说，他在文中对于"倒错"的论述是在与"诱惑"相关联的语境中展开的。

鲍德里亚在文中提出，倒错的形式代表了礼仪式的抽象，同时也是仪式的暴力，或者说，是在游戏规则中呈现出来的暴力："唯有礼仪是暴力的，只有游戏规则是暴力的，因为它能让现实体系彻底结束"②。他认为，倒错中的暴力形态表征着诱惑力的在场方式，在倒错秩序中，诱惑力的施魅过程来自"一种建立在规则基础上的礼仪崇拜"③。

从理论的逻辑形态来说，倒错的礼仪化场景中包含了规则的"公约"关系，其中，倒错关系的双方需要通过挑战式的二元关系来共同遵守一个规则。鲍德里亚认为，在逻辑关系形态上，挑战式的二元逻辑必须由互为对立的极点组成，极点位置构成了不可分割的逻辑形态，进而形成一个独立的义务网络。在这一关系网络之中，极点双方在转

---

① [法] 让·鲍德里亚：《论诱惑》，张新木译，南京：南京大学出版社2011年版，第184页。
② [法] 让·鲍德里亚：《论诱惑》，张新木译，南京：南京大学出版社2011年版，第191页。
③ [法] 让·鲍德里亚：《论诱惑》，张新木译，南京：南京大学出版社2011年版，第191页。

换的过程中不会受到来自外部的伤害，同时也无法实现主体性的话语分析，极点之间能量的交换形态是任意性的，交换的内容无关紧要，关键在于强加一种规则。

由此，我们需要强调的是，鲍德里亚提出的倒错的规则建构依然是拟仿式的，不仅不同于生产的逻辑或价值的范畴，同时也区别于象征的法则，代表着一种礼仪化的、被调节过的形态。他认为，倒错的规则中占据主导形态的依然是符号的编码体系，在逻辑上则呈现为象征意义上的死亡转换，"它会截获死亡，将它当作迷惑的能量"①。在《论诱惑》中，倒错中以死亡形式表征的象征性场景，往往被认为是规则体系的缺陷，会在逻辑上生成惯性点（point d'inertie），规则体系将围绕逻辑的惯性点生成回归效应。

由此，鲍德里亚提出，倒错规则中的回归效应同样彰显了外表场景中非决定性的逻辑形态，他在文中提到，在惯性点的周围，物体运动的方向发生了改变，运动的轨迹会变得缓慢，物体被自身的阻力和密度所吸收，进而出现扭曲，"就像被天际的微分气层所折射的阳光——被其自身的质量压扁，它不再遵循自身的规律"②。鲍德里亚将这一过程比喻为黑洞的效应，在完全的否定式自我展示过程中，惯性点再次具备了可逆性，从而形成一种全新的再生产式效应。

从对倒错的礼仪规定性中，我们可以发现，在倒错与诱惑两者之间同时也具有着某种程度上的逻辑相似性，在倒错关系中包含着象征的礼仪式形态：并非在于对法则的冒犯，而是来自建立在规则基础之上的礼仪崇拜。鲍德里亚在文中认为，二者的相似性首先来自对于理性概念范畴中的自然原则的否定："如果存在一条性的自然定律，存在

---

① [法] 让·鲍德里亚：《论诱惑》，张新木译，南京：南京大学出版社 2011 年版，第196页。
② [法] 让·鲍德里亚：《论诱惑》，张新木译，南京：南京大学出版社 2011 年版，第196页。

一个快感原则，那么诱惑就是要否定这个原则，代之以另一条游戏规则，一条任意的规则。在这个意义上，诱惑是倒错的东西"①。鲍德里亚的这一段论述是从性话语的理论范畴中来说的，他认为，倒错在逻辑形态上可以表征为游戏式"冷淡"，在这一过程中，对于性欲和性的享受的否定被转换成为礼仪式的"矢量"，或者说，成为形式游戏中单纯的抽象化的逻辑支点，在关系层面形成赌注式的挑战，由此实现批判式场景中镜像"空白"反转的象征暴力形态。

由此，鲍德里亚进一步指出，在对待现代性本质主义态度上，倒错游戏和拟真点诱惑礼仪表现为共同的否定式立场，二者在逻辑上有着本质的不同，诱惑在以否定性的方式陈述象征快感的同时，代以另一条拟真任意性的、挑战的规则，倒错则在确定不道德的在场形态之后，采取游戏的、冷淡的态度对快感本身予以放弃。由此，鲍德里亚指出，倒错和诱惑在关系层面会出现激烈的对抗，他在文中提道，"倒错是一种冰冻的挑战，诱惑则是活生生的挑战。诱惑是运动的、短暂的，而倒错则是单调的，没完没了的。倒错是戏剧性的、默契的，而诱惑是秘密的、可逆的"②。

在倒错关系中，唯一起作用的机制是规则，而在规则的框架中，倒错者从根本上是藐视诱惑的。倒错者们会参照规则的要求给诱惑编码，通过为诱惑确定规则，将客体性统一到公约式的文本形态中，由此就打破了诱惑中的非确定性形态。从这一意义上来说，倒错者投入的是关于规则控制的绝对形式划定，在本质是与礼仪象征的自然形态相违背的，依然是逻辑抽象化场景中的拟仿物建构。

从上述论述中，我们可以进一步明确鲍德里亚在诱惑语境中对于后现代主义解构话语持有的批判态度：在后现代主义的解构话语中包

①［法］让·鲍德里亚：《论诱惑》，张新木译，南京：南京大学出版社 2011 年版，第191 页。
②［法］让·鲍德里亚：《论诱惑》，张新木译，南京：南京大学出版社 2011 年版，第196 页。

含着倒错的礼仪形态，在逻辑形态上意味着另一种形式的超真实建构，即在全透明外表空间中由过度的否定性展示构成的游戏挑战。在后现代主义的否定性话语体场景中，倒错关系在逻辑形态上表征着拟真诱惑的另一种形式，即以礼仪挑战的方式在全透明式祛魅场景中实现超真实的暴力呈现。在这一过程之中，后现代性在超真实的零度外表场景中营造出关于解构逻辑的过度形态，形成规则的"冷淡"，并制造一个虚空的场所，进而在这一缺失的外表空间中展现拟真的施魅过程。

第三章

拟真框架中隐藏的资本逻辑及其批判

在我看来，巴塔耶最有意思的概念是过度（excès）。正是在过度中，存在着我们之前所说的变形的秘密，即事物永恒不断地生成之可能性。

——让·鲍德里亚：《片断集：让·鲍德里亚与弗朗索瓦·利沃奈对话录》

我说的是过度增长（excroissance），而不是增长（croissance）；过度增长这种形式既会侵入理论，也会侵入社会组织或经济和生产。在信息、消息、物质财富和性关系的生产中，这一点都很明显；这种生产过剩显然都不再准确地知道它想要什么；这一刻，它在自身的增生中发现了一种逻辑。

——让·鲍德里亚：《鲍德里亚访谈录：1968—2008》

从《物体系》到 21 世纪初的新千年之论，鲍德里亚的论述语境始终是大工业生产背景下的资本主义社会形态，尽管他在《生产之镜》中旗帜鲜明地与生产话语划清了界限，一直到《冷记忆》系列，鲍德里亚批判理论的立足点一直没有离开资本统治的逻辑场景。

在鲍德里亚的批判框架中，资本主义社会关系的建构在不同历史时期呈现为不同的形态，由此引申出来的批判路径也不尽相同。他在早期文本里关于功能"物"的论述，延伸至消费语境演变为符号价值批判，符号的价值内涵在随后的拟真语境中被再次解构，并最终转换为病毒社会的无序化碎片式表述。接下来的论述将就鲍德里亚不同时期文本中的批判逻辑进行大致梳理，并重点展现他在《象征交换与死亡》之后，进行资本主义批判的理论模式转型。

一、象征交换语境中资本主义批判的逻辑演变

从《物体系》时期开始，鲍德里亚理论批判的逻辑基点就已经确立为以象征交换为核心的本真形态，随后，在《消费社会》一书中，尽管他依然延续着批判理论的否定式立场，对于消费符号价值形态的阐述则已转向符号文化学的范畴，如同张一兵在《反鲍德里亚》一书中指出的，此时鲍德里亚在批判话语中"实际上面对的是全新的问题"①。

我认为，鲍德里亚在早期理论中建构的，是以功能物和符号价值体系为核心的异化式批判逻辑，这也是在他《象征交换与死亡》之前，解读后工业时代资本社会运作方式的主要逻辑线索。在《符号政治经济学批判》和《生产之镜》时期，鲍德里亚发展了符号价值批判的理

---

① 张一兵：《反鲍德里亚》，北京：商务印书馆 2009 年版，第 26 页。

论线索，同时，这两个文本代表着他开始正式与马克思主义所代表的劳动生产话语决裂。他在文本中指认，资本主义社会已经进入由符码统治的后工业场景，马克思主义中以使用价值为核心的政治经济学理论已经过时，以劳动生产为前提、同属于现代性范畴的历史唯物主义，在本质上已经成为资本统治最大的理论意识形态。

学界基本认同，在符号价值批判之后，《象征交换与死亡》一书成为鲍德里亚批判语境的转折点。鲍德里亚在书中原创式地提出人类社会历史的三重拟像建构，并将价值批判的现实出发点定位于资本逻辑在后工业场景中的超真实形态，确立了与现代理性话语体系相对立的拟真逻辑。他认为，后工业社会中"比真实更真实"的超真实策略代表着资本统治在拟真维度的呈现，在抽象层面导向深层次的象征暴力。由此，鲍德里亚最终摆脱了符号语言学、人类学和马克思的话语模式，形成了自身带有鲜明原创色彩的理论观点。在此基础上，围绕象征交换的本真核心，鲍德里亚对现代性理论中一直占据统治地位的价值理性话语体系展开了批判。

鲍德里亚早期和中期理论中的批判逻辑

鲍德里亚早期和中期的理论建构是围绕着符号价值的功能性场景展开的，从《物体系》到《生产之镜》，他的批判逻辑经历了逐渐成熟与完善的过程。其间，鲍德里亚在符号文化学的框架内建立了符号价值的差异性体系，而他进行理论批判的现实出发点，则始终是后工业社会中的伪象征性场景。在这一阶段，鲍德里亚确立了反本质论的否定性立场，由此为接下来的拟真批判提供了理论前提，也为他自己后期理论中的虚无主义倾向作出铺垫。

在接下来的论述中，我们将沿着从《物体系》到《生产之镜》的文本脉络，对鲍德里亚不同时期理论中的批判逻辑进行大致梳理。

（一）功能物的符号文化学批判

在《物体系》一书中，鲍德里亚就"物"的功能性结构本体关系进行了论述，揭示了在当前社会运作中，以消费主导化、景观意识形态和意指符号学等方式为代表的"物"的功用体系。他指出，在功能物的现实场景与源自莫斯-巴塔耶象征交换理论的"象征性问题"之间存在着对立的张力，在此基础上，鲍德里亚初步形成了以象征价值为基点的符号文化学批判逻辑。

从资本主义社会日常生活的现实场景出发，鲍德里亚阐述了自然之"物"在符号学意指框架中被建构的功能性物用体系。他在《物体系》中界定的"物"，是在现代工业社会的技术理性语境中实现的，通过对功能物在主体价值意向中的显现，鲍德里亚建构了社会生产日常情境中被符号之物所支配的价值形态。

仰海峰在《物的嘲讽与主体消亡的宿命：鲍德里亚的思想主题》一文中指出，早期鲍德里亚关于"物"的理论阐述在逻辑上承袭了当代法国哲学思想中的去主体化路径，"在历史层面，他关注的是以电子媒介为主导的消费社会。正是在这一社会形态中，一种主体自愿被吸纳的物体系支配着一切"[1]。在《物体系》中，在西方社会后工业时代的消费形态下，物被赋予了功能化的属性，这一过程并不意味着真正的解放，物与物之间形成的是一种符号意指关系的契合形态，其中，主体自愿被吸纳到功能物的体系之中并接受支配。

由此，鲍德里亚将符号之物的功能性批判延伸到象征批判的场域之中，他指出，在社会生产的日常情境下，社会关系在主体的意向性场景中显现为有序化的系统。他在文中明确指出，社会生产的科技化发展在本质上反映了资本的统治逻辑，由现代技术支配的社会"物品"

---

[1] 仰海峰：《物的嘲讽与主体消亡的宿命：鲍德里亚的思想主题》，载《国外社会科学》2014年第5期。

在实现自身功能化建构的同时，将直接决定社会关系的建构方式，这是现代社会中资本逻辑在功能化有序系统中的抽象式呈现，而与此同时，客观存在的物也只有在功能化的关系形态中才可能获得自身存在的意义。

我认为，在《物体系》中，鲍德里亚对于功能之物的批判依然是在西方马克思主义的语境中进行的，此时，他的理论出发点是对于现实社会功能化场景的异化式批判，他对于物的功能结构的转换体现了以人类为中心的技术逻辑，而背后的本真话语构境则是以莫斯-巴塔耶人类学象征交换理论为核心的草根式原始浪漫主义情怀。

（二）消费语境中的符号差异性统治

在《消费社会》中，鲍德里亚的理论重心不再关注于功能物的社会关系建构，他认为，后工业时代的资本主义社会已经从生产社会进入了消费社会，消费符号构成了价值关系中的主导因素。在这一阶段，鲍德里亚理论批判的逻辑对象发生了转变，开始从符号的功能结构关系转向后工业时代的消费意识形态，在社会关系层面，批判对象也随之从符号之物的价值异化转向消费形态中新的奴役形式。在此基础之上，立足于消费社会中符号价值的总体性和同一性强制，鲍德里亚将批判重心设置为日常生活场景中消费意识形态对个体的客体统治。

在文中，他从消费社会中的符号价值形态出发，提出在消费社会的生产与流通形态中，包含着关于资本主义价值意义链的暗示，由此阐述了消费社会中符码控制的一体化模式。其中，社会个体在日常生活的消费场景中会不由自主地相互关涉，并建立起互为反指性的他者关系形态，由此形成特定的、有序的结构式阶层划分。

此时，鲍德里亚理论批判的问题场域已经从《物体系》时期社会功能物的基础性建构，转向后工业时代占据统治地位的消费意识形态，他从符号学的理论范畴出发，借助于消费场景中的符号差异性体系，重构了社会关系客体场景中的价值内涵。张一兵在《反鲍德里亚》一书中指出，在《消费社会》时期，鲍德里亚延续了《物体系》中"那个远古社会中未被功用性价值污染的象征性本真存在"①，在此基础之上，他通过符号价值的差异性流通与象征本真价值之间的理论张力建立了新的批判构境。鲍德里亚在《消费社会》中开始明确批判张力的基本逻辑框架，如果说，他在《物体系》中提出的功能"物"形态是在客体化关系场景中对于象征价值的偏离，此时，功能物的异化式批判则被转向符号价值层面的否定性维度。在这一过程之中，由符号编码控制的身份与阶层界定，表征着价值关系的流通形态，同时也代表着消费时代资本主义统治新的话语方式。

（三）符号编码体系中"恶的象征性"

经过对后工业社会中消费意识形态的批判，鲍德里亚逐步建立起超越传统政治经济学的"符号政治经济学"语境，他正式以符号学的意指体系取代了马克思主义社会生产的理论问题式，并成为历史唯物主义的直接反对者。在《符号政治经济学批判》中，他试图确立一个与劳动生产过程相异质的符号价值体系，进而在此基础之上建构出全新的社会关系场景。在这一阶段，鲍德里亚扩展了他在《消费体系》时期对于后工业社会中符号价值形态的差异性建构，在此基础之上，他就消费关系场景中的非功能性流通机制作出了进一步阐释。

鲍德里亚在文中提到，在消费符号的价值流通过程中，社会关系的权力模式与消费欲望引导是联系在一起的，这同时也是一个抽象化的过程：通过符号学的意指关系建构起来的，是符号差异性体系中的否定式关系本体论，其中，物在消费关系中的符号差异性化统治构成了新的权力话语。鲍德里亚在《符号政治经济学批判》中对消费形态下的符号差异性逻辑进行了具体规定，他提出现代社会中的四重逻辑

---

① 张一兵：《反鲍德里亚——一个后现代学术神话的祛魅》，载《学术月刊》2009年第41期第4卷，第27—33页。

关系区分：使用价值的功能逻辑；交换价值的经济逻辑；象征性交换逻辑；符号/价值的逻辑。这四个逻辑分别对应于（功能）物的操持的逻辑、（消费）等价的逻辑、（象征）不定性的逻辑和（符号）差异性的逻辑①。在四个逻辑体系中，第三重的象征性交换逻辑是对莫斯-巴塔耶草根浪漫主义理论的镜像建构，是自鲍德里亚早期理论中延续下来的本真自为式逻辑悬设，而第四重的关系形态则反映着鲍德里亚对当前资本主义符号政治经济学现实形态的指认，是对符号价值关系的抽象化定位，这也是他在《符号政治经济学批判》中重点论述的伪象征场景。

与此同时，鲍德里亚提出了符号差异性体系中的证伪逻辑，即消费场景中符号意指关系的"恶的差异性"，他描述了一种普遍意义上的重复式意识形态在场，其中缺席的则是"消费"行为本身。他认为，由消费主体、需求关系和消费对象共同构成的象征性关系体现着反向的构序过程，其中，社会主体对物的需求关系被消解了，取而代之的是符号价值的意识形态话语。

在《符号政治经济学批判》中，鲍德里亚强调，消费行为的意义显现并不来自消费主体的需求，也不是来自商品经济层面的社会关系建构，而是来自符码在能指/所指对立形态中构成的差异性有序关系。"从来不存在那些既定的、被预设为自发的、有意识的主体之中，从来也不存在那些依据理性的目的而被生产出来的客体之中，而是向来存在于有差异的、被体系化了的一种符码之中，与理性化的计算相对立。是一种建构社会关系的差异性结构，而不是主体本身。"②

由此，鲍德里亚在《符号政治经济学批判》中建构了后工业时代消费意识形态的全新呈现方式，通过符号的差异性逻辑，他不仅仅在

---

① 参见张一兵：《反鲍德里亚》，北京：商务印书馆 2009 年版，第 88 页。
② ［法］让·鲍德里亚：《符号政治经济学批判》，夏莹译，南京：南京大学出版社 2009 年版，第59 页。

抽象层面为符号体系赋予了普遍的价值意义，同时还在符号价值的策略形态上界定了社会关系中的权力机制。

（四）以"生产"为核心的资本主义伪象征形态

在《生产之镜》中，鲍德里亚将批判对象直接设定为历史唯物主义的生产场景，而他早期在符号文化学框架中对于西方马克思主义批判理论的延续与重构，在此时为他与马克思主义的彻底背离提供了逻辑铺垫。在之后的批判陈述中，鲍德里亚将否定性的重心转移到符号编码的差异性关系结构与象征形态的对立形态中，而他也最终在理论批判的形而上学之路上越走越远。

在这一阶段，鲍德里亚提出，传统政治经济学范畴中关于使用价值的有用性论述，已经成为近代社会最具迷惑力的形而上学，要摆脱这种困境，需要以符号政治经济学批判来取代社会生产过程中的政治经济学批判。在文中，鲍德里亚以象征交换的本真价值形态作为参照，将《符号政治经济学批判》时期确立的符号差异性关系转换为更加抽象的符号象征关系，从物质生产和生产方式的概念入手，将批判的话语场域扩展到以社会生产为核心的、整个马克思主义理论赖以建构的立场观点和方法论。此时，鲍德里亚对劳动价值论进行批判的否定性对象，包括马克思政治经济学的基本逻辑框架和历史唯物主义理论中的核心概念，同样也涵盖了由劳动生产理论所代表的现代性话语范式。

由此，鲍德里亚实现了与马克思主义政治经济学的彻底决裂，这也为他接下来确立更为激进的拟真批判作出铺垫。在公开与马克思主义分道扬镳之后，鲍德里亚的批判语境进入了商品价值批判与符号价值形态批判的双重维度，其中，对于劳动生产逻辑的解构是符号政治经济学批判的前提，而二者共同的逻辑前提依然是莫斯-巴塔耶式的象征交换本真构境。

拜物教批判的双重维度与抽象化转向

从《物体系》到《生产之镜》，鲍德里亚立足于后工业社会的现实场景，围绕着象征交换的价值本真预设，从符号社会学角度，对资本主义社会中客体的统治形态进行了批判式解读。在这一时期，鲍德里亚对于后工业时代的社会关系界定呈现出不断抽象化的理论趋势，从功能物操持到消费符号的差异性建构，再到社会现象学层面的符号统治，物的形态经历了从具象到抽象再到消解的过程，这一过程反映了鲍德里亚资本主义批判路径的转换。

我认为，在鲍德里亚的价值批判理论中包含着两条平行的逻辑线索：马克思主义商品拜物教批判和消费形态中的符号能指拜物教批判。这是双重维度的否定性建构，鲍德里亚一方面消解了劳动价值论意义上以生产为中心的使用价值体系，一方面则借鉴了社会符号学的概念形态，从符号意指关系的抽象维度出发，对当前资本主义社会展开批判。

（一）鲍德里亚早期文本中的双重拜物教批判

鲍德里亚认为，拜物教理论代表着现代性范畴中西方中心论的权力话语，"自18世纪以来，拜物教就始终是被那些殖民主义者、人种学业家们以及传教士们所共同谱写的一段充满西方基督教色彩与人道主义色彩的意识形态的交响乐"①。他在文中提到，通过对原始神话、仪式中神性力量的投射，拜物教成为现代资本主义社会中某种权力话语的载体，一旦话语的力量成为可以掌控的权力机制，对物的崇拜则成为社会价值建构的主要途径。从这一意义上来说，他认为，拜物教为西方文明在人类社会发展过程中获得自身的优越性位置提供了理论空间。

鲍德里亚在文中重点对商品拜物教展开批判，指出商品拜物教是拜物教理论中一种更为古老的形式，是带有宗教色彩的神秘主义的延

---

① [法] 让·鲍德里亚：《符号政治经济学批判》，夏莹译，南京：南京大学出版社2009年版，第74—75页。

续，其中，马克思主义商品拜物教理论则具有价值权力话语的类宗教特征。在鲍德里亚早期文本中，对于马克思主义商品拜物教的批判，是他建构后工业社会消费场景的理论前提。他认为，在我们所处的消费时代，普遍意义上的符号差异性体系建构着社会生活中的关系形态，马克思在工业生产场景中确立的商品拜物教形式已经不再发挥价值层面的主导作用，而是成为社会关系建构的意识形态，表征着资本主义现实统治过程中物的崇拜。在《符号政治经济学批判》中，鲍德里亚指出，在当前的资本主义消费形态中，真正占据社会关系统治地位的是符号意指系统中无处不在的、结构性的符号能指编码，以及由编码体系中的差异性关系建构起来的新的价值形式，他称之为符号的"能指拜物教"。

1. 商品拜物教理论中使用价值的普遍形态

在《资本论》第一卷中，马克思对于商品拜物教的论述包含着两重含义：在话语的表象层面上，商品拜物教意味着人跪倒在自己创造的商品之物面前，这是在意识形态层面直接展现的对于物的崇拜；在逻辑的深层内涵中，商品之物对于关系形态的主导作用则源于商品在社会体系结构中所处的地位。由此，我们可以认为，主体在商品社会中对于"物"的崇拜，在本质上是对社会关系结构本身的崇拜，商品拜物教中的"物"在批判的语境中不再仅仅是具体的存在之物，而是代表着现实社会关系认同的抽象化场景，从主客体关系的角度来说，反映了社会个体被客体形态整合并同化的过程。

鲍德里亚认为，在马克思主义政治经济学理论中建构起来的商品拜物教批判，代表着资本主义统治过程中另一种形式的"隐性"意识形态：由使用价值所呈现出来的社会生产理论，这本质上依然是一种实体性的对象化物性崇拜。我认为，在这里，鲍德里亚对于使用价值的意识形态化界定是一个物恋性的指证，他在逻辑层面为使用价值赋予了更为普遍的抽象化属性。鲍德里亚在文中提到，马克思主义政治经济学理论中包含着对于使用价值生产与交换过程的意识形态塑形，他认为，这是一种被神秘化了的，在心理学意义上建构起来的客体他性遮蔽模式，其中，商品的使用价值被内化为社会关系流动过程中的决定性要素，通过法律、道德等手段在关系层面实施调节性的控制。

在这一问题上，我赞同唐正东在《社会发展的正义维度：基于马克思主义立场的思考——从鲍德里亚的理论缺陷谈起》一文中的观点：如果说交换价值的拜物教代表着异化式的批判路径，"那么，在鲍德里亚看来，使用价值的拜物教则是一种彻底的'神学'，它使人迷失于对物的不断追求之中而永远不可能自醒于自身的异化"。[①] 在鲍德里亚的商品拜物教批判中，使用价值具有意识形态的遮蔽式内涵，由此他不但在社会历史维度上消解了对人类社会发展的本质性规定，同时排除了以本质性规定为前提的、可以实现的任何超越性方式。

在《符号政治经济学批判》中，鲍德里亚提出，"使用价值"是马克思劳动价值论的核心，是现代社会中个体与个体之间的关系形态得以建构的客体性在场方式。他同时指出，我们当前所处的消费时代已经远远超出了"使用价值"概念中的核心设定，因而，在当前的资本主义批判场景中，任何围绕"使用价值"进行的拜物教批判都将不再具备理论的合法性意义。上述对于使用价值的批判在《生产之镜》中被进一步扩展了，借助于符号差异性关系的普遍化场景，鲍德里亚对社会生活的日常化形态进行了解析，发现商品的使用价值已不再具备对现实社会关系的主导意义。

由此，我认为，一直到《生产之镜》时期，鲍德里亚对于使用价值的意识形态指认，并没有超越西方马克思主义商品拜物教批判的方法论范畴。同时，如同查尔斯·列文（Charles Levin）在《鲍德里亚，

[①] 唐正东：《社会发展的正义维度：基于马克思主义立场的思考——从鲍德里亚的理论缺陷谈起》，载《河北学刊》2007年第1期。

批判理论和精神分析学》一文中所提到的，鲍德里亚关于使用价值的批判依然属于异化的模式，他此处的逻辑出发点是象征交换的本真逻辑形态，而他通过符号价值论重新建构起来的消费场景并不具备替代劳动生产理论的现实性维度。"现在，这些问题需要在鲍德里亚的语境中被提出。尽管在细节上不尽相同，但是，内在的问题式是基本性的。鲍德里亚以更加本原化的态度进行了回应，而他在相关问题上的论述路径并没有超越传统批判理论的话语逻辑"。①

从马克思主义的立场观点出发，社会生产理论从来就不是从"物"的实在性角度来论述的。马克思在社会生产语境中建立了劳动价值论，是对资本主义关系在唯物主义历史观层面的延展，是在特定的历史现象学语境中，对于资本主义统治形态的关系指认，其中批判的核心是社会关系场景中主客关系的颠倒。因此，鲍德里亚早期理论中对于商品拜物教的批判是游离于马克思的理论语境之外的。

在鲍德里亚早期和中期的论述语境中，他实现商品拜物教批判的逻辑核心是马克思主义的劳动价值论，尽管他的理论一直面向信息化时代的资本主义消费场景，鲍德里亚却并没有从消费社会后工业形态中具体的社会关系结构出发，而是直接在理论形态中，将商品价值转换为符号价值，认为消费社会中的符号崇拜已经替代了对于物的崇拜。在此基础之上，他以象征交换为支点，原创性地提出了对于资本主义后工业消费形态的伪象征批判：符号政治经济学框架内的能指拜物教批判，这一理论设定的批判维度直接指向资本主义后工业消费场景中，由符号价值主导的客体形态。

2. 符号差异性体系中的能指拜物教批判

完成对商品拜物教理论的批判之后，鲍德里亚开始构建后工业社

① Charles Levin, "Baudrillard, Critical Theory and Psychoanalysis", See Arthur Krokern (ed.), *Ideology and Power*: *In the Age of Lenin in Ruins*, *Canadian Journal of Political and Social Theory*, 1991 (15), p. 152 - 167.

会中的能指拜物教体系，并由此展开带有自身原创色彩的资本主义批判维度。首先，鲍德里亚提出，拜物教理论依然可以作为资本主义批判的逻辑出发点，因为"拜物教能够分析真实的意识形态的劳动过程的任何可能性"①。他认为，在消费场景中，商品拜物教已经不再是当前资本主义社会的批判症候，新的解读路径应该从对"物"的重新界定中实现，他将这一新的价值形态称为符号的能指拜物教。

在文中，鲍德里亚首先明确了符号能指拜物教中"物"的概念：物不再是一般拜物教中的物性化或是对象化投射，也不再是异化逻辑中的被批判之物。他从符号学的角度，对关系场景中"物"的词源学语境进行了重新界定，即"一种伪造物、一种人工制品，一种为了展现某种外观和凸现某种符号的劳作"②。在此基础上，鲍德里亚赋予"物"以符号象征性的意义，这也是他建立能指拜物教批判的立论前提："一种文化意义上的带有符号性的劳动"③。继而，鲍德里亚提出了在符号意指体系中的价值崇拜，认为拜物教的本质在于追求由符号所标识出来的物。他认为，"物"的本真属性应该是象征性的表意符号，这是"物"的"好的象征"，是一般性的符号编码形态，具备完全的、任意的差异性特征。而在后工业社会的消费场景中，"物"的符号价值形态被转换为在商品或者交换价值体系中对于形式（forme）的抽象，表现为个体在任何情况下、在一种限制性的理论逻辑体系中对于符号价值的攫取。

鲍德里亚指出，在上述过程之中，社会个体的欲望是被符号所建构的，他进一步提出，在符号差异性的体系中，符号价值消解了现实

---

① ［法］让·鲍德里亚：《符号政治经济学批判》，夏莹译，南京：南京大学出版社2009年版，第76页。

② ［法］让·鲍德里亚：《符号政治经济学批判》，夏莹译，南京：南京大学出版社2009年版，第77页。

③ ［法］让·鲍德里亚：《符号政治经济学批判》，夏莹译，南京：南京大学出版社2009年版，第77页。

社会中的主要矛盾："就如同拜物教徒所建构的一种心理学意义上的恶结构，这种结构存在于物恋的对象物之中，被象征符号及其抽象所围绕，而正是这些符号消解、拒斥，并驱散了人们的差异性"①。在这一段论述中，鲍德里亚强调了符号对现代社会的统治，同时指出，这是后工业场景中特有的现象，此基础之上，我们可以把象征形态中"物"的符号形态与符号拜物教中的欲望式价值形态对立起来：类似于"好的象征"和"恶的象征"之间的对立。

由此，鲍德里亚对资本主义消费场景中符号拜物教的"阴险的意识形态"② 展开了批判，他认为，由符号差异性形态控制的个体欲望与社会活动处于同一个关系场景中，其中，个体在符号象征性意义上的能指不确定性空间将被转化为"丧失象征本质的物性力比多的幻象"③。这是符号价值的权力表征过程，在这一过程中，个体的社会需求是被制造出来的，通过符号差异性的有序控制表征着能指的伪象征性统治。鲍德里亚同时指出，这一过程也是符号拜物教对大众消费关系的塑形过程，其中，"物"的符号象征形态经过差异性的稀释，呈现为现实范畴中意识形态化的表征。在这里，我们可以大致勾画出符号能指拜物教批判的否定性逻辑：鲍德里亚在符号文化学的话语框架内，确立了符号原始交换关系中本真性的、非功利化的、充满神性的、"好的"象征性，与之相对立的，是在后工业社会的消费形态中，由社会编码的内在差异性呈现出来的符号能指拜物教统治，在二者之间构成了抽象的对立关系，由此形成了消费形态中符号价值批判的理论张力。

依据鲍德里亚在文本中的阐述，我们可以发现，能指拜物教的伪象征形态是以意识形态的关系维度为核心的，他在文中提道："我们将

---

① [法] 让·鲍德里亚：《符号政治经济学批判》，夏莹译，南京：南京大学出版社 2009 年版，第79 页。
② 张一兵：《反鲍德里亚》，北京：商务印书馆 2009 年版，第123 页。
③ 张一兵：《反鲍德里亚》，北京：商务印书馆 2009 年版，第124 页。

发现真正成为一种意识形态的拜物教乃是能指的拜物教。也就是说，主体陷入到了一个虚假的、差异性的、被符码化、体系化了的物之中。"① 由此，拜物教揭示出来的不再是现实世界中关于物的实体性的本真化预设，而是符号价值在社会各个层面的结构性统治，其中，符号的差异性逻辑同时控制了物与主体，并将两者的关系形式予以抽象化。

对于鲍德里亚符号能指拜物教的批判，我认为，他提到的象征性的符号与代码控制在今天的消费社会中，的确正在发挥越来越明显的作用，但是，这一转变趋势同样是在社会经济生活的框架内进行的，人类社会的发展依然遵循着马克思历史唯物主义的路径，围绕着物质生产的基始性活动不断发展延续。面对后工业消费时代价值形态的信息化转向，鲍德里亚将个体对符号价值的崇拜设定为社会关系场景中的主导因素，忽略了真实的资本主义社会生产模式的演变，他对于现实关系的伪象征式解读同样也是抽象化的，而以此为基础建构起来的超越性路径，也只能成为形而上学意义上的理论游戏。

（二）批判逻辑的抽象化转型与现代性反思

在《生产之镜》文本之后，鲍德里亚的理论出发点不再关注资本主义消费场景中的价值形态，他的理论路径开始从符号价值批判转向意义零度空间的形而上学式解构。在《象征交换与死亡》一书中，他提出了社会历史维度上的拟像-拟真逻辑框架，精巧地涵盖了人类现代社会在不同历史发展阶段的主导形态。随着拟真理论的建立，鲍德里亚完成了对传统政治经济学话语的彻底超越，同时一起被否定的，是人类社会自现代性以来，以符号意指关系为前提建构起来的"伪象征"

① ［法］让·鲍德里亚：《符号政治经济学批判》，夏莹译，南京：南京大学出版社 2009 年版，第78 页。

价值体系。

随着符号价值批判的抽象化转型，鲍德里亚开始淡化理论建构的异化维度，从象征交换本真价值出发，提出了拟像-拟真框架体系，从人类社会发展的阶段性过程出发，形成了带有鲜明个性化色彩的拟真批判理论。与此同时，在完成了对于劳动生产和价值理性体系的象征超越之后，鲍德里亚自身的理论言说也开始遭遇尴尬的处境。自《拟仿物与拟像》时期起，鲍德里亚的著作开始显现出碎片式的叙事风格，要从只言片语的闪光中找出体系化的逻辑形态已是十分艰难，尤其在1980年代之后，鲍德里亚将自己对于后工业社会的批判延伸到后工业社会的方方面面，由此形成了具有个人特色的、纷繁复杂而又刻意隐晦的理论图景。

1. 象征交换本真图式的虚化

自 20 世纪 70 年代之后，当代资本主义批判的现实背景发生了显著的变化，鲍德里亚曾经力图描述并批判的现代资本主义社会，正在日益呈现出后结构主义的关系特征。随着后工业时代社会关系和价值场域的转型，鲍德里亚在社会历史维度提出了全新的拟像-拟真框架，与此同时，他关于象征交换本真形态的界定也发生了逻辑转型：从原始社会的礼物馈赠关系转向以拟像批判为出发点的否定性逻辑，在存在论意义则上显现为伪象征关系场景中被遮蔽了的客体效应。我认为，在《象征交换与死亡》之后，鲍德里亚已经结束了早期文本中对于原始象征交换的返乡式展望，尽管此时，象征交换依然是理论批判的逻辑基点，他关于象征形态的抽象化设定则更多的是在拟像批判的否定式场景中进行的，在这里，象征交换作为本真价值的先验在场，与现代社会中的不同形式的价值逻辑相对立，共同构成资本主义现实批判的话语张力。

在鲍德里亚的批判理论中，从商品经济中物的功能化遮蔽到消费社会中的符号价值批判，莫斯-巴塔耶学术逻辑范畴中的"文化返祖式

的草根浪漫主义"① 始终是他进行资本主义现实批判的理论出发点。在
《象征交换与死亡》中，鲍德里亚在拟真语境中的象征性建构更多地来
自巴塔耶对于莫斯"礼物交换"理论的重新阐释。巴塔耶在"普遍经
济学"的理论框架中对"献祭"过程中的过剩物"消耗"形式进行了
抽象化的建构，他将莫斯"礼物交换"过程中人类学的社会政治维度
予以淡化，以"耗费"为核心从经济学的视角对社会历史发展的形态
进行了全新的解读。在这一过程中，巴塔耶超越了礼物交换的社会政
治学语境，在经济学的"消耗"与财富平衡关系中建构出新的象征维
度。鲍德里亚在巴塔耶"耗费"理论的基础之上，将象征交换的逻辑
层面扩展到外表空间的全透明意义场域，他将礼物馈赠的交换形态抽
象化为普遍的礼仪关系，从拟真批判的否定性维度出发，以死亡形式
实现了以价值关系解构为核心的象征构境。

　　在鲍德里亚的拟真话语框架中，与原始象征交换形态一同被抽象
化的，是对于当前资本主义社会中价值形态的符号文化学解读，他认
为，消费场景中的具象化价值流通体系在拟真的代码体系中是被解构
的，在此基础上确立的批判模式将直接指向资本统治的超真实形态。
鲍德里亚认为，我们当前的社会关系正在经历伪象征性的破坏，这种
破坏并不会通过社会劳动、物质生产的所有权或价值交换方式实现，
而是由拟真代码的客体逻辑来进行控制，或者说，是由代码的自为式
复制来完成的。在这里，以巴塔耶"耗费"理论为背景，鲍德里亚对于
象征交换本真形态的抽象化界定，直接指向理论层面对于资本主义拟真
场景的批判与解构，也就是说，象征交换本真图式的抽象化转型是服务
于资本主义批判的理论需求的。我们同样可以认为，在拟真的逻辑框架
中，超真实零度外表形态与象征交换的礼仪关系一起，共同构成鲍德里

---

① 张一兵：《反鲍德里亚——一个后现代学术神话的祛魅》，载《学术月刊》2009 年第 41 期
　第 4 卷。

亚关于资本主义后工业社会的形而上学式批判。

2. 拟真场景中资本主义批判的抽象化转型

从《物体系》到《生产之镜》，后工业关系场景中价值流通的客体化形态一直是鲍德里亚理论批判的逻辑出发点。一方面，他致力于将社会形态中物或符号的功能结构和意指关系从传统的政治经济学生产语境中分离出来；一方面，他从莫斯-巴塔耶理论体系中的象征交换形态出发，在形而上学的理论层面形成了带有自身原创性色彩的批判路径。

鲍德里亚早期理论的资本主义批判话语深受列斐伏尔和巴特等思想家的影响，在社会学框架内，他将日常生活理论和符号学理论相结合，在此基础上描述了后工业时代消费形态控制之下的社会关系全景。在这一时期，鲍德里亚的理论阐述综合了社会符号学、大众文化批判和景观消费等，他对于消费符号的价值建构，反映了与象征交换本真形态相对立的异化论维度，而他在符号价值体系中建立起来的差异性关系，则代表着资本逻辑在后工业消费场景中新的统治方式。

孔明安在《物·象征·仿真：鲍德里亚哲学思想研究》一书中认为，鲍德里亚在《物体系》时期建立起来的社会之"物"逻辑线索存在于作者理论建构的全过程中，"甚至可以这样说，《物体系》中的'物'既是鲍德里亚学术生涯的起点，又是其学术的终点"①。他同时也认同，在象征价值与物的理论形态之间建构出来的批判张力是异化论式的，并列举了《消费社会》中对于"布拉格的大学生"事例的理论分析，指出"这一现象既与他博士期间师从西方马克思主义者列斐伏尔有关，也与其早期大量接触西方马克思主义的著作，包括本雅明、

---

① 孔明安：《物·象征·仿真：鲍德里亚哲学思想研究》，合肥：安徽人民出版社 2008 年版，第 2 页。

早期法兰克福学派，特别是马尔库塞等人的著作有关"。①

　　在这一问题上，我部分赞同孔老师的观点，我认为，在鲍德里亚早期的文本中，他对批判理论的建构的确延续了社会现象学层面"物"的客体性线索，在此基础之上，从《物体系》时期一直到他晚期的社会碎片化呈现，鲍德里亚理论批判的现实出发点始终是后工业社会中以非主体性方式呈现出来的伪象征形态。与此同时，我们也应该看到，鲍德里亚对于社会关系形态的客体性建构经历了逐渐抽象化的过程，在《象征交换与死亡》之后，在拟真批判的逻辑场景中，价值形态的现实呈现在"价值的结构革命"之后被坚决予以否定了，以物的客体形态为出发点的拜物教批判也随之发生了转型。

　　在《象征交换与死亡》及之后的文本中，鲍德里亚对于拟真符号（代码）的类生物式建构，意味着他将资本统治的理论形态由物性的价值场景转向外表的超真实关系，在这一过程中，他不仅仅消解了以生产为核心的政治经济学话语，同时也否定了由符号意指体系表征的价值形态本身。此时，社会存在的客体性场景已经完全转换为拟真的"超级"现实，社会关系通过代码的结构性话语形态得以重新建构，资本的统治逻辑被彻底虚化为在意义零度表象空间范畴中诱惑式的游戏挑战，在超越性维度上呈现为代码的"象征暴力"与内爆式再生产过程。

　　此时，鲍德里亚已经不再关注拜物教语境中价值的异化式批判，他对于象征属性的本真应然性规定，也随之从社会存在的"自然"（本原与实体的参照、主观/客观的辩证法等）属性转向"象征"（馈赠与反馈赠、互惠与复归、耗费与牺牲等）的礼仪式呈现。他认为，之前在价值批判维度确立的否定性形态已经不再具有理论层面的合法性意

---

① 孔明安：《物·象征·仿真：鲍德里亚哲学思想研究》，合肥：安徽人民出版社2008年版，第3页。

义，拟真场景中所有的社会关系要素都将参与到符号代码的仿生镜像再生产关系之中，成为资本逻辑超真实统治策略的一部分。

在《论诱惑》一书中，鲍德里亚为拟真代码镜像式再生产过程提供了形而上学层面的逻辑阐释，他在文中对超真实外表零度空间中不在场"他者"的自为转换过程进行了理论描述。由此，鲍德里亚基本确立了拟真批判语境中的逻辑主线，其中，价值批判的异化维度被彻底淡化了，而由剩余物的"内爆"形态呈现出来的超越式场景只能在抽象化的外表零度空间中才能够成立，在现实层面则与资本主义的社会批判相去甚远。

由此，我们可以认为，拟真理论中对于价值关系的消解，为鲍德里亚在拟真语境中的资本主义批判提供了理论前提。在此基础之上，资本统治的在场方式在逻辑关系上更加直接，而在策略形态上则更加隐蔽。在拟真批判的抽象化场景中，超真实的关系建构无法在阶级统治或权力话语中找到参照，但是可以在意义零度的客体形态中被完全吸收，由此确立资本逻辑在关系表象场景中的伪象征统治形态。

3. 零度表象空间中的现代性反思

在《生产之镜》一书中，鲍德里亚对马克思劳动价值论进行批判的现实出发点是后工业消费场景中的符号价值体系，而在拟真批判理论中，以符号意指关系为前提的价值体系本身，则成了需要被超越的伪象征呈现。在《象征交换与死亡》中，鲍德里亚将商品价值和符号价值一并纳入拟真批判的范畴之中，随着以政治经济学为代表的生产逻辑被进一步抽象化，他指出，资本主义的价值意识形态涵盖了以生产之名建立起来的、具有普遍意义的西方现代理性话语。

我们在之前的章节中已经提到过，在拟真符号代码系统中，价值呈现为"纹心结构"的浮动形态，具有不确定性的特征。可以认为，在鲍德里亚的理论框架中，无论是商品价值还是符号价值，其不确定性本身即代表着不可判定的符号效果，或者说，是没有参照的流动性过程，由此确立的，是无意义的相互交换式表面形态。在拟真的意义表象零度空间之中，理论话语无法建立起与现实的一致性，从而也会在代码的抽象形态中消解自身的使用价值。这一过程体现着鲍德里亚对历史唯物主义话语方式最彻底的批判，在《象征交换与死亡》中被表述为"理论生产之镜"[①] 的破裂，也意味着他对西方现代理性逻辑框架的全方位否定：在拟真代码运作的系统空间中，一切都成为不确定性的，而"仿真时代就这样通过以前矛盾的或辩证对立的词项的可互换性而全面开始了"。[②]

　　拟真批判对于价值确定性的解构，可以在理论层面得到进一步的阐释。莱恩在《导读鲍德里亚》一书中提到，鲍德里亚对于价值理性的批判可以追溯至 20 世纪以来，整个法国哲学界对于黑格尔"绝对精神"的反思与重构。具体来说，鲍德里亚对以生产为核心的价值体系的批判，部分延续了现代哲学意义上的普遍性批判的逻辑路径，其中，生产的概念不再是分析性的，而带有着"宗教的"或是神秘主义的价值导向。"作为被普遍化的概念，如'绝对精神'，它们成了一个封闭的思想系统中的目标和驱动力。其他社会，诸如所谓的'原始'或'古代'社会，必须在这个封闭的系统内被表现为某种方式的'萌芽'"，[③] 在这一过程中，历史唯物主义的科学性不再仅仅是解释的行为，而是蕴涵着真理/表象的二元对立和对绝对价值的先验式确认，是价值同一性在历史维度的抽象式呈现。在这里，我们可以再次重申，在鲍德里亚拟真批判的逻辑场景中，无论是历史唯物主义的社会生产理论，还是现代性话语范畴中的符号价值关系建构，都是与象征交换

---

① ［法］让·鲍德里亚，《象征交换与死亡》，车槿山译，南京：译林出版社 2006 年版，第 7 页。
② ［法］让·鲍德里亚，《象征交换与死亡》，车槿山译，南京：译林出版社 2006 年版，第 7 页。
③ ［加］理查德·J·莱恩：《导读鲍德里亚》，柏愔、董晓蕾译，重庆：重庆大学出版社 2016 年版，第91页。

本真形态相对立的拟仿物，需要在拟真语境中被彻底否定和超越。

从社会批判的角度来说，鲍德里亚通过拟真代码体系建构出来的意义零度表象空间，既是对于象征本真形态的策略性遮蔽，同时也包含着对以生产价值为核心的马克思主义政治经济学理论的范式颠覆。他在文中指出，价值规律作为劳动生产理论中的关键组成，代表着自现代性以来人类社会发展的拟仿物形态，其中的关系核心是受到现代经济理性"法则"支配的总体性再生产模式。此时，拟真批判的对象既关涉资本统治的经济理性，和以使用价值和交换价值为核心的基本能指，也涵盖了以概念确定性为前提的价值逻辑范畴。由此，鲍德里亚再次将现代性批判与拟真批判的双重维度联系起来，他同时也指出，包括传统的政治经济学、精神分析理论以及后现代主义思想体系中的"欲望"理论等等，几乎所有西方现代理性言说方式都成为受"法则"支配的拟仿物，这是他在消解了价值和意义的现实性之后，从符号的表象层面建构起来的"遵守法则的革命"①。

自《象征交换与死亡》文本起，鲍德里亚以一种更为彻底的方式对现代性话语体系展开批判，如同凯尔纳在《波德里亚：一个批判性读本》中指出的那样，"《象征交换与死亡》说明了现代社会同后现代社会之间根本决裂的原则，并标志着波德里亚告别了现代社会理论的问题群"②。鲍德里亚在《象征交换与死亡》一书中从社会历史维度建构了全新的拟像-拟真框架，在此基础上，转向后工业社会中由代码模式控制的拟真场景，从形而上学式的抽象维度展现了拟真策略中被遮蔽的资本逻辑和权力意识形态。在随后的《拟仿物与拟像》和《论诱惑》等文本中，鲍德里亚延续了象征交换的本真预设，从价值批判的

---

① [法] 让·鲍德里亚，《象征交换与死亡》，车槿山译，南京：译林出版社 2006 年版，第 1 页。
② [美] 道格拉斯·凯尔纳：《波德里亚：一个批判性读本》，陈维振、陈明达、王峰译，南京：江苏人民出版社 2008 年版，第11页。

理论立场出发，分别从超真实策略和诱惑的形而上学维度，对西方工业社会在现代性之后的资本再生产过程作出进一步的探讨。

二、拟真社会中资本统治的逻辑形态

在与马克思主义生产语境相背离之后，鲍德里亚对资本主义的批判进入了第二个阶段，此时生产的重要性已经在他的理论中彻底淡去，但就批判的逻辑张力角度而言，与象征交换本真价值形态相对立的后工业场景，依然是鲍德里亚理论中否定性建构的核心。在《象征交换与死亡》一书中，鲍德里亚开始尝试以更加激进的姿态来重新审视后工业时代的资本权力意识形态，他将生产批判的维度扩展到现代性之后的整个理性价值体系，在对索绪尔符号学体系进行全面否定的前提之上，批判性的延续了之前莫斯-巴塔耶理论中的"象征交换"概念，提出以"死亡"为表征的象征暴力本真抽象。这也是鲍德里亚理论路径建构的重要转折点，通过对概念意指关系的反思，他摆脱了符号语言学、人类学和马克思主义的逻辑与历史框架，由此最终确立了对人类社会发展的拟真建构，并以此为基础展开对西方社会现代性以来全部理性话语体系的形而上学式批判。

学界普遍认为，在 1970 年代初，鲍德里亚的话语路径已经开始与马克思主义的理论视域发生明显的偏移，如同凯尔纳在《波德里亚：一个批判性读本》中提到的，自《生产之镜》之后，鲍德里亚开始对经典马克思主义的政治经济学理论展开系统的批判，鲍德里亚在文本中"声称马克思主义只不过是资产阶级社会的一面镜子"①，并"试图

---

① ［美］道格拉斯·凯尔纳：《波德里亚：一个批判性读本》，陈维振、陈明达、王峰译，南京：江苏人民出版社 2008 年版，第 8 页。

以极度激进的视角克服注重经济的马克思主义传统的局限性"①。凯尔纳的论述精辟地表达了鲍德里亚在后期理论建构中对马克思主义展开批判的逻辑出发点，同时，我认为，鲍德里亚对于历史唯物主义的否定并不意味着他不再关注马克思主义的现实批判意义，恰恰相反，他在《象征交换与死亡》一书中，开始尝试以更加激进的姿态来重新审视后工业时代的资本权力意识形态。

《象征交换与死亡》一书体现着鲍德里亚最重要和最戏剧化的原创性话语方式，在文本中，他以巴塔耶、莫斯和阿尔弗雷德·雅里（Alfred Jarry）的法国文化学理论为背景，确立了"象征交换"的本体性核心概念，在此基础之上，将拟真理论与传统意义上的社会批判理论区别开来，进而提出对资本价值论和货币文化论的整体颠覆。如同伊万·安迪瑞·列森（Evan Andrew Leeson）在学位论文《模式政治：鲍德里亚，元理论和自毁方式》（*The Politics of Style*：*Baudrillard*，*Metatheory*，*Autodestruction*）中提到的，《象征交换与死亡》一书是鲍德里亚思想的分水岭，鲍德里亚在文本中关于拟真的论述受到黑格尔理论的影响，理论目的在于消解现代性框架中暂时性的、破坏式的"浪漫主义"策略。列森指出，文中的叙述路径是对巴塔耶理论的延续，在逻辑形态上则源自鲍德里亚和巴塔耶共同的理论前辈尼采。受到后现代语境中虚无主义思潮的影响，鲍德里亚作为批判主体，一方面致力于激进式的解构呈现，一方面则面临着对自我身份界定的纠结与困惑。②

鲍德里亚对于现代性的批判在《拟仿物与拟像》一书中得到了充分的展开，他在文中向我们呈现了人类社会在现代性之后面临的超真实场景，在此基础上，对后工业形态中资本的权力话语展开症候式的

---

① ［美］道格拉斯·凯尔纳：《波德里亚：一个批判性读本》，陈维振、陈明达、王峰译，南京：江苏人民出版社 2008 年版，第 9 页。
② Evan Andrew Leeson, *The Politics of Style*：*Baudrillard*，*Metatheory*，*Autodestruction* [*M. A.*], University of Victoria (Canada), 1993, p. 2 - p. 3.

解读。在随后的《论诱惑》一书中，他围绕"诱惑"的抽象概念，以女性气质为代表，向我们描绘了"性解放"过程中"比真实还真实"的祛魅场景，进而揭示了后现代批判思潮在表面价值形态中"比虚假还虚假"的施魅拟真。

在这里，我们需要再次提及一个关键的概念：超真实。在鲍德里亚的批判场景中，"超真实"概念被用于表述对"真实"的过度拟仿，通过符号代码在表象层面的仿生数字化建构，"超真实"在意义的零度场景中消解了所有与个体相对立的"他者"关系形态。在此基础之上，鲍德里亚将价值的零度在场方式转换为剩余物的单向积累和溢出过程，由此建构了拟真场景中资本逻辑的伪象征形态，这也是拟真批判中社会关系流通的增熵与"内爆"效应。与此同时，鲍德里亚通过诱惑的逻辑框架，批判性地提出了超真实表象深渊中极点反转的"他者"的不在场策略，由此展现出象征关系在拟真全透明表象空间中的施魅过程，进而在资本权力话语建构的现实维度中，对后工业时代资本主义社会新的意识形态统治方式进行形而上学式的解读。

在前面的章节中，我们已经从概念的词源构成上对超真实概念的内涵背景进行了阐述，在接下来的论述中，我们将在拟像-拟真逻辑框架中，从概念前缀"hyper-"出发，延伸出鲍德里亚后期理论中的拟真批判线索。

"hyper-"的过度拟仿和剩余物积累

（一）"hyper-"作为现代性概念的理论形态

鲍德里亚在20世纪70年代末至80年代初提出的"超级"（hyper）概念是对现代性之后西方资本主义社会的抽象式描述，自提出至今，在西方学界得到了相当程度的认可，在当代资本主义批判与现代性反思话语中具有重要的意义。我认为，鲍德里亚在拟真场景中建构的"超级"社会是一个抽象化的概念，在概念内涵上并没有摆脱现代性的逻辑特质，反映了资本主义社会在后工业时代依然面临的现代性问题：

在全球化的大背景中，信息化时代人类社会的生存现状进入了全景化场域，在后工业时代的技术媒介推动下，流动性与扩张性成为人类社会关系建构的主要特征，由此以更加隐蔽的方式呈现为现代性意义上的资本逻辑。

对于上述问题的阐述，首先，我们需要对"超真实"的概念作出进一步梳理。在英文的翻译语境中，拟真形态以"超真实"（hyperreality）逻辑为核心，我们可以参照马小茹在《"超真实"概念探析》一文中从语词概念结构的角度对"超真实"进行的阐释。她指出，"超真实"的英文前缀"hyper-"来源于希腊神话中的许珀里翁，在希腊语中的原意是"穿越高空者，从高空往下俯视者"[1]，从许珀里翁的名字（Hyperion）生成的词根 hyper- 可以表示"超过、太多"等含义，与"真实"（really）相结合后构成存在论意义上的过度与全息图式。

在国内学界，自 2000 年以后，信息社会符号技术化场景中的"hyper-"概念开始陆续进入理论视野。"hyper-"在国内学界的出场方式涉及不同的翻译路径，"hyperreality"作为鲍德里亚后期理论中的核心概念，先后被翻译为"超真实""超级现实""极度现实"和"超现实"等不同方式，其中的差异主要在于"超越"与"超级"、"真实"与"现实"之间内涵侧重点的不同。

在鲍德里亚著作的法语原文翻译中，拟真的现实场景在抽象维度可以被表述为两种形态："hyperréel"和"hyperréalité"，洪凌在《拟仿物与拟像》的中文译本里将"hyperréel"首次翻译为"超度现实"；车槿山在他翻译的《象征交换与死亡》一书中，将"hyperréel"译为"超真实"，同时将"hyperréalité"译为"超级现实"。张一兵在《诱惑：表面深渊中的后现代意识形态布展——鲍德里亚〈论诱惑〉的构

---

[1] 马小茹：《"超真实"概念探析》，载《哲学分析》2018 年第 5 期。

境论解读》一文中，对鲍德里亚的"超真实"概念的法语原文语境进行过梳理，他认同车槿山在《象征交换与死亡》中的翻译表述，提出"hyperréel"可以用于表征由代码（code）自我模拟形成的超级真实的形态，在此基础之上建构起来的"伪构境世界"则被称为"hyperréalité"。张一兵认为，"hyper-"前缀受到"sur-"的影响，包含着超越或过度的意思，因而将"hyperréel"译为"超真实"较为合适，同时，为了避免引起理解的混乱，他建议将"hyperréalité"译为"超级现实"，由此来强调概念形态中的超现实主义色彩。[1] 笔者赞同张老师的论述，认为"超度现实"／"超级现实"着重强调现实在当下的溢出过程，"超真实"则更加侧重于在概念中的形而上学式存在场域和社会关系背后的价值设定，从批判性的角度来说，二者是异曲同工的。在本文的表述中将主要采用"超真实"来指称鲍德里亚拟真语境中对于真实的过度拟仿。

从概念的逻辑内涵来说，我们探讨"hyper-"在现代性语境中的理论意义，需要明确一个判断，"hyper-"概念表征出来的过度形态究竟是在同质化方向的程度推进，还是更加强调对于现实的超越？在这一问题上，我认同夏莹在《鲍德里亚的"hyper-"概念群及其对现代性理论的极限演绎》一文中提出的观点。夏老师认为，鲍德里亚在拟真语境中对于现代性的批判不是简单意义上的现代性之后，拟真理论用一整套以 hyper-（而非 sur-）为前缀的概念来表达一种过度的、发展的"超性观念"。由此，夏老师进一步提出，"hyper-"概念是对于现代性发展演进的极限式呈现，也就是说，我们在以"hyper-"来谈论超现代时，并未真正超出现代性的话语范畴。"我的确更愿意将当下的这种现代性称为超级现代性（hyper-modernism）：它用以描述现代性的极限

---

① 张一兵：《诱惑：表面深渊中的后现代意识形态布展——鲍德里亚《论诱惑》的构境论解读》，载《南京大学学报（哲学·人文科学·社会科学版）》2010 年第 47 期第 1 卷。

式的推进所带来的一种社会状态。这一概念不是对这一时代的任意命名，它包含着我们对于这个时代的理解视角"①。由此，夏莹从批判的角度指出，鲍德里亚对于现代性过度发展的理论演绎，与马克思的资本批判路径是一致的：都是"在资本主义社会内部探寻颠覆资本主义的途径"。②

对此，法国当代哲学家和社会学家吉尔·利波维茨基（Gilles Lipovetsky）执有同样的观点，他在《超级现代时间》（*Les Temps Hypermodernes*）一书中认为，现代性远没有像某些后现代理论家们宣称的那样已然终结，恰恰相反，它自20世纪90年代以来正愈演愈烈。这个新的社会阶段被利波维茨基称为"超现代社会"，是现代性在历经后现代这一短暂间歇期后进入的又一更高级阶段，"人们从'后'时代走到了'超级'时代。一个新的现代性社会诞生了。它不再意味着走出传统世界，获得现代理性，而意味着将现代性本身现代化，将理性化再理性化。"③

（二）超真实场景中的过剩形态

"超真实"概念是在《象征交换与死亡》中被明确提出来的，鲍德里亚在文中通过对代码体系中二元意指关系的解构，从拟像社会的关系形态出发，重构了资本主义社会超真实场景中"比真实还真实"的拟仿过程。鲍德里亚在《拟仿物与拟像》一书中重点论述了拟真"超级"形态中"真相的过剩"，他指出，当前的资本主义社会是拟仿物和拟真的世界，传统意识形态话语体系中对于真相的映射被真相的过剩所取代，从而在"非现实"与"超度现实"的概念场景之间制造出整

① 夏莹：《鲍德里亚的"hyper-"概念群及其对现代性理论的极限演绎》，载《世界哲学》2017年第6期。
② 夏莹：《鲍德里亚的"hyper-"概念群及其对现代性理论的极限演绎》，载《世界哲学》2017年第6期。
③ ［法］吉尔·利波维茨基，［加］塞巴斯蒂安·夏尔：《超级现代时间》，谢强译，北京：中国人民大学出版社2005年版，第46页。

体意义上的退却效应，由此通过真实产品和指涉产品的剩余物积累与再生产方式构成资本逻辑的现实策略。

就概念的逻辑形态来说，"超真实"并不是在本体论的意义上提出的，更多的是属于存在论范畴，是在社会现象学层面的具象化表述，其中蕴含着关于"过于真实"的整体性界定。在超真实形态中，社会关系被呈现为真实/虚假界限模糊的"现实的过度"，是在意义全透明符号外表空间与流通之中价值形态"虚无的继续"①。围绕"超真实"的核心概念，鲍德里亚通过符号代码模式抽象地描绘出资本主义社会中的客体性统治，营造了拟真意识形态中关于真相的"绝对的幻觉"②的过剩和积累。在《拟仿物与拟像》中，鲍德里亚描述了超真实形态中，由真相过度积累的普遍效应生成的，具有整体性外延的剩余物（余留物）形态："当系统已经吸收一切，当我们已经把一切都添加上去，当没有任何事物余留时，所有的总体转化为余留物，而且，变成自身的余留物"。③

在《拟仿物与拟像》中，鲍德里亚对"超真实"形态进行了具象化的阐述。他提到，现代科技的发展直接影响着"物"的拟真在场方式，例如，在我们日常生活中为大家所熟知的高保真音响设备，设备的拟真特点在于通过不断增高的分辨率力求最大程度掩盖技术痕迹，以制造出更为"逼真"的音效，而与此同时，单纯的技术化呈现会让欣赏主体感到一种盲目般的不适，从而最终将消灭所有对音乐自身的审美感受。这是符号表象零度空间中价值流通的祛魅形态，在鲍德里亚的论述中，超真实的技术形态更像是控制论意义上的一项游戏，其

---

① [法]让·鲍德里亚，《断片集（冷记忆Ⅲ）》，张新木、陈雯乐、李露露译，南京：南京大学出版社 2009 年版，第96 页。
② [法]让·鲍德里亚，《断片集（冷记忆Ⅲ）》，张新木、陈雯乐、李露露译，南京：南京大学出版社 2009 年版，第96 页。
③ [法]让·鲍德里亚:《拟仿物与拟像》，洪凌译，台北：时报文化出版 1998 年版，第273 页。

中对于"真实"的界定具备"超级"属性，营造出一种普遍溢出的形而上学式场景，在消解意义价值属性的同时，获得了自身拟真形式的合法性。

上述"比真实更真实"的建构过程在社会现象学角度，对应于后工业场景中符码的客体性统治，是借助于大众传播和数字理性技术合成的超级现实与伪本质在场，体现着资本逻辑的普遍化和抽象化形态。在超真实的拟仿过程中，象征交换的本真在场被策略性地遮蔽了，社会关系的建构参照于权力话语的客体性逻辑，资本在拟真关系中的伪构境方式是全然的、表象性的、自为循环式的，是"巨大的能量与生产、压抑与无意识的回转"①，是更为隐蔽和彻底的意识形态统治，这也是拟真场景中鲍德里亚称为的"完美的罪行"。

(三) 拟像-拟真框架中资本主义社会的剩余物积累

1. 剩余物形态在社会系统论中的概念表述

在 20 世纪下半叶，以"熵"和"负熵"为核心概念的信息系统论被广泛运用于人文社会科学的理论体系中，受到这一理论思潮的影响，鲍德里亚将信息系统论中"熵"的概念引入拟真的超真实场景之中，用于阐述由于"真实"的过度呈现，在社会关系的流通与交换过程中表征出来的过剩形态。鲍德里亚认为，超真实的伪象征场景中包含着剩余物的形式，这是由"过于真实"的"幻象"生成的抽象化概念，在逻辑形态上可以被表述为社会系统论范畴中"熵"的积累。在剩余物积累的抽象化基础之上，鲍德里亚阐释了拟真形态中的再生产策略，从而在哲学社会学批判的话语范畴中确立了新的方法论维度。

"熵"（"entropie"）的概念由德国物理学家克劳修斯于 1865 年提出，最初是根据热力学第二定律引出的，可以反映系统自为运动过程

---

① [法] 让·鲍德里亚：《拟仿物与拟像》，洪凌译，台北：时报文化出版 1998 年版，第 279 页。

中不可逆性的物质状态参量，用以度量在化学、热力学和动力学等方面不能做功的能量总数。在物理学领域，"熵"的概念一开始是用于描述热力学运动的一种量度，20世纪40年代，随着控制论等理论的提出，"熵"的概念被逐渐应用到对于任何物质运动状态的不肯定程度（不定度）进行量化的表征过程中，由此形成了广义熵的逻辑范畴。广义熵理论的提出，令信息量和系统有序度、组织结构复杂性以及进化发展宇宙范畴直接影响着人类主体关于自然观和世界观的建构。

1944年，薛定谔在《生命是什么?》一书中提出"生命即负熵"的观点，他认为，任何生命"要摆脱死亡，要活着，唯一的办法就是从环境里不断地汲取负熵……新陈代谢的本质就在于使有机体成功地消除了当它活着时不得不产生的全部的熵"[①]。薛定谔在生命话语场境中关于"负熵"的界定，为我们在社会系统论范畴中进行现实批判提供了逻辑支持，代表着以系统思维解读人类社会发展的方法论建构。

2016年，斯蒂格勒在南京大学哲学系开设了题为"从《德意志意识形态》到《自然辩证法》——从人类纪的角度来阅读马克思和恩格斯"的短期英文课程，张一兵在《数字化资本主义的末路：逆人类纪的负熵抗争》一文中，根据课程的实际内容，对斯蒂格勒在相关问题上的逻辑线索进行了概括阐释。根据张老师在文中的论述，斯蒂格勒在课程讲授中围绕原创式的"人类纪"概念，对当代资本主义的社会本质进行了定性分析，在此基础之上展开技术哲学语境中新的政治经济学批判线索。

在论述的过程中，斯蒂格勒将熵与负熵的理论与生命建构的话语体系联系起来，他的批判语境同样是从薛定谔"生命即负熵"的命题逻辑出发的。斯蒂格勒认为，在人类社会的基本形态中，生命的本质

[①] [奥地利] 埃尔温·薛定谔：《生命是什么》，罗来欧、罗辽复译，长沙：湖南科学技术出版社2003年版，第70页。

为负熵，随着生产技术的演变，人类生命存在过程中的异质性本质可以外化为义肢性技术（负熵）的外化呈现。这一形态在人类文明进入现代社会之后被遮蔽了，由资产阶级所开创的资本主义社会将生产技术的发展演变为由个体的疯狂掠夺而导致的、更加深层次的增熵的形态。由此，斯蒂格勒将人类社会在信息时代的技术扩张阐述为"负熵"体系中的剩余物，他指出，新的政治经济学的批判对象就是资本主义生产方式中的技术异化，我们应该探讨"在生命外化中技术发展所导致的负熵与熵增的倒置问题"①。

在理论批判的逻辑建构而言，斯蒂格勒在资本主义批判语境中对"负熵"理论的社会经济学引申，与鲍德里亚在拟真框架中提出的剩余物批判理论，有着逻辑上的一致性，可以从理论分析的层面为我们在接下来的论述中进一步理解拟真剩余物的资本逻辑提供理论支持。

2. 拟像-拟真框架中的剩余物形态

在鲍德里亚的拟像-拟真框架中，人类社会的发展与演变过程被描述为系统的增熵过程。与薛定谔的数理理论建构和斯蒂格勒在社会历史性范畴中的现实立场不同，鲍德里亚认为，在资本主义的现代性场景中，无意义符号能量的积累是单向性的，也正是在线性单向的增熵过程中，现代性的拟真关系通过剩余物累积与镜像反转的抽象形态，实现了系统自身的再生产效应。在这一问题上，鲍德里亚的理论出发点并不是系统论的逻辑体系，也不是社会生产语境中的价值流通：在消解了理性话语结构的意义模式和概念确定性前提之后，符号的零度表象空间中的超真实在场代表着一个全新的理论场域，其中，社会要素被描述为比真实还真实的"意象"，呈现为超真实外表关系场景中的剩余物形态，构成了拟真范畴中资本主义批判的逻辑前提。

---

① 张一兵：《数字化资本主义的末路：逆人类纪的负熵抗争——斯蒂格勒2016年南京大学研究课程解读之一》，载《新视野》2017年第4期。

在这里，我们需要明确，鲍德里亚理论框架中的"剩余物"概念源自现代性的话语范畴，是现代资本主义批判场景中的关键词汇。如同鲍曼在论述现代性的流动性特征时所提到的，"流动的现代性是一个有着过度、剩余、废弃物以及废弃物处理的文明"[①]，因而，"剩余"（"surplus"）是现代性特有的概念，也是人类社会发展到资本主义统治阶段的标志性形态。在政治经济学批判的话语范畴中，"剩余物"被用于表征社会生产与价值流通场景中，资本单向积累与再生产的经济形态，在理论层面代表着资本主义批判的否定式逻辑基点。随着西方资本主义社会进入后工业时代，"剩余物"概念中的否定性维度被抽象化和普遍化了，逐渐从传统政治经济学中物的形态转向关系维度的结构性场景。

在鲍德里亚拟真理论中，剩余物的积累与再生产过程是实现象征批判的内在逻辑主线，他在《拟仿物与拟像》一书中将剩余物设定为一个全然性的客体概念，具有超真实的理论外延，因而"从来就没有它的自主性真实（réalité autonome）"[②]。鲍德里亚指出，剩余物产生的逻辑前提是关系场景中由"区分、画界、排除"[③] 等理性范畴设计而成的存在与干预形态，也恰恰是在这样的前提之下，我们自现代性以来的社会全景得以确立并获取自身的合法性前提。

鲍德里亚在文中大致提到了拟真剩余物的具象化逻辑形态，他认为，超真实的过度真实与完美呈现在逻辑上生成了"没有一个特定位置可言"[④] 的"意象"。我们可以认为，这里的"意象"是超真实场景

---

① 齐格蒙·鲍曼：《废弃的生命》，谷蕾等译，南京：江苏人民出版社 2006 年版，第102 页。
② [法] 让·鲍德里亚：《拟仿物与拟像》，洪凌译，台北：时报文化出版 1998 年版，第271 页。
③ [法] 让·鲍德里亚：《拟仿物与拟像》，洪凌译，台北：时报文化出版 1998 年版，第272 页。
④ [法] 让·鲍德里亚：《拟仿物与拟像》，洪凌译，台北：时报文化出版 1998 年版，第273 页。

中"比真实更逼真之物",是一个普遍性的抽象概念,也是鲍德里亚在非本质化解构之后重新界定出来的,构成符号价值剩余物基本形态的"熵"增要素。在此基础之上,鲍德里亚进一步提出,由剩余物的"意象"组合而成的,是一个自我运转的、具有可逆性动力机制的镜像式结构,其中,我们无法界定何者是另一者的"投影"或者哪一方位于"本相"的角色。

他在《拟仿物与拟像》一书中强调,当价值确定性的符号意指框架被消解之后,剩余物并不属于分界线的任何一边。对此,我们可以这样来理解:在拟真"价值的结构革命"之后,由分界线所代表的二元对立的逻辑形态被消解了,剩余物需要以系统整体性在场的方式,通过自身的镜像反转效应来确认逻辑关系中的"他者"形态。此时,拟真的零度外表空间被呈现为一个不对称的关系系统,其中没有确定的意义价值,也没有具体的内涵界定,"所有的肯定性之物,都是透过否定性来给予它现实的力量"①,鲍德里亚将这一否定式的镜像效应称为"余留物的余留物(le-reste du reste)"②(在《拟仿物与拟像》的中文翻译版中,"剩余物"(reste)被译为"余留物")。由此,在拟真批判的话语范畴中,鲍德里亚对"剩余物"概念进行了抽象化的结构性界定,与传统现代性语境中的"剩余物"不同,我们无法直接对拟真形态中的"剩余"形态作出任何正面的逻辑规定,而是需要从伪象征批判的逻辑关系结构中予以确认。

依据《拟仿物与拟像》一书中对超真实策略的陈述,我认为,鲍德里亚通过"剩余物"的溢出形态建构了后工业拟真社会中持续扩大化的关系场景。他将超真实形态中普遍的剩余物场景阐述为一个巨大

---

① [法]让·鲍德里亚:《拟仿物与拟像》,洪凌译,台北:时报文化出版1998年版,第272页.
② [法]让·鲍德里亚:《拟仿物与拟像》,洪凌译,台北:时报文化出版1998年版,第272页.

的再生产体系，其中，社会要素被纳入剩余物的单向积累过程中，生成意义全透明符号化场景中的持续增熵效应。在鲍德里亚的论述中，超真实形态中对于"真相"的消解意味着社会本身被作为一个"剩余物"，"当我们已经把一切都添加上去，当没有任何事物余留时，所有的总体转化为余留物，而且，变成自身的余留物"①。

在这里，我们可以将"剩余物"的溢出形态对应于拟真逻辑对于理性意义的整体压抑，同样，在一切都被压抑时，压抑本身也将不复存在。由此，鲍德里亚提出，在超真实的全透明表象场景中存在着零度能量的"压抑的绝对点"②，拟真逻辑可以通过空白符号的镜相反转机制，在这一极点上实现诱惑镜像式的自我反转，在这一过程中，社会机制将在现实层面重新开始运行并再次获得拟真的形式。我们可以将上述剩余物的镜像反转形态阐述为一个结构化的场景，其中，每个关系要素将成为彼此的剩余物，系统的压抑与翻转则随之呈现为一个即时的重构过程。

拟真形态中的再生产逻辑

在《论诱惑》一书中，鲍德里亚提出，在拟真形态中，超真实外表场景中的符号镜像反转施魅机制是最具迷惑性的显现，以意义全透明的剩余物形态为基础，拟真诱惑通过自身的仪式化反向转换，实现了诱惑力的循环再生产过程。具体到后工业时代的现实场景中，鲍德里亚认为，这是今天资本主义社会中权力、经济和性等关系场景在"空无一物"（"Nothing"）的形态之中生发出来的迷人诱惑力，是资本逻辑拟真统治背后真正的形而上学支撑。

---

① ［法］让·鲍德里亚：《拟仿物与拟像》，洪凌译，台北：时报文化出版1998年版，第273页。
② ［法］让·鲍德里亚：《拟仿物与拟像》，洪凌译，台北：时报文化出版1998年版，第278页。

    凯尔纳在《后现代理论：批判性的质疑》一书中指出，鲍德里亚通过超真实零度表象空间中的剩余物再生产形态，阐述了拟真场景中超越现代性逻辑的客体策略。他在文中提到，在拟真语境中，"事物已找到了一条途径来逃避意义的辩证。它们所采取的方法是：无限的增殖；赋予它们自己更多的可能性；超越其本质；走极端；以及变得猥亵。从此以后，这一点变成了它们的内在目的和疯狂理由"①。我认为，凯尔纳在论述中阐明了拟真过程中的镜像反转机制，从逻辑建构的角度来说，我认为，鲍德里亚关于拟真诱惑的施魅呈现，从理论抽象的角度阐明了拟真的剩余物再生产形态。

    首先，我们需要明确，拟真的剩余物再生产形态在现实维度表征着资本逻辑的权力话语。在《象征交换与死亡》中，鲍德里亚将拟真称为"一个巨大的劳动符号仪式"②，而其中社会关系的主体结构依然代表资本的逻辑形态。鲍德里亚同时认为，由剩余物的自我复制形态呈现的资本逻辑，在后工业时代的拟真场景中依然具有普遍性的意义："它扩展到了整个社会——它是否还在生产并不重要，它在再生产自身"③。在此基础之上，鲍德里亚进一步提出，拟真的剩余物再生产形态代表着资本权力话语的现实维度，其中的关系动力来自诱惑的请求，或者说，是大众主体对于欲望或是实现欲望的诉求。

    在拟真诱惑的语境中，这一诉求的形式是双重的，可以通过诱惑者和被诱惑者的角色确认来建构相互交叉与转换的关系：当诱惑双方的主奴辩证关系已经不复存在，现实的社会关系将通过代码的一般等价物形式流露出来，进而在代码的普遍化场景中被抽象化为剩余物的

---

① [美] 道格拉斯·凯尔纳、斯蒂文·贝斯特，《后现代理论：批判性的质疑》，张志斌译，北京：中央编译出版社 2011 年版，第132 页。
② [法] 让·鲍德里亚，《象征交换与死亡》，车槿山译，南京：译林出版社 2006 年版，第12 页。
③ [法] 让·鲍德里亚，《象征交换与死亡》，车槿山译，南京：译林出版社 2006 年版，第12 页。

形式，成为意义零度表象空间中的"力比多式落叶"①。我认为，这是一个理论化的表述，鲍德里亚以此展示了诱惑的施魅形态中剩余物再生产的动力机制：在外表剩余物的全透明式交换与流通形态中，以超真实的空白镜像反转形态实现资本权力话语的再生产效应，而在这一过程中，"诱惑仅仅是一种交换（change）价值，它用于交换（echanges）的流通，用于社会关系的润滑"②。在接下来的论述中，我将围绕诱惑施魅的逻辑形态，就拟真再生产的自我复制形态和权力策略进行具体阐释。

（一）诱惑在仿生镜像中的自我复制

1."复体"形态的无性繁殖

鲍德里亚在《象征交换与死亡》一文中引用了塞比奥克（Th. Sebeok）在《遗传学与符号学》中的论述，同时参照有机世界中生命原始状态的特征，对拟真的系统化形态进行了界定，认为基因代码形态运作的自我循环式模型"在各处都取代了政治经济学在自己那个时代曾经充当的意识形态大模式"③。我认为，在《论诱惑》中，鲍德里亚关于剩余物的拟真建构依然是从类生物学的代码体系出发的，在拟真的零度表象空间建构中，超真实的过剩形态需要通过代码的仿生学镜像逻辑来呈现，其中，关于"真实"的过度想象将表现为剩余物及其累积形式。

依据鲍德里亚的论述，我们可以首先将上述由拟真剩余物形态所代表的解构式场景理解为关于模式的游戏组合，其中，"游戏的策略调节着我们交流的普遍性：由于它通过预见所有对手的打击的可能性来定义自己，并且通过提前的方法威慑这些打击，这个策略使得任何赌

---

① [法] 让·鲍德里亚：《论诱惑》，张新木译，南京：南京大学出版社 2011 年版，第270 页。
② [法] 让·鲍德里亚：《论诱惑》，张新木译，南京：南京大学出版社 2011 年版，第270 页。
③ [法] 让·鲍德里亚，《象征交换与死亡》，车槿山译，南京：译林出版社 2006 年版，第83 页。

注成为不可能。正是这个策略给一个没有赌注的反常世界提供了游戏的特征"①。在这里,鲍德里亚指出,拟真在外表形态中的游戏式表征可以反映为自我诱惑的过程,或者说,可以被认为是精神层面的"复体"(le double),体现着拟真形态中象征性的死亡形象。

就概念的逻辑内涵而言,"复体"中首先包含着"复制"形态,大众文化批判语境中的"复制"概念首先是由本雅明提出的。本雅明在1936 年出版的《机械复制时代的艺术作品》中展现了现代资本主义发展的后工业场景,其中,价值生产的需求和技术革命的更新带来了普遍的流动性,由此改变了传统艺术品在特定历史时间与空间意义上独一无二的本真属性。本雅明认为,后工业时代大众文化的影像复制技术制造了众多的艺术品复制摹本,由此将艺术创造转变为现代性意义上的生产活动。鲍德里亚延续了本雅明理论中的现代性批判维度,同时将大众文化场景中艺术品机械复制的生产形态进一步抽象化。

在《论诱惑》中,鲍德里亚对"复体"的概念进行了阐释,提出"复体(le double)是一个想象的形象,它就像灵魂、影子或影子在镜子中的影像,像一个巧妙而又合谋的死亡,它一直萦绕着主体。如果这个复体得以实现,那就是迫在眉睫的死亡"②。从这一段话中,我们可以看出,"复体"的逻辑内涵是非物质性的,体现着主体与自身的同一性,这是关于主体的幻觉,或者说,是一个诱惑的游戏场景:在意义全透明的表象场景中,个体与个体之间通过游戏的方式进行交流,在交流的过程中呈现出各自形态独立的诱惑关系,由此实现对于同一事物的永久性界定。就诱惑的逻辑形态来说,鲍德里亚认为,"复体"形式具备类似细胞分裂的基因学生殖属性,可以借助一个暂时的形式载体,以自我转换的方式来实现无性别化的单细胞式繁殖。"这种形式

---

① [法] 让·鲍德里亚:《论诱惑》,张新木译,南京:南京大学出版社 2011 年版,第241 页。
② [法] 让·鲍德里亚:《论诱惑》,张新木译,南京:南京大学出版社 2011 年版,第257 页。

可以最终摆脱他人，从同样的东西到同样的东西"①。鲍德里亚认为，在诱惑场景中，单细胞式的无性繁殖过程可以直接映射于社会再生产的模式，这也是人类社会在拟真阶段的镜像仿生机制。

在《论诱惑》中，鲍德里亚对于诱惑自我复制形态的建构同样是在超真实的外表空间进行的，他在文中将复体的无性繁殖过程阐述为外表空间的形式生产，其中，诱惑将不再表现为系列（série）化的有序形态。也就是说，一个产品和另一个产品之间没有接替的延续性，产品与产品之间只能是透明形式空间中的相互累加（s'additionner）。我认为，这是鲍德里亚在诱惑再生产的关系形态中对于拟真"价值的结构革命"的再次展现，在符号意指体系的解构式前提之下，诱惑系统中并不包含意义的关联或整合，要素之间也不能构成一个数列，甚至不可以被当作"单位"来考虑，价值意义分界形态中的二元关系将被透明空间维度中纯粹形式的差异性结构所取代。

鲍德里亚将上述拟真诱惑中的仿生镜像关系抽象化为内置数字信息的生物反馈过程，他称之为"数字的那喀索斯"②，代表着无性繁殖形态下具有普遍性意义的诱惑客体逻辑。在诱惑的数字化类生物式场景中，鲍德里亚首先说明的是包含在无性繁殖形态之中的内在的死亡冲动，"它将有性生灵推向一种先于性别化的繁殖形式——（此外，这个分裂生殖的形式，这个通过毗连实现的增殖，对我们来说就是死亡）"③。接着，鲍德里亚认为，我们可以将无性繁殖中的死亡冲动理解为是对两性关系中复杂生物体生殖延续过程的终止。在传统的两性关系框架中，性特征一般被作为生命的承载体，而无性繁殖的话语形态恰恰否定了在有性遗传过程中相异的性特征，转而代之于以基因记录的透明形态呈现出来的、只针对某种身份的自我复制式再生产过程。

①［法］让·鲍德里亚：《论诱惑》，张新木译，南京：南京大学出版社 2011 年版，第258 页。
②［法］让·鲍德里亚：《论诱惑》，张新木译，南京：南京大学出版社 2011 年版，第265 页。
③［法］让·鲍德里亚：《论诱惑》，张新木译，南京：南京大学出版社 2011 年版，第258 页。

鲍德里亚进一步提出，无性繁殖否定了人类生殖的象征结构，将归属于父亲和母亲的孕育的二元行为转换为密码的模式，即通过唯一的遗传密码来实现无限的自我复制。他在文中提到，无性繁殖体系中的遗传密码"就是一种仿制品（artefact），一种人工模子（matrice artificielle），一种拟真模子（matrice de simulation）"①，在其中浓缩着生命体的整体信息，可以依据模式化的方式生产出同一拟真形态的个体。我们可以这样认为，从个体的角度而言，在无性繁殖的模式中，主体身份确认的主/客二元分界关系被解除了，被以"戏仿（parodiee par）"② 形式建构起来的自我镜像式场景所取代。从系统的角度而言，无性繁殖中每一个个体或局部构成了一幅全息式的场景化图片，其中个体或局部的信息是独立的，同时又可以合并重新生成一个自我再生产的整体。鲍德里亚强调，在无性繁殖的过程中，遗传密码并不是自然性的，其中任何抽象和自主化的部分都会通过"替代整体（prothèsis）"③ 来破坏之前的整体。一旦信息整体能够在每一个部分中找到，总体/部分的分界对立也就失去了自身的逻辑意义，同时关于总体的概念本身也就被消解了。由此，鲍德里亚认为，无性繁殖也意味着总体性（totalité）的终结。

我认为，上述关于诱惑无性繁殖"复体"形态的论述与鲍德里亚在超真实语境中对权力隐性话语的批判是一致的，他对于诱惑在表象层面的数字化场景的论述，在理论旨趣上依然指向后工业时代资本统治的伪象征形态，而通过仿生"复体"的自我复制形态现实性地呈现出来的，同样是资本权力话语的意识形态再生产场景。

2. 仿生镜像的"冷诱惑"隐喻

在鲍德里亚的诱惑语境中，仿生镜像呈现出来的复体形态代表着

---

① [法] 让·鲍德里亚：《论诱惑》，张新木译，南京：南京大学出版社 2011 年版，第261 页。
② [法] 让·鲍德里亚：《论诱惑》，张新木译，南京：南京大学出版社 2011 年版，第259 页。
③ [法] 让·鲍德里亚：《论诱惑》，张新木译，南京：南京大学出版社 2011 年版，第261 页。

权力客体的施魅过程，他在文中将这一过程阐述为拟真的"冷诱惑"。在《论诱惑》一书中，鲍德里亚提到，"冷诱惑"是拟真诱惑语境中的施魅方式，是在消解了意指体系的镜像参照关系之后，以可逆性方式呈现出来的"诱惑引力"："在这种理论中，一切都在极点之间进行游戏，处在一种神秘的决斗和无法逃避的可逆性中"[1]。

他指出，"冷诱惑"的镜像关系场景是普遍式的，具备象征意义上的游戏属性，其中蕴含着社会关系网络的模式，或者说，是社会关系场景中权力的投资与操纵方式。他在文中将"冷诱惑"的镜像形态称为权力客体的"完美的威慑"[2]，是拟真现实维度在超真实零度表象空间中的政治操作，同时也代表了现代性话语在权力结构消解之后，由社会关系的客体秩序呈现出来的自我延续方式。在此基础之上，鲍德里亚将仿生镜像中的"冷诱惑"效应放置于后工业社会的普遍场景之中，建构成资本主义权力意识形态得以确立的逻辑基础。

就理论建构的逻辑形态来说，符号的"冷诱惑"场景消解了任何可以被当作幻觉的差异性对立，而差异性的幻觉恰恰是诱惑力产生的前提，由此，我们可以认为，"冷诱惑"在逻辑形态上是对拟真客体形态的延展，体现着代码体系中客体逻辑的权力策略。鲍德里亚在文中提出，"冷诱惑"在逻辑层面的逆反形态与符号的镜像反转效应是一致的，他称之为"一种反向的符号学"[3]，这一过程包含两性之间、不在场与在场之间、冷热形态之间、主体与客体之间的双向互动式诱惑。鲍德里亚强调，这一相互诱惑的过程是引力式的，以符号关系中的非区别性为前提，同时也意味着对象征原始关系形态的回归：可以追溯至古希腊的宇宙进化论和元素说，其中，"这些元素不是区分元素，而

[1][法]让·鲍德里亚：《论诱惑》，张新木译，南京：南京大学出版社2011年版，第158页。
[2][法]让·鲍德里亚：《论诱惑》，张新木译，南京：南京大学出版社2011年版，第252页。
[3][法]让·鲍德里亚：《论诱惑》，张新木译，南京：南京大学出版社2011年版，第158页。

是引力元素，它们相互诱惑：水诱惑火，水又被火诱惑"。①

在这里，鲍德里亚论述了"冷诱惑"的引力形态，同时也是从诱惑的角度出发，对符号无性繁殖的"复体"效应作出了再一次阐释。他认为，在逻辑形态上，拟真的自我诱惑形态首先是自恋式的，包含着个体在遗传密码体系中对于自身的镜像式确认。这是一个抽象化的关系形态，其中不再包含个体与个体之间差异性的幻觉，"从同样物到同样物，不需要经过别样的东西"②。而与此同时，个体同样也无法与其自身展开游戏，因为自身形象本身即为游戏。从这一意义上来讲，我认为，鲍德里亚通过对"冷诱惑"的仿生式建构，为拟真场景规定了可自为调节的逻辑属性，拟真系统可以在镜像式的可逆性维度中自行改变自身的结构布局。对于系统个体来说，可自为调节的镜像关系不再是可以表征矛盾对立生成的动力源泉，而是直接意味着程式化的自我复制与再生产。

从社会历史发展的角度来说，鲍德里亚提出，人类社会在拟像-拟真框架中同样可以通过编码的镜像式结构来实现自我复制：体现了拟真诱惑的祛魅形态，表征着权力话语的客体策略。具体而言，鲍德里亚认为，在拟真关系的"复体"式效应中，社会群体内部的冲动或是关联将被外化成"冷酷"的形式，文中称之为不断扩充的"理想资料集（corpusidéal）"③，其中包含着拟真诱惑复体形态的模式化建构，权力、文化和性等现代性的关系场景将在自我复制的过程中被全面纳入，成为资本权力表征话语中的模式复制品。

仰海峰在《现代性的镜像认同：鲍德里亚论马克思、德鲁兹与福柯》中围绕"时尚"的诱惑形态对上述自为转换机制有过一段论述，他认为，如果说鲍德里亚在《符号政治经济学批判》中将时尚定义为

---

① ［法］让·鲍德里亚：《论诱惑》，张新木译，南京：南京大学出版社2011年版，第159页。
② ［法］让·鲍德里亚：《论诱惑》，张新木译，南京：南京大学出版社2011年版，第255页。
③ ［法］让·鲍德里亚：《论诱惑》，张新木译，南京：南京大学出版社2011年版，第264页。

符号更新的意义驱动形式的话，那么在《论诱惑》中谈论的就是一种反转式的系统。[①] 我认同仰老师此处的判断，我同时也认为，在鲍德里亚的拟真理论中，诱惑的反转形态不仅仅是策略式的，也是命定式的，是关于社会形态的本体性言说。就理论批判的逻辑角度而言，诱惑的本真规定不仅仅是面向现代性的总体建构或生产逻辑，也包含着后现代所关注的个体性问题式的颠覆。在这里，鲍德里亚想要揭露的，依然是人类社会进入现代性场景之后始终在场的"伪象征"遮蔽，以及通过外表仪式的象征暴力表征出来的权力机制。

（二）"自动诱惑"的网络数字化形态

在《论诱惑》中，鲍德里亚提到，拟真诱惑的复体形式在逻辑上呈现为类似于语言的网络式样态。他认为，语言的象征属性并不在于通过符号来支撑语言的功能性维度，而是需要通过纯粹的话语形式来进行表达，"当语言不再有任何东西可说时，为接触而接触就变成了语言的一种空洞的自动诱惑（autoséduction）"[②]。

鲍德里亚在文中首先强调，"自动诱惑"表征着人类社会在现代性场域中特有的文化形态，他在相关问题上的论述是从对语言学的象征规定开始的。他在《论诱惑》中提到马林诺夫斯基的理论，认为马林诺夫斯基的理论代表了与现代性拟像话语体系相异质的维度："一种象征性的激烈争吵，一种语言的决斗：通过讲故事，礼仪性短语，无内容的闲谈，土著人投身于一种挑战，给自己赠送一个礼品，就像一个纯粹的形式"[③]。在这里，语言的纯粹仪式成为一种挑战，其中并不包含"接触"的过程："接触"是交际（communication）的特有功能，而语言在于礼仪的在场方式本身。我们也可以这样认为，"接触"形态

---

① 仰海峰：《现代性的镜像认同：鲍德里亚论马克思、德鲁兹与福柯》，载《现代哲学》2011年第4期。

② [法] 让·鲍德里亚：《论诱惑》，张新木译，南京：南京大学出版社2011年版，第251页。

③ [法] 让·鲍德里亚：《论诱惑》，张新木译，南京：南京大学出版社2011年版，第251页。

是在逻辑上建立起对话的功能属性，或者说，是通过维系关系的功能加入来使语言交际成为可能。

由此，鲍德里亚再次强调了语言在象征形态中的原始规定性和仪式化场景，他同时也进一步指认，我们已经处于语言维系功能的网络中，这是后工业场景中"我们媒体和信息学交际的整个体系"①，其中语言的交际形态是通过超真实的过度介入而建构起来的。"这在逻辑上完全是一种自明之理：如果在说话，那就是在说话。然而恰恰不是这样，'维系功能'是这样一种征兆，即应该重新灌输一些接触，制造一些回路，无休止地说话，目的只是为了让语言成为可能。"② 在这里，鲍德里亚认为，为维系语言的形式功能，我们需要不断重新加入一些接触，或是制造一些回路，这是现实意义上语言的拟真化，也可以认为是语言学在拟真场景中的象征暴力呈现。

从抽象形态上来说，鲍德里亚认为，语言的形式维系功能在现代拟真社会中被普遍化了，可以用来表征网络信息化场景中要素之间远程终端相互"接触"的过程。鲍德里亚在《论诱惑》中指出，在网络化的关系场景中，网络终端之间可以通过纯粹交替的形式来辨别信号，在这一过程中甚至不再有信息的发送者和接收者，只有网络空间中的两个终端。"两个终端并不是两个对话者。在'遥控'空间中（对电视来说也确实如此），不再有终点，也不再有确定的位置。只有位于消灭位置上的终端。"③ 这一过程是同样是虚拟化的，发送信号的过程在于检验信号传送的路径是否畅通，在信号的接触中则"什么都没有传输过去"④。鲍德里亚将这一仪式化的关系形态阐述为电子生物学式的镜像场景，通过循环式的网络映射，可以在符号的数据化模式中建构起

---

① [法] 让·鲍德里亚：《论诱惑》，张新木译，南京：南京大学出版社 2011 年版，第252 页。
② [法] 让·鲍德里亚：《论诱惑》，张新木译，南京：南京大学出版社 2011 年版，第251 页。
③ [法] 让·鲍德里亚：《论诱惑》，张新木译，南京：南京大学出版社 2011 年版，第252 页。
④ [法] 让·鲍德里亚：《论诱惑》，张新木译，南京：南京大学出版社 2011 年版，第252 页。

终端之间信号的纯粹触觉交流。

在这里，鲍德里亚提到拟真网络信息化场景中的终端式"接触"，表征着诱惑仿生镜像中系统符号的自为管理模式，这一过程与拟真的复体形态相一致：建立在话语和交际基础之上的公理体系不再有效，决定信息拟真关系场景的是纯粹的 0 和 1 的数字化形态。"面对二元性，面对话语极点性，接替它们的是信息学的数字性。对媒体与网络的全面承担，对电子媒体的冷的承担，对质量本身作为媒体的承担。"[①]在信息化的传媒空间中，社会个体将统一被建构为网络数字化的终端体系，其中被连接的团体以遥控的方式获得关于自身的即时证明，并在自为管理的关系体系中被自身的证明形态所诱惑，从而进入诱惑在拟真范畴中的象征暴力统治场景。

我们可以对拟真诱惑的网络数字化形态作出进一步的阐释。鲍德里亚认为，在网络信息化形态的编码 0 和 1 二进制数字体系中，关系双方的转换与流通形态不再通过可调性的对立差异呈现，而是通过电子脉冲的最小单位"比特"连接而成。"比特"在原初意义上是计算机科学的专业术语，用于表示二进制数中信息量的最小单位，在鲍德里亚的拟真网络信息化体系中，则被引申为数字化的自我终端：不仅仅是一个意义的单位，更多的是代表着一种信号式的搏动。对于个体而言，"比特"的数字化形态意味着系统中每一个个体都将是自己的终端，或者说，是逻辑上的粒子操作元，可以进行诱惑式的自我管理。由此，鲍德里亚再次回到超真实的自为式关系场境中，他提到，诱惑的"比特"粒子终端可以自行录像、自行调节、自行管理，由此组成一个超真实的网络系统，或者说，是一个外表的关系样态，其中，"团体被色情化，被从它自己身上接收到的即时证明所诱惑"[②]。我认为，

①　[法] 让·鲍德里亚：《论诱惑》，张新木译，南京：南京大学出版社 2011 年版，第253 页。
②　[法] 让·鲍德里亚：《论诱惑》，张新木译，南京：南京大学出版社 2011 年版，第255 页。

诱惑形态在这里是拟真式的，是由"比特"的抽象式关系内涵表征出来的，是诱惑在网络化形态中自我复制的逻辑前提，代表着信息流通的普遍模式。

概括来说，我认为，鲍德里亚在网络触觉框架中建构起来的数字化关系场景体现了象征的仪式属性，这一过程同时也是无序的和自为式的，类似于我们熟悉的"短路"效应。在逻辑形态上，诱惑的网络数字化形态与"复体"的无性繁殖过程和"冷诱惑"场景中的可逆式自恋过程一致；具体到社会关系维度，可以在现实层面上直接与信息化的社会场景相连接，通过大众文化中的动态影像或电视传媒技术得以实现。

鲍德里亚提出来的网络数字化诱惑场景，在我们当前所处的信息化影像时代表现得尤为突出，在面对电视、网络视频等终端媒体时，我们能够接收到的是信息数字化的"接触"效应，是在通过符号代码的流通，经过编辑与筛选之后显现出来的，其中不包含任何有效的信息。在这一过程之中，社会大众被抽象化为一个个"比特"粒子终端，而信息在接收终端与媒体终端之间的流动方式则是单向性的，同时，在终端之间不会产生任何即时性的双向互动效应。

在西方马克思主义的工具理性批判中，主体的个性化实现在现代文化工业范畴中成为一种幻象，一方面，生产方式被标准化和量化，个体只有与生产逻辑的普遍性一致才可以得以实现；一方面，文化启蒙理性的技术逻辑通过大众文化和媒介信息技术等方式，把个体改造成可以被复制的标准化样态，从而丧失了个体的反思性，也就是在这一意义上，马尔库塞提出了"单向度的人"，霍克海默和阿多诺在面对大众媒介文化的技术合理性现实时，悲哀地提出："然而，文化工业的所有要素，却都是在同样的机制下，在贴着同样标签的行话中生产出来的。艺术专家，以及主办人和审查官之间有关那些完全超出可信性范畴的谎言的争吵，已经证明今天不再有审美的内在张力了，剩下的只有各种杂乱无章的兴趣。"① 就批判对象的逻辑特征而言，鲍德里亚在相关问题上的论述延续了由马尔库塞、本雅明等西方马克思主义者提出的，对于现代社会中技术统治形态的单向度批判。而与此同时，从理论批判的逻辑结构来说，鲍德里亚在这里想要强调的，是由信息的单向度流通呈现出来的剩余物形态，以及在剩余物积累的祛魅场景中必然产生的镜像反转施魅效应，这也是他通过诱惑语境建构出来的，资本再生产逻辑在拟真社会中的抽象化呈现。

（三）与生产话语相对立的"他者"不在场机制

在《论诱惑》中，生产是社会历史宏大叙事框架中人们改造世界的主题，也可以认为是生产力的"游戏"，而诱惑作为"一个不道德的程序，一个轻浮的、表面的和多余的程序"②，则属于外表的符号范畴，与纯粹的快乐和仪式化的非功能表征相关联。

从人类社会发展的现实维度来说，鲍德里亚认为，后工业时代的资本主义社会已经摆脱了以社会生产为核心的传统政治经济学框架，随之一并被解构的，是由价值形态所主导的社会关系生成机制。他指出，生产的本质在于积累，直接体现着以追求剩余物作为唯一诱饵确立起来的、单向度的流通原则。与生产形态相对立，鲍德里亚认为，诱惑的零度外表空间具备可逆转的属性，由此，他将符号的仪式化场景阐述为仿生性的、可以自我复制的网络数字化系统，在现实维度呈现为人类社会进入后工业时代之后，由拟真的象征暴力形态表征出来的社会关系再生产过程。

他在《论诱惑》中提出，拟真的剩余物形态，是通过外表的礼仪化符号建构出来的来自"世界的任何回声"③，具有抽象式的普遍意义，

---

① ［德］马克斯·霍克海默、西奥多·阿道尔诺：《启蒙辩证法——哲学断片》，曹卫东译，上海：上海人民出版社 2006 年版，第116 页。
② ［法］让·鲍德里亚：《论诱惑》，张新木译，南京：南京大学出版社 2011 年版，第126 页。
③ ［法］让·鲍德里亚：《论诱惑》，张新木译，南京：南京大学出版社 2011 年版，第126 页。

可以用于表征游戏的仪式化在场，也可以是以死亡方式呈现出来的反向镜像形态。我们在前面的章节中已经详细探讨过拟真象征暴力的游戏挑战模式，在此基础之上，由死亡的抽象形态表征出来的空白镜像关系，则可以被视为对游戏仪式化场景的逻辑阐释，是象征暴力在诱惑框架中最为基础性的理论呈现。

鲍德里亚在《论诱惑》认为，死亡是诱惑形态中，外表符号"在瞬间进行的致命消遣"①，在这一过程中，死亡的象征性逻辑将成为诱惑施魅过程中发挥决定作用的隐性在场方式。他认为，在诱惑的零度表象空间中，由死亡来表征的逻辑形式首先是无意义的，同时也是非功能性的，其中不包含任何主体性的策略，"甚至没有使用无意识的诡计"②。与此同时，死亡可以被认为是诱惑的意外深度，构成了随机的符号运行轨迹，是象征游戏规则中的动力核心。就逻辑形态而言，在死亡形式中呈现出来的是拟真表象中的游戏规则，而这一规则形态必须以秘密的状态被保持着。因为死亡并不是一个偶然性的事件，必须通过诱惑才能完成，其中包含着象征意义上的默契。

在鲍德里亚的论述中，诱惑中由死亡呈现的客体规则是即时性的、不可知的，同时也是暗示性的，表述了对于理性叙事的隐性反讽。我们在前面的章节中同样提到过诱惑的反讽效应，在这里，鲍德里亚强调了反讽效应中权力的客体，他认为，对于个体而言，无意义的反讽形式可以带来崇高的快乐。鲍德里亚指出，在以死亡为核心的讽刺性叙事中，诱惑在社会关系维度中被阐释为抽象的自为可逆效应，其中诱惑者与被诱惑者的角色是可以相互转换的，这一过程本身在"神灵和人类之间保持了一种象征性平衡"③，同时也是令诱惑者"落入自身

---

① [法] 让·鲍德里亚：《论诱惑》，张新木译，南京：南京大学出版社 2011 年版，第109 页。
② [法] 让·鲍德里亚：《论诱惑》，张新木译，南京：南京大学出版社 2011 年版，第110 页。
③ [法] 让·鲍德里亚：《论诱惑》，张新木译，南京：南京大学出版社 2011 年版，第271 页。

诡计"① 的另样暴力。

具体来说，对于权力的诱惑者而言，他需要卖弄诡计或"人为的着数"② 来达到诱惑的目的，而在他施展诱惑的过程中，在他让对象被诱惑的同时，他自己也会被自己的诱惑诡计所限制：权力的诱惑者在施魅过程中，常常会主动抵消被诱惑者的影响，以消除来自被诱惑者的任何控制，由此，诱惑者将会服从诱惑的可逆性威力而落入自己的陷阱之中。对于诱惑的施魅者来说，他在诱惑别人的同时就已经受到了诱惑，这就构成诱惑关系的参与者之间的可逆关系形态。

从理论的逻辑形态上来说，死亡在诱惑场景中具有象征的仪式形态，可以被抽象化为存在的"空白"，在逻辑上指向不在场的"他者"确定性，由此参与生成外表场景中施魅的挑战威力。在这里，鲍德里亚再一次重申，由象征死亡呈现出来的"空白"形态是诱惑力产生的关键要素，"因为空白，即是由任何符号之火的回归在任何点上开挖的不在场，亦是突然形成诱惑的魅力的荒谬性。这个空白，它也是在努力之后期待生产回报的空白，但已经是祛魅的空白。一切都转向空白，包括我们的言语和行为，不过此言语行为在消失前，还有时间先于结束而施行一种诱惑，一种其他言语行为永远望尘莫及的诱惑"。③

由此，我认为，在鲍德里亚的理论建构中，死亡的"空白"形态是象征暴力在诱惑关系中的抽象式呈现，在逻辑层面具有象征的本真性内涵。从《论诱惑》一书的文本的表述来看，诱惑的空白施魅形态可以表达为"消失""匮乏""空缺"等不同的概念形式，用以阐释在超真实的零度外表空间范畴中，由镜像自我反转机制实现的、在某一临界点上展现出来的客体魅力。

我们在前面的章节同样提到，诱惑话语中的空白转换机制类似于

---

① [法] 让·鲍德里亚：《论诱惑》，张新木译，南京：南京大学出版社 2011 年版，第271 页。
② [法] 让·鲍德里亚：《论诱惑》，张新木译，南京：南京大学出版社 2011 年版，第20 页。
③ [法] 让·鲍德里亚：《论诱惑》，张新木译，南京：南京大学出版社 2011 年版，第127 页。

拉康理论框架中的"他者"镜像呈现,通过与全然透明在场相对立的不在场方式,产生可逆反性自我确认,由此建构起社会个体的拟真在场。在诱惑的剩余物批判场景中,鲍德里亚对于意义的解构同样是形而上学式的,他用另一种更加夸张的方式呈现着拉康的"他者"不在场之必然先在。鲍德里亚认为,在诱惑的外表施魅场境中,不在场"他者"的概念外延被无限扩大了,在符号的社会性层面表现为"剩余物"的超真实形态,通过线性的单向积累过程营造出普遍空白的祛魅场景。这是诱惑语境中剩余物积累的增熵形态,在这一过程之中,当透明的符号之"熵"在零度外表空间中延伸积累到一定阶段之后,系统会通过"他者"镜像反转模式,以"冷诱惑"的自恋形态实现对自身的反指确认,由此实现社会关系场景中"复体"的仿生式再生产过程。

依据上述阐释,我认为,鲍德里亚在诱惑语境中对于"他者"的建构是逻辑先验式的,他在 1990 年代之后的《冷记忆》系列文集中,将诱惑空白镜像关系中的"他者"形态展示为个体在拟真场景中无法摆脱的俄狄浦斯关系,其中始终存在着与个体必然相关联的另一个自我或是"他者","这另一个自我对每个个体来说,都是死亡的一个天生形象"[①]。此处,鲍德里亚通过"他者"形态呈现出来的,是在拟真场景中不可能被消解的个体之自我转换场景,或者说,是个体在零度表象空间中进行自我认同的逻辑必然性。这一过程类似于在双胞胎之间的身份认同:即是与生俱来,同时可以进行互为印证。在镜像关系中,个体与自身的"他者"关联和转换是结构性的,由此,我们要超越拟真诱惑中"他者"的空白反转式再生产形态,就必然彻底消解超真实的虚拟式剩余形态本身,"对于所有人而言,这大概就是真正的俄

[①] [法]让·鲍德里亚:《冷记忆 Ⅲ》,张新木、陈雯乐、李露露译,南京:南京大学出版社 2009 年版,第164页。

狄浦斯问题。这倒不是要从亲情的三角关系中解放出来，而是要从虚拟的复体中解放出来"①。

三、后工业场景中资本权力再生产的现实批判

鲍德里亚认为，在后工业社会中的大众权力话语中，体现着拟真客体的权力再生产形态，在这一过程中，资本统治与拟真仿生代码的自我复制模式相重合，而其中的关键，是超真实零度表象空间中社会关系的祛魅与施魅效应。

现代民主政体的自我纠正与再生产

在《拟仿物与拟像》中，鲍德里亚对拟真的社会权力建构进行了具象化的描述，他提到，现代社会的政治形态是"被一个个序列化的模型所彻造出来"② 的超真实场景，民主政体的超真实模式具有自我纠正的再生产功能，在逻辑关系上类似于炸弹的轨道形态，可以通过随机的交替和连接营造出客体关系的诱惑磁场。在这里，由随机过程展示出来的，是拟真序列模型中的不确定性与流动性，其中没有意义的价值落差，也没有概念的分界对立，事实与模型之间并没有明确的对应关系，而某一事实则可以同时由多个模型交替生成。

鲍德里亚指出，现代民主社会的序列化模型彰显着拟真的普遍策略性，其中，"所有的状况都是真的，只要它们的真实能够被相互交

---

① [法] 让·鲍德里亚：《冷记忆 Ⅲ》，张新木、陈雯乐、李露露译，南京：南京大学出版社2009 年版，第164 页。

② [法] 让·鲍德里亚，《拟仿物与拟像》，洪凌译，台北：时报文化出版 1998 年版，第43 页。

换"①。具体来说，在逻辑形态上，拟真的权力策略必须以社会关系的超真实展示为出发点，由此通过剩余物的过度积累形态，在现代社会民主政体的大众关系中营造成为外表空间中的零度"空白"式场景。在此基础之上，现有的权力关系将可以通过拟真的祛魅场景，在逻辑形态上生成诱惑的镜像施魅效应，从而在现实维度重构自身的权力意识形态。

在《拟仿物与拟像》中，鲍德里亚将上述权力再生产过程扩展到社会现象学的维度，他指出，后工业时代西方资本主义的民主政体已经进入超真实的剩余物形态，由民主选举、政党制、大众辩论等现代民主政治事件呈现出来的，是资本主义民主的细节化展示，与大众日益沉默的"零度"反馈机制一起，共同构成"比真实还真实"的过剩积累。

他在文中重点提及"水门事件"，认为"水门事件"展现了现代西方政体中隐藏的拟真策略：通过"空白"镜像反转机制形成象征暴力，由此建构为权力的再生产过程。依据鲍德里亚的论述，"水门事件"应该被定义为一个公众性的"丑闻"，从拟真诱惑的角度来说，是一个政治"诱饵"：可以通过批判行为本身的反转确认，"用来勾引它的敌手"②，从而实现社会关系再生产所需要的"丑闻"拟像。

作为现代民主社会的拟真策略，"丑闻"事件从某种意义上来说是资本主义的自我治愈"疗法"：当民主需要"止血"时，"丑闻"可以成为民主的止血布，通过向大众展示民主的"不同声音"，来制造真正丑闻的"不在场证明"，进而确立民主政体的合法性和现实意义。从事件本身的历史进程来看，民主政治的确充分借助于大众传媒的舆论效

---

① [法] 让·鲍德里亚:《拟仿物与拟像》，洪凌译，台北：时报文化出版1998年版，第43页。
② [法] 让·鲍德里亚:《拟仿物与拟像》，洪凌译，台北：时报文化出版1998年版，第44页。

应，在全社会范围内强化了一种关系认知。在"水门事件"中，作为正义代表的"深喉"角色是舆论效应的关键：代表着民主价值本体的新闻力量，通过对政治丑闻的一步步揭露，借助新闻舆论的信息化传播引导着大众形成对于事件本身的道德判断与价值认知，这一过程本身就实现着民主政体自我纠正效应的最大化。

由此，鲍德里亚指出："水门事件"的进展和结果表述了一个现实，其中，民主政体的自我纠正行为背后依然是资本权力的"操纵的法则"①。权力机制一方面编织出正面性与反面性的随机组合，在二者的相互碰撞与彼此交叉中制造大众拟像，由此形成一个回绕式的、随机性的交织过程，并在"他者"的反向建构过程中确立"某种政治现实的原则"②。鲍德里亚将上述方式称为现代政治的"功绩"或是"算计"：以危机的方式抹黑一个社会势力，现实的目标意义在于强化另一个社会势力，或者说，在于维护整个民主政体的拟真统治。

鲍德里亚在《拟仿物与拟像》中提到了现代民主政治的另一个拟真场景：民主体制中的政党制。他在文中论述了国际共产主义运动高潮之后，意大利政治中的政党之争，提到同时期在此期间发生的一系列爆炸事件，他指出，社会范畴中的暴力事件同样反映了拟真的再生产策略。

在文中，鲍德里亚论述了现代民主政体中，由两党制所呈现出来的镜像反转效应，他首先将资本主义政党制所代表的公共权力体系分解成为均质化的等价体，随后通过政党之间力量对比的动态转换，建构出社会关系表象层面的自我调节机制。他在文中指出，现代社会的民主政体通过政党制的建构，将不同的权力实体纳入同一个关系磁场

---

① [法]让·鲍德里亚：《拟仿物与拟像》，洪凌译，台北：时报文化出版 1998 年版，第 42 页。

② [法]让·鲍德里亚：《拟仿物与拟像》，洪凌译，台北：时报文化出版 1998 年版，第 42 页。

之中，由此建构出一个均质化的、由拟真镜像效应主导的权力系统，这一权力系统同时涵盖着右翼与左翼的共同场域，并在这一场域中被不断地反转。

在上述过程中，政党制构成了一个可以自行转换并相互确认的张力平衡体系，其中包含着可调节的、结构式的数字化镜像转换模式，"从最小的选言单位（问/答）粒子到那些经济、政治、世界同存共处的巨大轮换系统的宏观层面，母型都没有变化：永远是 0/1，永远是二元格律划分，它以目前系统的亚稳或动态平衡的形式表现出来。它是那些统治我们的仿真过程的核心。它可以形成一种从多价到重言的不稳定变异游戏，但并没有对两家垄断的策略形式重新提出质疑：这是仿真的神圣形式。"①

在这里，鲍德里亚将拟真诱惑的仿生数字化模式延续到政治拟真的现实场景之中，他强调，现代政治制中的权力拟真需要为自身留下"不可判定"的他者空间，从而为自身建立"复体"式的镜像反转机制提供逻辑前提。他在文中同时指出，民主政体中的拟真再生产形态本身是诱导性的，对于大众而言，只有并且总是会得到一个完整的必然性的回答："这些被提问者的表现，永远和问题对他们的想象、对他们的要求一模一样"②。这一过程中的关键在于镜像反转的行为本身，也就是说，对于政治权力的统治形态来说，由谁来掌握权力并不重要，重要的是通过不同派别之间的对立与碰撞，维持由"他者"表征的接续机制。

从资本主义批判的角度来说，无论是现代西方政体中的危机事件，还是政党制背景下的暴力之争，权力关系的再生产过程必须包含着对

---

① [法] 让·鲍德里亚：《象征交换与死亡》，车槿山译，南京：译林出版社 2006 年版，第 100 页。

② [法] 让·鲍德里亚：《象征交换与死亡》，车槿山译，南京：译林出版社 2006 年版，第 96 页。

于现有关系自身的结构性批判，资本主义权力统治的秘密恰恰在于对某一固定政治模式的解构：通过否定一个价值终端，在社会维度内标识并强化整个体系的现实在场。由此，我们可以认为，无论是以"水门事件"为代表的政治危机，还是以政党制为代表的民主形式，二者共同反映了拟真形态中"资本主义的无限性"[①]，都是为了服务于权力再生产的最终目的。

政治权力解构与重构的完美策略

从上一小节的论述中，我们可以发现，鲍德里亚在进行资本主义政治拟真批判的过程中，为现代民主政治的话语形态赋予了超真实的拟仿物属性，他在文中同时表示，民主政体的超真实形态中包含着资本主义权力再生产的完美策略。对此，我们可以这样理解：拟真权力的统治策略之所以完美，是因为在拟真权力施魅的过程中是没有主体动机的，也就是说，权力的诱惑效应中，诱惑的"作案主体"是缺失的，没有个体需要对拟真的进程负责，而拟真的过程也不可以进行重复再现。

鲍德里亚在《冷记忆Ⅱ》中作出了进一步的阐释，他提到，拟真权力统治的最终表达方式是自杀式事件，"完美的犯罪只有一个，那就是自杀。因为它是唯一的，不能上诉。"[②] 在这里，鲍德里亚论述了拟真统治的权力策略。他认为，资本主义拟真社会中充斥着社会关系再生产的权力话语，大众化场景中的民主政体在参照资本逻辑运作的同时，会营造出超真实的零度外表形态（例如"沉默的大众"效应），由此在外表的镜像关系中建立起主体对于权力的幻觉，"就像在镜子面前

---

① [法] 让·鲍德里亚，《拟仿物与拟像》，洪凌译，台北：时报文化出版1998年版，第46页。
② [法] 让·鲍德里亚，《冷记忆Ⅱ》，张新木、王晶译，南京：南京大学出版社，2009年第1版，第89页。

跳舞"①。他强调,这是资本拟真权力的"不在场证明",其中,社会个体自愿成为自己意志的奴隶,而在大众关系场景中,一旦每个人都屈服于这一切,权力的超真实形态就会被现实建构起来:社会成为奴役和被奴役的系统,个体的自由服从于权力客体的疯狂意志。

在确定了权力拟真的主体空缺之后,鲍德里亚进一步提出,随着大众在关系场景中的普遍被奴役,权力客体同样已经不再具有现实的价值意义,此时,权力的超真实形态意味着一个巨大的空白,或者说,是普遍意义上的外表零度空间。在外表的"空白"场景中,权力关系将被纳入超真实的镜像效应,成为拟真施魅形态的一部分,在社会现象学层面则具体表现为权力话语的剩余物再生产形态。在这里,我们需要明确,在权力拟真策略的现实维度中,现代性意义上的大众化关系场景是一个关键的要素。拟真的空白镜像关系一方面需要以意义价值的不在场为前提,另一方面则需要将这一零度关系场景最大限度地普遍化。也就是说,现代性的民主政治形态必须依赖于大众生产与大众消费的普遍剩余物形态,在此基础之上,现有的权力关系将会为自身的再生产过程创造可以提供"不在场证明"的条件。

在《艺术的共谋》一书中,鲍德里亚将上述权力再生产的"不在场证明"放置于后工业社会的大众化场景之中。他在文中提到,资本主义社会已经进入后工业时代的"超级"阶段,随着信息技术、网络文化和全球化形态的不断扩张,社会范围内的信息流动可以通过媒介技术的发展与加速达到最大化。由此,媒介信息将在自身的过度呈现中转换为无功能性的剩余物,由此具备了超真实的抽象形态。在这一过程中,现实层面的价值虚无场景将会被拟真关系策略性地掩盖起来:不仅仅代表着零度表象的关系在场方式,同时会掩盖拟真的游戏式挑

---

① [法] 让·鲍德里亚,《冷记忆 II》,张新木、王晶译,南京:南京大学出版社,2009 年第
1 版,第39 页。

战、死亡的诱惑式暴力和符号的自我重复等等象征性场景，由此来否定社会事业中的超真实效应与逼真假象。

在这里，我们可以发现，鲍德里亚是想通过这样的遮蔽过程来表达一个观点：后工业社会的大众传媒机制为拟真权力话语的再生产过程提供了"不在场证明"的必要条件。具体来说，在鲍德里亚的拟真场景中，权力可以通过剩余物的分配、流通与积累，将自己转换为一个被经营的行为体："权力分配着现实和生产的所有幻想，希望自己属于现实的范畴，并且倒向想象世界和对自身的迷信（在那些分析权力的理论的帮助下，即使是对抗权力亦然）"①。

在这一过程中，权力以倒退的方式，在诱惑的镜像交换体系中消解了现实的矛盾，在大众场景中架构起对危机事件的普遍确认。这是权力关系在拟真表面的退出，由此通过反抗与否定的过程，进而主导大众欲望的生产与再生产。与此同时，社会关系的各个领域会再次注入真实与指涉的系统，而人类社会的象征本真则将在这一同质化的权力再生产过程中消失无踪。鲍德里亚将这一政治拟真的策略称为"权力的仪式性谋杀"②，即以否定的过程来遮掩住一个事实，"透过危机、否定性，以及反权力的镜影，来更新生死的循环——这就是每一种权力的不在场证明/解决之道（solution-alibi）"③。

此处，我们可以认为，权力秩序的拟真形态是在现实的权力关系之外的，无论是通过超真实全然描绘，还是通过对现有秩序的否定反转，拟真策略的直接目的在于面向大众创造出一个理由，并通过外表的镜像关系决定大众对于现有秩序的反应机制，在这一反应机制中，大众作为参与者所作出的任何主体性尝试都将被再次还原为权力的现实意义。由此，鲍德里亚再次强调，资本权力拟真统治的关键不在于

---

① [法] 让·鲍德里亚：《论诱惑》，张新木译，南京：南京大学出版社 2011 年版，第73 页。
② [法] 让·鲍德里亚：《拟仿物与拟像》，洪凌译，台北：时报文化出版 1998 年版，第48 页。
③ [法] 让·鲍德里亚：《拟仿物与拟像》，洪凌译，台北：时报文化出版 1998 年版，第48 页。

是否承认权力的现实原则，而在于对已有的"真实"形态的输送，也就是说，在于当前权力象征暴力隐性话语的再生产过程本身。

上述权力的拟真策略在《拟仿物与拟像》中被表述为"倒退剧景的操作化否定性"①，鲍德里亚认为，只有透过这样的否定性方式，我们才可以透过拟真场景中的政治事件，对权力统治的真实过程进行把握。他强调，在权力倒退式场景中反映着资本逻辑的自我纠错形态：拟真权力通过自身在场方式的变化营造出"拟态的死亡（simulation de mort）"②，以此来力图避开真正的象征意义上的死亡。在这里，鲍德里亚回到了理论批判中一以贯之的逻辑主线：资本统治的现实逻辑与象征交换本真形态之间的批判张力。

① ［法］让·鲍德里亚：《拟仿物与拟像》，洪凌译，台北：时报文化出版 1998 年版，第47页。
② ［法］让·鲍德里亚：《拟仿物与拟像》，洪凌译，台北：时报文化出版 1998 年版，第48页。

第四章

基于拟真语境的批判-
革命路径如何可能?

原始社会在我看来是像神话参照一样运转的。它们还保留着一种神话式的观念论。但在那之后,事情就没那么清楚了。

——让·鲍德里亚:《鲍德里亚访谈录:1968—2008》

一定要时刻铭记,总是存在着无法被还原的对峙和冲突。但我们总是通过尝试插入一个表象的、理性化的、知性的、概念化的空间来消除这一原始的——或者某种意义上说——野性的(sauvage)境况。

——让·鲍德里亚:《片断集:让·鲍德里亚与弗朗索瓦·利沃奈对话录》

尽管从《物体系》开始，鲍德里亚理论批判的重心就定位在后工业时代的资本主义社会，他进行理论批判的逻辑基点却并不是人类社会发展的历史过程，而是莫斯-巴塔耶人类学语境中的原始象征价值。他早期理论中关于象征交换的先验式设定，在《象征交换与死亡》之后被赋予了新的本体性价值内涵，与后工业社会的现实场景相对立，共同构成鲍德里亚在 20 世纪 70 年代之后进行资本主义批判与象征超越的逻辑主线。

在鲍德里亚理论发展的不同阶段，他进行理论批判的对象始终是后工业社会中的资本统治，他所持有的问题关注点也一直维系着对当前西方资本主义社会的现实批判，充满着象征回归的浪漫主义情怀。尽管在《象征交换与死亡》之后，鲍德里亚的理论阐述呈现出越来越明显的虚无主义倾向，他却不是一个彻底的悲观主义者，他的批判线索始终没有回避对现实资本统治进行革命超越的理论可能性。

一、在莫斯-巴塔耶原始象征
语境中的返"乡"之旅

从《物体系》开始，鲍德里亚就已经将资本主义批判的逻辑基点，确定为莫斯基于原始部落人类学研究提出的象征交换理论，同时，他对于象征交换概念内涵的扩展则受到巴塔耶文化学改造的影响。在鲍德里亚后期的拟真批判中，莫斯-巴塔耶语境中的象征逻辑被扩展为人类社会在现代经济价值体系确立之前的应然形态，是与后工业社会的资本主义现实统治相对立的、在社会历史维度建构起来的、理想化的本真规定。

莫斯的礼物馈赠理论

礼物的"交换（échange）与契约（contrat）"[①] 是莫斯人类学理论中的核心概念，是他解读人类社会原始部落交往关系的理论出发点。莫斯关于礼物交换的论述是在宗教社会学的理论框架中展开的，基于仪式与观念的研究而提出，且同时具备了组织结构性的方法论内涵。莫斯认为，在原始部落中，通过礼物建立起来的交往仪式是一种兼具经济、道德、宗教、艺术和神话等关系形态的总体性社会事实，他在礼物交换的行为基础之上，确立了双向馈赠的交往关系形态。鲍德里亚将莫斯关于礼物馈赠关系的人类学界定扩展到更为广泛的社会历史学维度，成为他批判现代资本主义统治的本真价值基点。

（一）仪式象征的方法论前提

在莫斯的人类学理论中，由礼物交换建立起来的仪式关系决定着原始社会中的交往行为，其中交换的主体是作为道德人的集体，包括氏族、部落或家庭，可以是同一块地面上的群体，也可以由各自的首领作为中介或代表。原始象征交换行为中，首要的交流是由礼节、宴会、仪式、军事、舞蹈、节日或者集市等社会形态构成的广泛而长久的契约活动，同样，交换的内容也并不仅限于物资、财富等经济上具有功能性的社会要素。

莫斯认为，原始部落中的礼物交换主要采用馈赠等自愿的方式，交换目的是为了实现严格的义务确认，部落成员间可以通过这一确认过程来实现礼物的象征含义。他指出，在原始社会的部落生活中，礼物的赠送与接收行为被赋予了社会本体性意义，"他们的生活已经'浸淫'其中。生活就是不断地'送与取'。生活贯穿着一条兼容了由于义务或利益，出自慷慨或希图，用作挑战或抵押的送礼、收礼和还礼的

---

① ［法］马塞尔·莫斯：《礼物》，汲喆译，上海：上海人民出版社2002年版，第3页。

持续之流"①。

在此基础之上，莫斯提出，礼物交换在原始社会生活中代表着财富流通的主要方式，成为决定和维系社会关系的主要方式。礼物交换的"自愿"呈献在表面上是自由和无偿的，但实际上具有强制性和重利性，其中的核心是社会义务或是经济利益。

（二）夸富宴：竞技式的总体呈献

在《礼物》一书中，莫斯提到，礼物交换仪式在原始社会中呈现为"总体呈献体系"（système des préstations totals）②。依据他在文中的论述，"总体呈献"是典型性地发生在两个相对的群体之间的社会交往类型，其中，交换双方集体组成一个联盟，在这一联盟中，部落之间通过"互致敬意"的交往形成规矩，由此建立关于仪式、婚姻、财物的继承、权利和利益以及在军事和宗教上的地位等一系列社会关系模式。在上述过程之中，所有的关系建构都是互补性的，而交换联盟的实现也有赖于双方的共同合作。

《礼物》一书同样介绍了在"总体呈献体系"中的一种典型交往形式："夸富宴（potlatch）"③。莫斯在书中提到，"夸富宴"是主要出现在原始社会部落贵族之间（往往是首领）的一种竞技式总体呈献的仪式，其中，参与竞技的各个首领或者氏族群体需要以竞争与对抗为原则，通过大量挥霍财富来压低竞争对手，从而以竞富甚至是争斗的方式，使得部落或部落同盟的政治地位得以确定。莫斯认为，"夸富宴"在本质上重利益，而且倾向于奢侈，因为对于参与的部落首领来说，竞富形式表征着仪式、法律呈献和经济呈献的网络体系，"人们聚在一起观看贵族间的争斗，也是为了要确定他们的等级，这一等级将关乎

---

① [法] 马塞尔·莫斯：《礼物》，汲喆译，上海：上海人民出版社 2002 年版，第57—58 页。
② [法] 马塞尔·莫斯：《礼物》，汲喆译，上海：上海人民出版社 2002 年版，第7 页。
③ [法] 马塞尔·莫斯：《礼物》，汲喆译，上海：上海人民出版社 2002 年版，第8 页。

整个氏族的最终收益"。①

（三）礼物交换是人类社会的原初形态

在莫斯的理论中，礼物交换是人类社会发展的原初样态，在社会历史范畴中超越了纯粹的社会学现象阐述，具有着先验性的意义。他指出，在礼物交换的双向馈赠行为中，没有主体理性的计算心态，也没有对于义务和权利体系的对立区分，围绕礼物交换而进行的关系建构在社会道德和价值关系的原始形态中，表现为人与物相统一的习俗。

由此，莫斯在《礼物》一书中，从实证研究的角度出发，对现代社会中的权利政治体制提出了质疑。他在书的结尾部分指出，近代以来西方的政治权利话语将个人权利与物权、人与物截然分开来，并以这样的二元对立划分为前提建立起所有权基础上的交换价值体系，这样的划分并不是人类社会的原初关系，而是在文明进入现代性之后确立起来的权力意识形态。因而，莫斯认为我们能够，而且应该回归"苏格拉底所说的政治学（Politique）"②，通过研究整体的人类行为和社会生活，引发关于古式的、基本的道德结论，以此来指导现代社会中的社会实践。

学界基本认同，莫斯在人类社会学框架中提出的礼物交换和双向馈赠理论，对鲍德里亚的象征交换本真话语形态产生了直接的影响，在此基础之上，莫斯关于"夸富宴"的社会现象学阐述在经过巴塔耶"消耗"理论的经济学改造之后，成为鲍德里亚象征批判的逻辑支点。我们同样可以认为，鲍德里亚对于象征交换的本真性阐释具有后工业社会鲜明的时代印记，与莫斯对于象征交换在原始社会中的纯粹人类学解读不同，鲍德里亚的象征交换始终立意于对现实资本主义社会中人与人关系的探析，他力图建构出一种在社会生活中由个体的活动和

---

① [法] 马塞尔·莫斯:《礼物》，汲喆译，上海：上海人民出版社 2002 年版，第8页。
② [法] 马塞尔·莫斯:《礼物》，汲喆译，上海：上海人民出版社 2002 年版，第210页。

相互交往行为呈现出来的抽象式关系情境，在这一逻辑框架之中，鲍德里亚完成了从社会存在论的本真语境向资本主义现实统治批判的理论路径转移。

以"耗费"为核心的"一般经济学"建构

20 世纪 20 到 30 年代，乔治·巴塔耶提出了以"耗费"为核心的"一般经济学"理论，他围绕社会在"耗费"语境中的非逻辑性建构，建立了现代理性叙事框架之外的另一种论述方式。当时的欧洲学界整体经历着对主流"宏大"理论与哲学的话语反思，乔治·巴塔耶的作品在同时代法国知识分子中间影响很大，同样，他关于人类社会的"一般经济学"解读和对于死亡奢侈性的隐喻等思想，对鲍德里亚象征交换理论的形成产生了重要的推动作用。

在借鉴延续莫斯礼物交换原始象征理论的同时，鲍德里亚将巴塔耶关于社会消耗和无用性的论述纳入象征交换的形式表征中。他认为，象征交换的本体性在于它脱离了功能物体系的有用性（useful），同时超越了由直接功效性带来的终结性的存有与在场方式。在这里，功能物的缺席是达到物自身关于本真存有的基本而必要的过程，其中包含着鲍德里亚对巴塔耶社会神性论和耗费论的双重引渡。

（一）"耗费"的非生产属性

耗费（expenditure）的概念由巴塔耶于 1933 年在《耗费的概念》（*The Notion of Expenditure*）一文中首先提出，随后，他在 1949 年 2 月出版的《被诅咒的部分》（*The Accursed Share*）系列的第一部分《消费》（*Consumption*）中进一步提出耗费（expenditure）主题形态之下的"一般经济学"（general economy）理论，从另一个维度对人类社会发展的历史形态进行了全新解读。

在巴塔耶的"耗费"理论中，人类生活中的消费可以被分为两个部分，第一部分是为了自身的生产和存在而进行的必需的消费，也是最基本的需求；第二部分是通过非生产性花费所呈现出来的"奢侈、哀悼、战争、祭仪、规定费用的纪念碑的建造、游戏、景观、艺术、不正当的性行为（例如，从生殖的目的偏离）"[1] 等行为。巴塔耶认为，"耗费"的社会形态是非生产性的，是对于传统理性功利性原则中"物质功利性"（material utility）[2] 的否定，是与"有规律地通过获得来补偿"[3] 的经济原则相对立的无条件过程。他提出，花费的本质是对传统政治经济学逻辑框架的解构，既与支出/收益的关系平衡无关，也不需要来自经济上的补偿，也就是说，花费行为的目的就是自身。由此，巴塔耶强调，现代社会长期以来将"消耗"认为是关于浪费的"恶"的伦理形态，而与之相对立，对于个体而言，社会活动不能单纯被还原为获取和保存的过程，其中必须经历"花费"的过程。

（二）"一般经济学"中的过剩物消耗

以"耗费"为核心的消费理论在巴塔耶的理论体系中具有社会历史维度上的经济功能性意义，巴塔耶称之为"一般经济学"。他在这一问题上的论述延续着莫斯的人类学理论，主要围绕着"夸富宴"的非生产性活动展开。巴塔耶在《被诅咒的部分》中提到，"夸富宴"是原始社会中财富流通的途径：通过馈赠或摧毁的方式来替代由生产和积累为主体的传统经济原则，将社会价值与财富流通过程中本应遗传继承的剩余物花费掉，由此来对现有的社会地位和权力话语进行重新分配。

在文中，巴塔耶提出，在"夸富宴"的财富消耗形态中，存在着一种象征性的力量游戏："在某些方面和某些时刻，社会持续拥有的资

---

[1] Georges Bataille, *Visions of Excess: Selected Writings*, *1927—1939*, Allan Stoekl (ed.), Twin Cities: University of Minnesota Press, 1985, p. 118.
[2] Georges Bataille, *Visions of Excess: Selected Writings*, *1927—1939*, Allan Stoekl (ed.), Twin Cities: University of Minnesota Press, 1985, p. 119.
[3] Georges Bataille, *Visions of Excess: Selected Writings*, *1927—1939*, Allan Stoekl (ed.), Twin Cities: University of Minnesota Press, 1985, p. 119.

源增加一种完全占有的对象（人们不能将其变成一种有益的利用，不能将其用于生产力的增长），但对这一增加部分的挥霍本身成为占有的对象；在挥霍中被占有的是它给予挥霍者（个体或群体）的威望，这种威望像财产一样被挥霍者获取，并决定其'地位'；同样地，在社会中的'地位'（或一个社会在某一整体中的'地位'）能够像一件工具或一块田地那样被占有；如果它最终是利益的来源，那么原则同样取决于对理论上本可以被获取的资源的坚决挥霍。"① 在上述引文中，巴塔耶认为，财富的权力必须通过缺乏或是失去的方式来实现，同样，如果将消耗的理论扩展到社会历史维度，我们可以将人类社会的发展过程作为一个总体性系统，不同阶层之间对于资源的挥霍或消耗将带来系统自身的内在扩展。

由此，巴塔耶进一步提出，当系统自身的扩展到达极限之后，需要出现浪费的行为，从而平衡过剩的溢出，这一过程可以通过奢侈、死亡、有性生殖，或者是以劳动和技术等消耗形式来实现。在此基础上，巴塔耶认为，在"一般经济学"的消耗形态中，社会劳动和技术发展带来的作用是双重的，一方面平衡了过剩，一方面又制造了新的过剩。巴塔耶称之为社会生产模式下的"过剩"与"消耗"循环形态，是一般经济学框架中为维持系统平衡必要的消耗行为。

在这里，我们涉及社会生产范畴中的剩余物形态，巴塔耶认为，以"夸富宴"为代表的消耗活动是人类社会平衡生产过剩的方式之一。"一种过剩的交换活动用发狂的固定的仪式化的牌戏（ritual poker）取代了遗传（作为财产的源泉）"②，而一旦这样的对"过剩物"的消耗成为常规性的活动，人类社会中的生产逻辑将会被另一种形态的能量交

---

① [法] 乔治·巴塔耶：《被诅咒的部分》，刘云虹、胡陈尧译，南京：南京大学出版社 2019年版，第127页。

② Georges Bataille, *Visions of Excess*：*Selected Writings*，*1927—1939*，Allan Stoekl（ed.），Twin Cities：University of Minnesota Press，1985，p. 123.

换关系所取代。

在过剩物的概念基础之上，巴塔耶进一步提出社会历史范畴中以消耗为核心的财富均衡模式。与莫斯的原始社会人类学场景一致，他认为，在资本主义之前的人类社会形态中，消耗活动主要是由贵族阶层实施的，在这一过程中，社会财富可以在不同阶层之间流动并实现相对的均衡，而阶级与阶级之间的均衡需求则形成了财富的流动过程中花费/消耗活动的内驱力。

我认为，在巴塔耶一般经济学理论中以反功利、反功用和反实用性为特征的批判路径，直接影响着鲍德里亚在经济理性批判基础之上，对于全部现代性话语的颠覆式否定。在《当巴塔耶对抗经济学的形而上学原理时》（"When Bataille attacked the metaphysical principle of economy"）一文中，鲍德里亚阐释了象征交换与巴塔耶理论之间的关系，同时，他提出，巴塔耶将有用性的原则界定为剩余物的生产，是限制主体从事社会扩张的主要原因，"为了克服社会经济中普遍的剩余，巴塔耶从一般经济学的角度提出了耗费、死亡和牺牲，并确定以此作为全部的社会现实"。[①]

我们基本可以确定，鲍德里亚在象征批判的理论建构中，沿用了这一否定性的维度，他将巴塔耶理论中的过剩和耗费思想引入资本主义拟真批判的张力形态中，以理论抽象的方式，将劳动生产的现实性要素从象征交换的本真规定性中排除出去。在《象征交换与死亡》一文中，鲍德里亚提出，人类社会在前现代性阶段遵循的是与剩余物积累形态相对立的非生产性规则，这也是他从拟真批判的角度出发，对象征交换本真属性的逻辑界定。他同时认为，在巴塔耶关于主体欲望的阐述中，主体对于生命的期待同时也意味着死亡的逻辑在场，延伸

---

① Jane Baudrillard, "When Bataille Attracked the Metaphysical Principle of Economy", See Arthur Krokern (ed.), *Ideology and Power*: *In the Age of Lenin in Ruins*, *Canadian Journal of Political and Social Theory*, 1991 (15), p. 136.

到经济学的关系场境中，则表征为死亡的消耗形态相对于单向生产的积累形态来说所具有的象征性优势。由此，鲍德里亚进一步提出，只有奢侈而无用的消耗行为才是有意义的，传统经济学将法则的残余当成生命的法则，而财富却是通过存在于死亡的奢侈交换中的"牺牲"得以实现的。在这一过程中，社会关系的建构摆脱了投资和等价等经济范畴，最终呈现为毁灭的形态。

鲍德里亚在文中提到，"巴塔耶没有把死亡当作压力调节和平衡功能，即没有把死亡当作冲动经济学，相反把它当作交换的极致，当作过度与过剩。死亡从来都是已经在场的添加物，证据就是：只要死亡脱离生命，生命就有缺陷，生命只存在于死亡的闯入中，存在于与死亡的交换中，否则生命必定是价值的断裂，因此也就是绝对的亏损"①。从这一段论述中，我们可以看到鲍德里亚对于死亡的奢侈隐喻所持有的肯定态度，在此基础之上，他在《象征交换与死亡》中将象征交换与"死亡"的抽象形式相关联，将一般社会学理论范畴中的死亡隐喻发展为象征暴力在理论意义上的超越形态，在接下来的章节中，我们将就此作出进一步的论述。

二、拟像-拟真理论框架中的"死亡"之维

在《象征交换与死亡》的前言中，鲍德里亚提到了象征交换在现代社会中隐性的逻辑形态：以"死亡冲动"为核心的形而上学式再生产方式。他在书中指出，"现代社会构成的层面上不再有象征交换，不再有作为组织形式的象征交换。当然，象征作为社会构成自身的死亡

---

① [法] 让·鲍德里亚，《象征交换与死亡》，车槿山译，南京：译林出版社 2006 年版，第 241 页。

仍在困扰着这些构成"①。

从理论建构的逻辑角度来说,鲍德里亚对于拟真超越性的阐述主要围绕着价值体系的解构进行,他提出,在意义全透明的理论空间范畴中,对于拟真客体性统治的超越路径需要通过毁灭或死亡的抽象方式实现,因而,我们必须超越拟象的确定与不确定体系,通过死亡可逆性导致的象征混乱打破现实中的代码统治。

由"耗费"和"牺牲"呈现的象征批判

在《象征交换与死亡》中,巴塔耶在人类学和一般经济学意义上的立论成为鲍德里亚拟真批判的理论预设点。我们在前面的章节中已经提到,在乔治·巴塔耶的"一般经济理论"中,消耗、浪费、牺牲和解构等形态被认为是超越经济生产效用机制的更为基本的社会方式,他认为,社会个体要摆脱资本逻辑而实现真正的自由,就必须在"一般经济学"的消费、给予、牺牲和解构的体系中反抗功用化的机制统治。

在《象征交换与死亡》一书中,鲍德里亚延续了"一般经济学"理论中的否定性逻辑,他提出,现代社会中经济理性的局限性恰恰在于对人类社会"耗费"原则的误用,在此基础上,他将巴塔耶理论中对于经济理性的抽象化批判转向后工业场景中对于资本现实统治形态的重新审视。鲍德里亚认为,传统政治经济学对于资本主义的批判仅仅停留在交换价值的层面,对使用价值的核心作用的确立则导致了功用性和工具理性的经济主义统治。他在文中提到,政治经济学的符号等价关系中包含着一种小资产阶级式的"自然主义的裸露",体现着社会功用价值体系中的陈腐导向,或者说,已经成为对资本统治的幻灭

---

① [法]让·鲍德里亚,《象征交换与死亡》,车槿山译,南京:译林出版社2006年版,第1页。

式设想。"这种自然主义的裸露从来都只是一种'精神行为':它是一种意识形态……'裸体的泛滥'是理性主义的泛滥,是人权、形式上的解放、自由主义愚民政策,小资产阶级自由思想的泛滥。"① 由此,鲍德里亚指出,与马克思主义的政治经济学相对立,巴塔耶在理论阐述中以精细化的"耗费"的方式,通过主体的死亡形式摆脱了传统理性中主奴关系的辩证法。

在这一问题上,巴塔耶对政治经济学的批判在某种程度上受到尼采的影响,在尼采关于主人道德观的理论中,"超人"个体创造着自身的价值,巴塔耶则进一步指出,在个体创造自身价值的生活方式中充斥着剩余、溢出以及积累的过度意义。由此,我认为,从批判的意义而言,无论是巴塔耶还是鲍德里亚,他们都假设了在人类社会的象征本真化形态与资本主义逻辑之间的根本性对立,认为人类社会天然应该从消耗、浪费、欢宴、牺牲等事件中获得乐趣,而生产逻辑中的劳动、效益和隐喻式的节约则是"非自然"的,是对人的本真规定性的背离。从这一意义上来说,鲍德里亚在《象征交换与死亡》中建构出来的,依然是异化论的批判逻辑,他对后工业时代资本统治的超越性维度是以象征语境中的消费、耗散等本真规定为前提的。

在这里,我们同样可以确认,在《象征交换与死亡》中,尽管鲍德里亚彻底颠覆了政治经济学的现代性话语体系,但就理论的目的性及出发点而言,他依然关注后工业社会中资本的现实统治形态。但此时他的理论视域已经不再停留于传统意义上的人本主义价值回归,而是转向以消耗和禁欲、审美论述和象征价值等抽象概念为核心的形而上学式建构。就像鲍德里亚在书中所呈现出来的,他在象征语境中对于牺牲和死亡的逻辑建构,代表着他在拟真现实批判维度的消极立场,

---

① [法] 让·鲍德里亚,《象征交换与死亡》,车槿山译,南京:译林出版社 2006 年版,第162 页。

其中，由死亡形态表征出来的镜像反转关系，为超越现代性的功用价值体系和资本的自我再生产策略提供了理论上的必要途径。

"死亡"在现代性批判语境中的超越性呈现

鲍德里亚在文中将拟真的符号统治方式称为代码的结构暴力，由此在拟像的整体性维度中延伸出了理论批判的超越线索：真正的革命必须是在拟真的第一个等级内部进行的。在当下的超真实等级中，只有"那些本身也漂浮不定的理论和实践"[①] 才能在超真实的话语体系中实现真正意义上的"革命"。他提出，我们当下主流的批判理论全部是在第二级拟像的话语范畴中进行的，"这些革命武装自己使用的全是各种形式的、怀旧的、复活的真实，即第二级仿真：辩证法、使用价值、生产的透明性和目的性、潜意识和被压抑的感官（能指或被命名为欲望的所指）的'解放'，等等。"[②] 他在文中将现代性批判的话语场景称为"革命的辩证法"[③]，其中，社会系统依据拟真阶段的逻辑参照，通过"革命"或"解放"的延续形态，巧妙地使自身作为革命的幻觉而重现。在这里，鲍德里亚再次阐述了对于现代性话语逻辑的否定：代码体系的不确定性、随机性和测不准原理接替了科学理性话语和历史辩证话语，并成为后工业社会的主要形态，而所有在现代性的价值体系中呈现出来的批判逻辑，都将被转换为代码操纵的过渡形态，在关系层面体现为拟真的镜像统治。

我们在前面的章节中对拟真代码的逻辑形态进行过详细的阐述，从理论批判的超越性意义来说，鲍德里亚认为，要超越代码的客体统

---

① [法] 让·鲍德里亚，《象征交换与死亡》，车槿山译，南京：译林出版社 2006 年版，第 4 页。

② [法] 让·鲍德里亚，《象征交换与死亡》，车槿山译，南京：译林出版社 2006 年版，第 4 页。

③ [法] 让·鲍德里亚，《象征交换与死亡》，车槿山译，南京：译林出版社 2006 年版，第 7 页。

治需要有比系统本身更为随机、更具有颠覆性的理论形态，"或者发明一种更高逻辑（或非逻辑）等级的仿象，超越现存的第三等级，超越确定与不确定"①。在《象征交换与死亡》中，鲍德里亚指出，这一最终的超越形式就是死亡所带来的象征混乱，"只有象征混乱可以闯入代码"②，他认为对于拟真代码统治的超越性在逻辑形态中呈现为即时的死亡，也就是"暴死"。

我们可以发现，在鲍德里亚后期理论的超越性逻辑中，死亡的即时暴力形态一直占据着核心的位置。他始终认为死亡是内在性的，同时也是必要的，是社会自我混乱和无序状态中的回归之维，在人类社会的系统化架构中，一种关系形态的自然死亡是其自身基因中的固有的、功能性的、程序化的特质，也是一种抑制性的行为。在1991—1995年间的《断片集》一书中，他用典型的碎片化语句陈述道："死亡的极点位置。机体冲突的混战的最后一人。博弈的象征性裁判"。③ 在这里，以自然式死亡过程建构出来的，不仅是机体的生命繁殖，也涵盖着非主体性的仪式冲突与象征博弈。

象征式的死亡式超越在形而上学的意义上表征为对于人类社会原始样态的回归，这是鲍德里亚从《物体系》开始一直悬置起的理论乌托邦，无论是对于生产的显性扬弃还是对于资本的本质批判，以象征交换为核心的返乡式情节始终围绕着莫斯-巴塔耶式的原初关系语境。在此基础上，鲍德里亚提出，回归象征交换的原初话语场景，我们需要的是实现在死亡中的"重言式"表述，"必须用死亡来反对死亡——

---

① [法] 让·鲍德里亚，《象征交换与死亡》，车槿山译，南京：译林出版社2006年版，第5页。
② [法] 让·鲍德里亚，《象征交换与死亡》，车槿山译，南京：译林出版社2006年版，第5页。
③ [法] 让·鲍德里亚，《断片集（冷记忆Ⅲ）》，张新木、陈雯乐、李露露译，南京：南京大学出版社2009年版，第63页。

这是彻底的重言式"①。依据鲍德里亚的论述，我们可以将死亡的"重言式"话语理解为剩余物的单向累积的拟像系统，其中，代码体系在外表零度表象空间中表征为超真实的完美操作与绝对权力，同时也代表了拟真场景中的超越性维度：超真实场景中充斥着关于总体性和完美性的过度表达，而这一过度呈现的过程是无意的，代表着系统中"熵"的单向增加，最终会导向系统自身无可挽回的衰退。鲍德里亚指出，要超越这一过程，唯一的策略就是死亡的极限，"必须把这些事物推向极限，它们在那里会自然地相互转换并崩溃"②。

鲍德里亚认为，拟真系统在剩余物累积上的完美操作所实现的自然转换过程，是"任何通过自身逻辑追求总体完美的系统所具有的命定性，追求总体完美就是追求总体背叛，追求绝对可靠就是追求无可衰退：一切相关的能量都在走向自身的死亡"③。在《象征交换与死亡》中，鲍德里亚将这样的革命之路阐述为"一种精细的可逆性，这就是象征的职责。让每一个词项都被消灭，让价值在词项自身的这种革命中被废除——这就是惟一与代码结构暴力等值并可以战胜它的象征暴力"④。

象征暴力作为唯一的超越方式

在《象征交换与死亡》中，鲍德里亚提出了什么是"真正的革

① ［法］让·鲍德里亚，《象征交换与死亡》，车槿山译，南京：译林出版社 2006 年版，第 6 页。
② ［法］让·鲍德里亚，《象征交换与死亡》，车槿山译，南京：译林出版社 2006 年版，第 6 页。
③ ［法］让·鲍德里亚，《象征交换与死亡》，车槿山译，南京：译林出版社 2006 年版，第 6 页。
④ ［法］让·鲍德里亚，《象征交换与死亡》，车槿山译，南京：译林出版社 2006 年版，第 7 页。

命"①，即能够促使拟真的不同等级之间相互分离的、自身充满着不确定性的理论和实践。鲍德里亚认为，"真正的革命"是与拟真系统的诱惑策略相对的，意味着各类被意识形态遮蔽着的操作性拟像将必然经历的象征回归形态。"因此，必须把一切都移入象征领域，这个领域的法则是挑战的、复归的、抬价的法则，这就如同只能用一次相等或更高等的死亡来回应一次死亡。"②

鲍德里亚提出，在拟真统治的话语场景中，建立在意义价值基础上的理论言说方式无法超越零度表象空间中的不确定性，同样，主体性的辩证法无法超越拟真的类生物式镜像复制形态，因而，传统主客关系中以权力价值转换为目的的"革命"方式也就无法超越拟真的代码统治。从拟像-拟真的社会历史维度来说，人类社会发展的拟真阶段意味着另一个等级，在其中，"一切进入代码的无目的性时空中的东西或试图进入其中的东西，都被切断了与自身目的性的联系，都被瓦解并吸收了——这就是各个层面上的回收、操纵、循环和再循环的众所周知的效果"③。由此，鲍德里亚指出，要超越这一特殊的等级，需要建立起另一个"真正的革命"，在《象征交换与死亡》中，他将"真正的革命"阐述为死亡的象征暴力，认为只有象征意义上的死亡才可以制造出可逆的、瞬时性的混乱与暴力，进而超越拟真的抽象化统治。

鲍德里亚在《象征交换与死亡》中提出，要超越拟真形态中剩余物积累的再生产形态，唯一的解决办法是在象征语境中让系统反转过来对抗自身，从而跳出拟真符号代码体系的循环策略。他强调，在这一过程中，超越性得以实现的方式只能是象征的挑战，因为在拟真的

---

① [法] 让·鲍德里亚，《象征交换与死亡》，车槿山译，南京：译林出版社 2006 年版，第 4 页。

② [法] 让·鲍德里亚，《象征交换与死亡》，车槿山译，南京：译林出版社 2006 年版，第 53 页。

③ [法] 让·鲍德里亚，《象征交换与死亡》，车槿山译，南京：译林出版社 2006 年版，第 54 页。

代码体系中建构起来的是权力客体的螺旋式统治,其中,任何对于代码权力话语的回应,将被再次纳入系统的螺旋形态之中。与此同时,超真实外表零度场景表征着传媒与信息无时无刻的单向馈赠,对于沉默的大众来说,我们只能跳出拟真的话语逻辑,通过象征暴力的方式,以系统自身的死亡和崩溃为代价来对抗这一"回应和报复的不可能性"①。在文中,鲍德里亚同样指出,象征暴力对拟真统治的超越是必然性的,"因为任何东西,甚至包括系统都不能摆脱象征义务,正是这一陷阱中存在着系统发生灾难的惟一机会。系统将被死亡的挑战包围,受到毒蝎般的攻击。因为系统为了不丢脸而必须回应的这种馈赠,显然只可能是死亡的馈赠。系统本身必须通过自杀来回应死亡和自杀的反复挑战。"②

在《象征交换与死亡》中,鲍德里亚列举了恐怖主义绑架的例子。他提到,恐怖主义的绑架行为在形式上营造了一般绑架事件之外的场景:包含着谈判解决的可能,但在谈判的过程中却不会指向任何确定性的等价交换关系,"没人知道可以谈判的东西,也无法商定'词项'"③。也就是说,在一般的绑架事件中,绑架者追求的是通过交换获得的价值利益,因而往往会与解救方之间通过计算与交换来解决问题,而恐怖主义的绑架行为是以制造公众恐慌为目的的,在这一过程中确立的不是价值交换的法则,而是象征的秩序。由此,鲍德里亚认为,要解决象征意义上的恐怖主义,只能通过死亡的暴力方式来实现,即通过事件自身的紊乱或衰退,进而瓦解恐怖主义行为中的权力话语。鲍德里亚在文中将象征暴力的超越性意义扩展到后工业社会中的契约、

---

① [法] 让·鲍德里亚,《象征交换与死亡》,车槿山译,南京:译林出版社 2006 年版,第 53 页。
② [法] 让·鲍德里亚,《象征交换与死亡》,车槿山译,南京:译林出版社 2006 年版,第 54 页。
③ [法] 让·鲍德里亚,《象征交换与死亡》,车槿山译,南京:译林出版社 2006 年版,第 54 页。

协商与谈判等行为中，在拟真社会现象学的案例分析中进一步确认：拟真社会具备权力再生产的意识形态特性，超越拟真客体逻辑的唯一途径，是在死亡的自我否定过程中，建立起象征暴力的挑战模式。

三、拟真语境中的激进幻觉

"内爆"的理论形态

"内爆"（implosion）理论是鲍德里亚在拟像-拟真逻辑框架中建构出来的，基于后工业社会中信息技术和大众传媒场景的重要概念，是超真实语境中来自系统自身的、由象征暴力实现的超越形式。

在 20 世纪 70 年代之后，鲍德里亚围绕信息社会大众传媒的拟真形态展开了一系列论述，这是他进行后工业社会政治文化批判的重要理论场域。鲍德里亚在象征"死亡"与超真实形态之间建构起批判张力，由此提出超越当前资本拟真统治的"内爆"式路径。此时，鲍德里亚的批判理论依然是以象征交换为逻辑基点的，而他对于资本主义后工业社会的拟真建构本身，决定了以"内爆"方式实现的"真正的革命"也只能成为形而上学式的理论表述。

（一）信息与大众传媒时代"内爆"的普遍性内涵

鲍德里亚关于拟真社会大众媒介的分析很大程度上来自麦克卢汉的大众传媒理论，他在很多场合都提到，自己关于大众传媒的拟真批判延续了麦克卢汉的"内爆"概念。在 20 世纪 60 年代，麦克卢汉提出媒体信息的论题，他在《理解媒介》一书中提出"内爆"一词，对现代性以来大众媒体在信息化技术发展潮流中面临的转变和发展趋势进行了阐述，一方面对资本主义在后工业时代的信息爆炸进行社会性的分析，另一方面则对电视和计算机等电子媒介的发展前景和现实影响作出了预测。鲍德里亚借鉴了麦克卢汉"内爆"概念的意义背景和结构方式，提出信息流通在资本主义大众传媒中的过剩形态，并围绕现代技术媒体对大众的客体统治形态展开理论建构。

在《断片集》一书中，鲍德里亚将资本主义社会的大众传媒形态归为"第三类型的新闻"①，即与传统媒介信息截然相反的新闻，其中，大众传媒通过广告等方式建构着拟真社会中的意识形态编码统治。他在文中指出，在后工业时代的信息化场景中，真实的社会存在被形式和零度符号包装为一个祛魅的空间，其中，信息传媒技术以单向馈赠的形态推动着大众的零反馈在场状态，由此营造出社会关系的伪象征场景。在《波德里亚：追思与展望》一书中，凯尔纳对于拟真"冷酷"客体场景中的"内爆"效应有过一段精辟的论述："生长、加速和增殖已经达到这样的极致，惰性伴随多余的狂喜。因为当社会饱和达到临界线时，它将内爆并出现混乱"②。我们可以认为，在"内爆"形态中，大众传媒以技术化的形态彰显着信息的"赋值"过程，即单向度的信息传递方式，在逻辑上可以被抽象化为剩余物的线性累积，由此趋向于达到信息过度溢出的能量临界点，构成象征暴力在拟真场景中的"内爆"形态。

依据鲍德里亚的论述，"内爆"效应是在拟真场景中实现的，所以，与超真实的代码拟真一致，"内爆"的同质化建构同样具备仿生数字化的特征，在逻辑上表征为符号"价值的结构革命"，由此消解了能指/所指对立关系后实现的自为镜像式可逆转关系。具体而言，鲍德里亚认为，"内爆"效应以真实/虚构、本质/象征等价值界限的模糊化为前提，代表着价值意义的零度表象空间中社会要素的理想化均质抽象。

---

① [法] 让·鲍德里亚，《断片集（冷记忆 Ⅲ）》，张新木、陈雯乐、李露露译，南京：南京大学出版社 2009 年版，第49页。

② [美] 瑞安·毕晓普、[美] 道格拉斯·凯尔纳等：《波德里亚：追思与展望》，戴阿宝译，郑州：河南大学出版社 2008 年版，第20页。

其中，所有要素在信息技术化场景中被分解为微小空间中的几何尺寸，成为拟真形态内部最微小的、基础性的构成要素。鲍德里亚在文中将这一抽象化形态形容为分子式的"碳氢化合物的文化"，认为"它再也不是神性的命运预示（la prédestination），而是模型的精巧进程"①。在这里，我们可以认为，上述"内爆"的理论是符号价值的均质化和虚无化转换过程，表征着大众传媒空间中信息技术抽象式的客体统治方式。

在《拟仿物与拟像》中，"内爆"的上述客体化和抽象化过程在社会学维度被阐述为大众的"液化"操作，即社会范畴中"一个终于被真正液化的文化之操作性卖淫活动（cette prostitutiom opérationnelle d'une culture enfinvéritablement liquidée）"②。我们可以将这里的"液化"过程理解为"内爆"效应中大众的对象化，是主体性的消解过程，它将导向现代性意义上的社会性的退场。"虽然说这些大众希望我们相信，它们是社会的组成，但是，刚好相反地，它们是社会性的内爆。大众是个与日俱增的浓稠场域，在它之内，社会被内爆开来，也在某个不受打扰的拟像过程中被吞吃殆尽"③，社会的大众化生产方式不在于生产大量的物，或是为了大众而生产大量的物，关键在于大众成为被生产出来的对象，而且是社会性最后的产品，进而将在这一过程之中终结社会性本身。

从"内爆"的逻辑形态上来说，鲍德里亚认为，"内爆"效应代表着在能量流动过程中的连锁式反应，"这样的连锁反应并不是核子式的，它属于拟仿物与虚拟的层次，在那里，所有的真实能量都会被有

---

① [法] 让·鲍德里亚：《拟仿物与拟像》，洪凌译，台北：时报文化出版 1998 年版，第 116 页。
② [法] 让·鲍德里亚：《拟仿物与拟像》，洪凌译，台北：时报文化出版 1998 年版，第 136 页。
③ [法] 让·鲍德里亚：《拟仿物与拟像》，洪凌译，台北：时报文化出版 1998 年版，第 240—141 页。

效益地吞吃进去，再也不是那种奇观化的核子爆破场面（une explosion nucléaire spectaculaire），而是在某种隐秘的核子内爆（une implosion secrète）"①。对此，我们可以这样认为，"内爆"效应不会像外爆过程那样直接带来大众的心理恐慌，而是将大众转化为普遍的信息化场景中的能量载体，在拟仿物的关系场景中被抽象化为信息海洋中的单质粒子，成为"冰冷资讯系统的同质化萃取物"②。

鲍德里亚在文中将巴黎蓬皮杜文化中心的现实场景描述为"内爆"形态，他认为在蓬皮杜文化中心的现代艺术展示体现了拟真的大众文化特征，其中首先包含着对传统文化价值形态的解构，这也正是"内爆"机制得以实现的逻辑前提。他指出，蓬皮杜中心的超真实场景体现着意义能指/所指关系消解之后的全透明表象空间，是一种经过精雕细刻后的、碎片式的分子化呈现，同时也是通过形式结构上的再组合形成的人工化合物产品。在这里，均质化的代码体系不再呈现时空的因果顺序关系，形式要素在纯粹的外表形态中被纳入一个意义空无的体系，在大众的社会关系场景中生成短路式的瞬间效应，一方面消解了参观者主体的互动与反馈效应，一方面则通过形式符号之间的映照与转换过程，形成单向度的剩余累积，由此构成大众文化在审美场景中全然的、失序式的、超度现实的"内爆"形态。

（二）"内爆"场景中的剩余物积累

从社会学层面来说，拟真社会中"内爆"形态首先是在大众传媒领域被建构出来的。鲍德里亚在《象征交换与死亡》中提及麦克卢汉的名言：中介是信息，强调电子传媒时代信息传播的触觉性和策略性，阐述了大众媒介在拟真场景中新的图式："它有可能重新成为一种传播

---

① [法] 让·鲍德里亚：《拟仿物与拟像》，洪凌译，台北：时报文化出版 1998 年版，第 115 页。
② [法] 让·鲍德里亚：《拟仿物与拟像》，洪凌译，台北：时报文化出版 1998 年版，第 116 页。

界的图式——但这是作为触觉和策略仿真场的图式，在这里，信息使自己成为'信息'，成为触手般的煽动，成为测试。"① 由此，鲍德里亚指出，由信息主导的拟真传媒图式代表着普遍测试的社会意识形态："它以各种各样的形式，力图取代社会关系的观念"②，由此在人与社会之间、人与人之间构成了一个均质化的关系平面，或者说，是单向度的时空现实，其中社会交往的本质性价值被瓦解了。在大众媒介的平面化关系中，信息流通过程本身将生成抽象化的形式积累，在逻辑形态上通过"熵"的样态呈现出来。

在《拟仿物与拟像》一书中，鲍德里亚阐述了后工业社会大众传媒形态中"熵"无限增加的过程。他提出，在符号价值能指/所指对立界限消解的前提下，社会关系在信息符码的外表空间中呈现为纯粹的、表面零度的过剩。我认为，在现代社会的大众传媒体系中，鲍德里亚提出的信息的"增熵"过程表征着拟真再生产的系统学维度，其中，大众媒介信息的单向积累意味着系统无序性的增加，和意义差异性与多样性的减弱。具体来说，鲍德里亚认为，随着信息技术化过程中零度的"真实"形式不断累积，在"熵"达到某一个临界点时，价值信息的流通与交换将完全被"真实"的"黑洞"所吸收，"相同的内翻、内爆性辐射，没有回声的吸纳"③，由此呈现出社会能量的零度空间。鲍德里亚指出，这是一个意义随着信息的增加而愈加匮乏的场景，"就是个操控性的涣蔓实践，是个对于符号的迷宫化实践，而且没有任何意义可言"④。

---

① [法] 让·鲍德里亚，《象征交换与死亡》，车槿山译，南京：译林出版社 2006 年版，第 92 页。

② [法] 让·鲍德里亚，《象征交换与死亡》，车槿山译，南京：译林出版社 2006 年版，第 93 页。

③ [法] 让·鲍德里亚：《拟仿物与拟像》，洪凌译，台北：时报文化出版 1998 年版，第 106 页。

④ [法] 让·鲍德里亚：《拟仿物与拟像》，洪凌译，台北：时报文化出版 1998 年版，第 135 页。

鲍德里亚在这里提到的无意义的拟真实践,其中包含着对于主体创新性的消解,也就是说,"内爆"场景中的大众已不再是社会的生产者,在后工业化的资本主义社会中,大众传媒的信息化形态代表着拟真代码体系中,以象征暴力方式呈现出来的剩余物形态。如同鲍德里亚在文中所提出来的,信息化产业的高速发展使得社会与个体之间处于过度剩余的状态,由此将导向社会需求的过度生产,这是权力客体的超真实策略,也是关系场景中剩余价值积累的基本语境。在以需求为导向的社会化大生产过程中,各个层次的要素都将被纳入普遍信息化的表象之中,大众在全透明表象空间中会吸收社会的整体能量,但并不形成反馈效应。"它吸收了所有的符号和整个意义,但并不返回意义。它吸收了所有的信息并且消化它。面对向它提出的所有问题,它返回的却是同语反复的循环式回答。它永远不再参与。"① 我们可以将这一过程对应于后工业拟真场景中大众的"沉默"式在场,一方面反映了超真实场景中媒介意识形态的绝对统治,另一方面则对应于代码统治的祛魅场景,其中,大众的政治事务与社会事业被消解于信息传媒的过度"真实"展现之中。在这一过程之中,信息化时代的社会大众已不再拥有自我选择的空间,人与人之间的关系将被纳入大众传媒的现实场景之中,进而被混淆为荧屏或是图表上的统计信息,在现实维度中呈现为卫星化的、发散式的空间设计与辐射形态。

由此,鲍德里亚通过大众传媒的信息化"增熵"进一步推进了拟真理论中资本批判的逻辑:大众传媒信息化场景中"熵"的单向累积表征着社会层面上剩余物的积累与再生产,反映着资本逻辑在拟真批判中的象征暴力呈现。在这一问题上,笔者认同凯尔纳在《波德里亚:一个批判性读本》中提出的观点,凯尔纳认为,拟真的外表场景在现

---

① [法]让·鲍德里亚:《艺术的共谋》,张新木、杨全强、戴阿宝译,南京:南京大学出版社 2015 年版,第141 页。

实维度表现为"形式对于生活的胜利"①，即形式脱离了生活而独立存在，由此在价值的零度外表空间内，决定着社会关系的永无止境的自我繁殖与复制过程。我们可以认为，在形式的自我复制过程中，社会要素在逻辑上被同质化了，大众被导向对信息的"黏着性"依赖，或者说，大众本身成为信息媒介的一部分。

如同鲍德里亚在《艺术的共谋》中所提到的，"群众是比所有媒介更为强大的媒介，正是群众包裹并吸收着媒介——或至少两者谁都没有任何优先可言。唯一的进程便是大众的进程和媒介的进程，大众（时代）就是信息（Mass［age］is message）"。② 在后工业时代的拟真场景中，大众与传媒信息共同构成拟仿物形态中资本的再生产策略，其中，剩余物的过度积累将反过来推动着现有大众媒介实现自身的反转式"内爆"，这是鲍德里亚在资本批判语境中确立的抽象式革命路径。

（三）外表空间中"内爆"的超越路径

我们在前面的章节中也已经论述过，在鲍德里亚的论述中，随着信息和拟仿物价值的过度累积，面对铺天盖地的媒体与广告宣传，大众已经不再对传媒的信息输送过程进行反馈或回应，这一能量吸收的单向流动导致了社会范围内的集体沉默，形成了社会关系外表场景中的零度意义空间，由此建构了超真实信息"内爆"的逻辑前提。鲍德里亚认为，从逻辑的角度来说，上述过程中的"媒介"概念在形式社会学中可以被表述为信息化的中介，或者说，中介在拟真形态中已经被转换为均质化的信息。

在"内爆"的均质化剩余形态之上，信息的单向积累将会构成镜

---

① ［美］道格拉斯·凯尔纳：《波德里亚：一个批判性读本》，陈维振、陈明达、王峰等译，南京：江苏人民出版社 2008 年版，第187页。
② ［法］让·鲍德里亚：《艺术的共谋》，张新木、杨全强、戴阿宝译，南京：南京大学出版社 2015 年版，第156页。

相式的反向效应，由此，鲍德里亚设置了"内爆"在逻辑形态上的理想模型，在其中，社会系统通过核反应式的连锁作用形成加速度的重力，进而形成一个自动的文化联合体，他将之称为"自动的大众凝块（agglomeration)"①，代表着社会大众在超级市场化的"内爆"场景中，彼此之间关系的单向加速流通。这是大众传媒体系中信息自为复制的过程，也是后工业社会中，由信息的"增熵"形态实现的象征暴力在逆转过程中的再生产方式。

就"内爆"的逻辑表述来说，鲍德里亚延续了一贯的抽象形态，他在《拟仿物与拟像》中提出，"内爆"的再生产系统提供了一个可供批判或是消费的对立面，由此建构出一个能够被操纵的地基，可以通过自身的重量来回应大众反射于自身的游戏挑战。他指出，在"内爆"的再生产形态中，"被结构磁场化"② 的大众会变成具有破坏性的"变体"，从而形成某种毁灭性的力量，用以对拟真逻辑的程序化形态进行回应。在这一过程中，大众一方面营造出心理层面的倒退式场景，一方面则借助于自身的心理退化来实现外表形态中的象征挑战，从而完成象征暴力的仪式化操纵。鲍德里亚在文中提出，"内爆"可以被解读为象征暴力的"超拟像"形态，在逻辑形态上并不呈现为再现的秩序，也不包含反射的效应，而是表征了一种缓慢的、被导向的心理倒退，"无论是透过缓慢或者暴力的界面，它是个属于被解放的能量，也就是四射飞散的想象性"③。

在这里，我认为，鲍德里亚在"内爆"场景中建构起来的，依然是否定性维度之中的空白镜像效应，他关于"内爆"再生产逻辑的阐

---

① [法] 让·鲍德里亚:《拟仿物与拟像》，洪凌译，台北：时报文化出版 1998 年版，第 140 页。
② [法] 让·鲍德里亚:《拟仿物与拟像》，洪凌译，台北：时报文化出版 1998 年版，第 142 页。
③ [法] 让·鲍德里亚:《拟仿物与拟像》，洪凌译，台北：时报文化出版 1998 年版，第 147 页。

述与《论诱惑》一书中提出的拟真祛魅和施魅形态在逻辑关系上是一致的。一方面，"内爆"的"超拟像"形态呈现了外表的零度关系场景，可以被解读为是拟真诱惑的普遍祛魅过程，其中的要素关系的核心架构是信息之"熵"的单向累积过程。从另一方面来说，一旦零度外表场景中的单向剩余累积过程达至某一极限，体系将以象征死亡的方式实现对自身的超越，从而以空白镜像转换的施魅形态重新确立自身的逻辑在场方式。

在确立了"内爆"在象征死亡形态中的镜像式自我超越逻辑之后，鲍德里亚将拟真的再生产形态延伸至社会政治文化的现实性场景中。他认为，剩余物的积累在具体的表象关系中，将表现为以均质化为前提的"熵"流动，这一过程适用于现代拟像场景中权力体系的建构与变革，可以在社会关系层面引发结构式的转换。鲍德里亚指出，系统通过"内爆"形成的力量可以被转化为现代社会或城市中的基因密码场景，"那道密码让它能够以累积性的电化记忆模式（la mémoire cybernétique accumulée），来不定形地重复进行"①。在这里，鲍德里亚再次回到了拟真代码的数字式镜像场景中，他强调了"内爆"形态中社会关系自我延续的客体性建构：以象征死亡的自我否定方式得以实现，代表了拟真客体统治的模式策略。

我认为，系统"内爆"的代码场景表征着鲍德里亚在拟真语境中提出的超越资本逻辑的新的话语形态，或者说，"内爆"的自我超越过程构成了拟真统治形态中以象征暴力方式实现的象征回归路径。在鲍德里亚的论述中，资本主义后工业社会中的"内爆"效应已经不再局限于对大众传媒的社会性批判，也不仅仅集中于对拟真逻辑的伪象征揭露，"内爆"形态在逻辑形态上表征着象征死亡的暴力形式，这是拟

---

① [法] 让·鲍德里亚:《拟仿物与拟像》，洪凌译，台北：时报文化出版 1998 年版，第 146 页。

真社会在外表空间的增熵过程中，趋向于自我镜像式否定的理论张力，也可以认为是资本逻辑在剩余物积累达到一定域值之后，以象征暴力形态实现的本真回归。

由此，我们可以大致勾勒出"内爆"理论导向的超越性逻辑，在这里，鲍德里亚通过拟真的"内爆"完成了关于象征暴力的双重表述：一方面是象征属性在拟真语境中被遮蔽了的本真维度，另一方面是在信息化大众传媒场景中，我们能够超越资本拟真逻辑和客体统治策略的唯一路径。在这一问题上，鲍德里亚对于人类社会超越当前的资本统治的伪象征形态依然保持着积极的态度，在对生产体系和价值体系进行彻底否定的同时，他形成了自己的拟像-拟真理论，并在此框架中围绕象征死亡的抽象形态建构起超越拟真自我再生产策略的"彻底的乌托邦"[①]。在资本主义批判的现实层面，鲍德里亚对于大众拟真场景的超越是在"内爆"的逻辑框架中实现的，其中，由大众传媒的信息化场景表征出来的，是"熵"的剩余物积累与再生产形态。在这一过程中，象征暴力对于现有资本拟真逻辑的颠覆不会遵循传统意义上"暴力革命"的方式，而是呈现为"造反的眩晕"[②] 和幻觉，这是技术时代信息大爆炸在意义零度表象空间中的彻底的死亡冲动，是社会关系在形而上学意义上的自为式镜像转换效应。

审美的形式幻觉与超越性

在上一章节，我们就鲍德里亚"内爆"理论中资本的拟真超越形态进行了阐述，如果说，在 20 世纪 70 年代后期，鲍德里亚提出的"内爆"理论是他在拟真语境中，对于后工业时代资本统治策略的超越

---

① [法] 让·鲍德里亚，《象征交换与死亡》，车槿山译，南京：译林出版社 2006 年版，第 1 页。

② [法] 让·鲍德里亚，《象征交换与死亡》，车槿山译，南京：译林出版社 2006 年版，第 1 页。

性建构，到了 2005 年，他在《艺术的共谋》一书中关于艺术审美的形式幻觉的论述，则更加倾向于直接回归象征交换本身的逻辑样态。

在《艺术的共谋》一书中，鲍德里亚提出，艺术审美的形式逻辑表征着一种激进的幻觉，这是从形而上学角度建立起来的理论镜像与超越路径。与之相对立，鲍德里亚展现了现代艺术的拟真场景，他从主体性空缺的角度论述了拟真审美在形式与观念之间的伪象征形态，在此基础之上提出，由现代艺术表征的审美图景依然是需要被超越的形式乌托邦。

（一）艺术象征的激进幻觉

在鲍德里亚的论述中，艺术的审美形态中包含着象征的本真规定性。他最早在《象征交换与死亡》中提到了以诗歌形式为代表的易位书写形式，其后，在《艺术的共谋》中，他重点阐述了艺术审美过程中的抽象属性，即先于人类现代文明中显性文化的某种幻觉式场景。这是超越传统美学价值的对于幻象的欲望，是属于象征范畴的激进幻觉。

鲍德里亚重申了伪象征批判的抽象的逻辑形态，他认为，要超越现代性关于"解放"的审美价值设定，艺术需要进入形式"亲近"的过程，即在不自由的图形之间建立起某种不确定性的联系，从而使形式之间可以相互关联，并以此来印证自身。他提到了绘画创作中的"错觉的意义"① 和"错觉的生活"② 两种不同的逻辑形态，其中，"错觉的意义"代表着象征性中纯粹的形式幻觉的原则，即通过形式之间的相互过渡作用，形成礼仪诱惑的形式；"错觉的生活"代表着主体价值认知立场，是通过美与丑的反思性分界预设实现的、对于"真实"

---

① ［法］让·鲍德里亚：《艺术的共谋》，张新木、杨全强、戴阿宝译，南京：南京大学出版社 2015 年版，第 49 页。
② ［法］让·鲍德里亚：《艺术的共谋》，张新木、杨全强、戴阿宝译，南京：南京大学出版社 2015 年版，第 49 页。

世界的再现式表达。

鲍德里亚提出，在艺术形式的"错觉的意义"中，包含着类似于错视画的仪式传统，这是更加接近于审美诱惑力呈现的关系形态，代表着象征属性在现实维度的一般功能，是关于"这一世界的、这一世界的歌剧舞台的、这一世界的象征操作的肯定的幻觉"[①]。在这里，鲍德里亚特别指出，艺术创作过程中的象征幻觉类似于尼采提到的，"表相的致命幻觉的肯定性幻觉——作为一种原始场景的幻觉，一种很久以前并且远比审美场景更为基本的幻觉"[②]。其中，客体场景被分离了，任何对于阅读、阐释或是解码的关注，任何对于意义或虚假的批判暴力都被消解了，艺术回归游戏的形态，回归幻觉的象征效应。

他在文中提到，从主体性的角度来说，在艺术创作的象征形态中，本真情境之下，创作与审美的过程可以带来直接的愉悦感，就好像是"对于世界的一个断片的一瞥"[③]，可以让主体从对于自身或外在审美的价值背景中走出来，因而，这是在审美的价值体系之外，主/客二元对立分界消解的过程。由此，鲍德里亚提出，艺术表现的象征语言仅仅是形式自身的在场方式，其中并不包含审美的价值体现或是真理的映射。他在这里阐述的是艺术象征的瞬时呈现，在逻辑形态上表现为由"匮乏"引申出来的一种精神策略，以无物或虚无形态建构起来的主体性缺席以象征暴力的方式让抽象之"物"显现，在存在论和本体论的层面，则意味着对于更为激进、更为原始的象征关系的回归。

鲍德里亚指出，艺术的象征幻觉表达了在形式与观念之间理想化的组合，类似于诗歌中的易位书写象征表达：通过词语之间的相互参

---

① [法]让·鲍德里亚：《艺术的共谋》，张新木、杨全强、戴阿宝译，南京：南京大学出版社 2015 年版，第49 页。
② [法]让·鲍德里亚：《艺术的共谋》，张新木、杨全强、戴阿宝译，南京：南京大学出版社 2015 年版，第49—50 页。
③ [法]让·鲍德里亚：《艺术的共谋》，张新木、杨全强、戴阿宝译，南京：南京大学出版社 2015 年版，第91 页。

照，在捕捉住存在的断片式场景时，服从于一种实践性的指令。在这里，鲍德里亚关于艺术象征性的论述同样可以溯源自巴塔耶对于艺术和诗歌的看法：巴塔耶认为，艺术产品大都遵循并体现着花费的非生产性原则，其中，诗歌是代表着象征性花费的典型形式，诗歌在形式上的长短不一意味着一种"丧失"，而正是通过这样的"丧失"，诗歌才得以创造出自身的象征魅力。鲍德里亚延续了巴塔耶对象征形态的经济学表述方式，他指出，艺术创造中"错觉的意义"是纯粹的形式化呈现，而形式与形式之间，只能是游戏式的参照的关系。"只有形式可以对抗价值的交换"①，形式仅仅代表着一种强度，或者说，是断片式的存在样态，其中，每个断片都将耗尽自身的能量，从而不会有剩余物留下来。

（二）现代主义艺术的拟真形态

现代主义始于 20 世纪之交，兴起于艺术界一场轰轰烈烈的运动，这场运动影响深远，一直波及人类社会的方方面面，第一次世界大战（1914—1918）之后，战争带来的思考在艺术界引发了一系列的尝试，诸如立体主义、未来主义、漩涡主义、超现实主义和原始主义等新的艺术形式破土而出，共同构成了现代主义的审美图景。在鲍德里亚的批判语境中，现代主义艺术代表着全新的话语方式，反映了大工业时代人类社会中占据主导地位的社会关系的转变。

在上一章节中，我们论述了艺术形式审美过程中象征性的"错觉的意义"，同时提到与形式象征审美相对立的"错觉的生活"。在《艺术的共谋》一书中，鲍德里亚指出，"错觉的生活"在以绘画为代表的现实审美行为中，被展现为培育过的"驯顺的拟像形式"②，其中包含着对于另一个"真实"世界的形式幻觉，在逻辑形态上遮蔽了主体性

---

① [法] 让·鲍德里亚：《艺术的共谋》，张新木、杨全强、戴阿宝译，南京：南京大学出版社 2015 年版，第92页。
② [法] 让·鲍德里亚：《艺术的共谋》，张新木、杨全强、戴阿宝译，南京：南京大学出版社 2015 年版，第50页。

的缺席,同时也表征着客体统治在抽象维度的伪象征呈现。

他在文中提出,现代艺术中的形式审美表征着去本质化的场景,其中,传统审美叙事框架中作为整体而存在的表达方式转向了一种绝对的、庸常的、终极的虚无主义。在这一过程中,审美的象征属性同样是被遮蔽了的,主体的艺术创作行为中不再包含直接的象征愉悦,而是被转化为审美的欲望,在逻辑上指向于对真理价值的绝对判断。

具体来说,鲍德里亚认为,现代艺术中的形式抽象是逻辑上的乏味重复,或者说,是在拟真场境中,由形式话语组合而成的"日常的淫荡"[①]。他认为,在现代艺术的形式抽象中,传统艺术场景中固定性的形式内涵表征关系被解构了,这一过程将会留下否定性的"痕迹",在逻辑形态上表现为形式的泛滥。"通过宣称一切都是灿烂的来抵达这种灿烂"[②],单纯的形式化建构生成空白的逻辑场境,由此消解了审美意义的生成,却转向另一个维度的零度超真实场景。由此,他将形式审美与拟真的危机策略联系起来,提出现代艺术的普遍抽象代表着均质化场景中持续添加的同一性,这是零度外表空间中关于"消失"的场景,在逻辑上呈现为空白镜像的效应。

在这里,现代艺术的形式拟真同样具备诱惑的"他者"效应。鲍德里亚在《媒介的狂欢》(*The Ecstasy of Communication*)一书中阐述了现代主义零度空间中艺术的施魅方式,文中重点提到在一次现实主义展览会上的一个特别展示。这一展示的作品对象是占据了中心位置的、绝对写实的、赤裸的雕塑。鲍德里亚认为,作品本身呈现了一个无意义的、除了存在什么也不说的、形式化的身体,从观众的角度来看则产生了一种瞬时迷醉的诱惑效果。他在文中同时提到,人们在

---

① [法] 让·鲍德里亚:《艺术的共谋》,张新木、杨全强、戴阿宝译,南京:南京大学出版社2015年版,第33页。
② [法] 让·鲍德里亚:《艺术的共谋》,张新木、杨全强、戴阿宝译,南京:南京大学出版社2015年版,第65页。

观看展览时的反应是饶有兴趣的，他们是被诱惑了：观察者想要了解雕塑在表达什么样的意义，并试图揭露外表无意义背后的"真实"。对于鲍德里亚而言，这是一个看似被蒙骗的过程，因为展示本身没有表达具体的内涵，人们才更加想要鉴别在形式中萦绕着的、能够制造幻觉的某种"超相似性（hyper-resemblance）"，与此同时，观察者则从被诱惑之后的揣测中获取了快感。由此，我们可以认为，在鲍德里亚的诱惑语境中，现代艺术的抽象形态依然代表着外表场景中外表拟真的施魅方式，这也是象征暴力在审美语境中的客体逻辑呈现。

在艺术审美的拟真策略基础之上，鲍德里亚从更加宽泛的理论维度出发，借助后工业形态中的技术化场景，为现代艺术的形式抽象定义了严格的美学视觉模式，他称之为艺术的"形式拜物教"，代表着形式审美在技术统治形态中的客体意识形态。在《艺术的共谋》中，鲍德里亚提到，技术是在后工业拟真社会中唯一的现实力量，由现代技术建构出来的超级现实，为审美幻觉提供了一种具象化的补偿，其中，游戏式的反讽成为普遍的精神形式。

具体来说，鲍德里亚认为，在艺术审美的超级现实场景中，由于信息处理、视频影像和网络媒体等技术方式的普及，图像的形式被彻底分子化，从而生成"艺术的副产品"①：形式在场的即时性和微差异性。在这里，技术导向的形式审美过程是实时的，是即刻间完成的行为效应，其中任何概念化的界定都是对于图像形式现成品的不可重复式记忆，因而，在逻辑上必须呈现为形式的微差异性。

在艺术的审美拟真场景中，零度外表空间中的微差异性以形式化的剩余物为主题，由此，艺术行为可以被转换为拟真的再生产形态：

---

① [法] 让·鲍德里亚：《艺术的共谋》，张新木、杨全强、戴阿宝译，南京：南京大学出版社 2015 年版，第 102 页。

在自我指涉的过程中,通过形式的累加构成"一种幻想的赘生物"①。他同时强调,剩余物累积的过程是在后工业社会的大众化场景中实现的,现代艺术的形式审美在同一性前提下完成自我确认的仪式,并在现实流通中强化空白镜像的游戏规则,这一过程依靠的是公众的"利用"和"维持",这也就是鲍德里亚称为的"艺术的共谋"。

(三)形式乌托邦的超越路径

鲍德里亚在《艺术的共谋》中认为,现代艺术正在经历拟真化的过程,从象征批判的角度来说,我们应该用形式的抽象化来反对形式审美中的伪象征场景。他提出,在拟真的零度表象空间中,现代艺术的抽象形式构成了审美意义上的形式乌托邦,其中包含着象征超越的维度,即通过对美学的极致化建构来摆脱拟真剩余物的无限积累。这里包含着两条逻辑线索:一方面,鲍德里亚通过当代艺术抽象的全透明形式,阐述了资本主义后工业社会中的超真实场景与剩余物积累过程;同时,他借助形式自身的激进式幻觉,提出了超越审美拟真的可能方式。他认为,我们必须反对社会形态的重新美学化,只有彻底颠覆审美表达中的批判目的性,我们才可以跳出拟真的外表超真实场景和意识形态结构,回归象征本真的"绝对坦率"。

现代艺术拟真在逻辑维度上可以被表述为形式抽象与包括语言在内的其他要素之间进行的一种隐喻游戏,而我们无法在游戏的同一话语场域,借助于主体间的争论来到达可能的"真实"方式。鲍德里亚在《艺术的共谋》中特别指出,拟真图像关系的运作方式是诱惑式的,在某种程度上类似于物质与反物质之间的相互作用,其中,任何冲突与对立将会在形式拟真中被策略性地抵消掉。这同样也是鲍德里亚就现代艺术中普遍的、参照式的审美形态作出的批判和回应,体现着拟

---

① [法]让·鲍德里亚:《艺术的共谋》,张新木、杨全强、戴阿宝译,南京:南京大学出版社 2015 年版,第105 页。

真话语在现代性场景中隐性的客体统治方式。

在鲍德里亚看来，形式的乌托邦需要通过建构不同类型的幻象来创造一种虚空，从而实现外表形态中的意义全透明化场景。在这里，幻象的虚空被赋予了一般式的庸常化特性：一个正在发生的观念。通过对于艺术要素的价值解构，全透明形式中的要素在理性框架之外发生着转换，要素之间无法建立起关于可能性或因果联系的关系形态，现实的社会运作依托的是纯粹形式的无意义或"魔法般的美化方式"①。

从这一意义上来说，形式幻象意味着革命性的微观事件，具体到拟真的虚拟场景中，则呈现为现代性终结之后的艺术抽象。在这里，通过图像等形式呈现出来的独特性并不会进入大写的历史，恰恰相反，"一切可能性都已经耗尽或者正在耗尽，在这种虚拟现实的范围内，一切正在终结"②。在以艺术抽象为代表的形式拟真场境中，无意义零度表象空间中剩余物的积累，将逐渐趋向于象征暴力转换，在这一分界点上，审美的乌托邦将处于"吞并目前的所有可能性的过程中"③，以此为前提，进而实现可能性意义上的超越式路径。

形而上学意义上的革命是可能的吗？

从《物体系》到后来的知识恐怖主义者，鲍德里亚的理论建构始终是反思与解构式的，无论是早期的符号文化学批判，还是中期对索绪尔符号体系的延续与超越，或是后期的拟像-拟真话语体系，甚至是晚期的碎片式批判言说，他一直在有意识地展现着思想的激进批判方式。

---

① [法] 让·鲍德里亚：《艺术的共谋》，张新木、杨全强、戴阿宝译，南京：南京大学出版社2015年版，第107页。
② [法] 让·鲍德里亚：《艺术的共谋》，张新木、杨全强、戴阿宝译，南京：南京大学出版社2015年版，第109—110页。
③ [法] 让·鲍德里亚：《艺术的共谋》，张新木、杨全强、戴阿宝译，南京：南京大学出版社2015年版，第110页。

在鲍德里亚的理论发展轨迹中，对于现代资本主义的批判表现为越来越鲜明的自主式逻辑构境。从早期对于社会活动的物性批判，到对符号消费意识形态及差异性符号价值体系的反思，鲍德里亚的自主式理论构境一步步地完善起来。随着符号价值批判理论的成熟，他最终以异质于后现代主流思潮的方式，在形而上学的理论语境中，实现了对以价值理性为核心的现代性话语体系的整体颠覆。

在《波德里亚：一个批判性读本》中，凯尔纳对此有过一段论述："波德里亚在他学术发展轨迹的这个点上（就是 20 世纪 70 年代末 80 年代初）认为，大众拒绝意义、拒绝参与是一种抑制的形式。在怀旧主义和虚无主义之间徘徊，波德里亚马上消除了现代观点（即主体、意义、真理、现实、社会以及社会主义等）并认可了一种象征交换的模式，这种模式代表着一种回归前现代文化形式的怀旧愿望。然而，到 20 世纪 80 年代初，他放弃了这种对于纯粹革命选择的无望探索。从此，他提出了关于当今时代的更为新颖的观点，在描绘思想行为的可选模式与抛弃对政治和社会变化的探索之间徘徊。"① 从这一意义上来说，我们是否可以认为，在 20 世纪 80 年代之后，鲍德里亚已经不再认同象征交换的本真形态？这是一个较为模糊的判断，对于鲍德里亚而言，在他晚期的文本中，的确几乎已经不再提到对于象征形态的本真式回归，然而，他对于碎片化时代资本主义后工业形态的批判立场是始终如一的，甚至，他会采取一种更为激进、更为抽象化的形式。在此过程中，否定性张力得以建构的逻辑立足点依然是象征的逻辑场境，从这一意义上来说，鲍德里亚并没有离开在他批判理论形态中一直在场的本体式"回归"路径，而他对于资本主义社会伪象征统治的激进批判态度也是一以贯之的。

---

① ［美］道格拉斯·凯尔纳（编）：《波德里亚：一个批判性读本》，陈维振、陈明达、王峰译，南京：江苏人民出版社 2008 年版，第14 页。

与此同时，和所有的解构主义者一样，他在逻辑表述的过程中遭遇到关于自身理论合法性的矛盾处境。从象征交换的本真形态出发，鲍德里亚在理论场境中建构起来的象征暴力，包含着游戏挑战的致命策略，其中主体性和本质性的维度则被消解了。由此，他无可避免地走向虚无主义的超越路径，这是象征逻辑在形而上学维度上必然的发展方向，也是鲍德里亚拟真批判最终的落脚点。

在前面的章节中，我们阐述了拟真象征暴力中客体统治的全然性策略，这种策略是以象征价值的预设场景为前提的，其中，主/客体对立形态的消解一方面否定了以主体性反思为前提的价值意义体系，同时也对主体认知与言说的合法性提出了质疑。鲍德里亚认为，在象征的礼仪式游戏关系中没有关于"真理"的具象化界定，同样也不存在来自主体认知的显现或"幻想"。

围绕象征批判中的主体认知问题，鲍德里亚在《冷记忆 Ⅲ》中提到了象征语境中的阅读行为，他认为，阅读行为对于读者的影响同样是全透明式的，在阅读过程中，书籍的影响呈现为"虚空的力量"①。在这里，象征形态是在普遍负熵的理论场景中实现的形而上学式回归，与之相对立，概念话语的言说方式作为信息熵增加和积累的过程，在理性层面上的批判方式本身构成了一个悖论：在概念的想象力中实现的只是虚假式的冷漠。鲍德里亚认为，要摆脱这一悖论，就需要跳出理性的话语方式，将语言从语言自身形态中解救出来。

《冷记忆Ⅱ》中，鲍德里亚同样就主体性的象征形态列举了一个类比式的描述：主体在象征精神中的关系，应该像在矿山的自然形态中那样，以石笋和钟乳石般的诗意词语，来表示"两个希望相遇却永远

---

① [法] 让·鲍德里亚，《断片集（冷记忆 Ⅲ）》，张新木、陈雯乐、李露露译，南京：南京大学出版社 2009 年版，第163 页。

不能相遇的事物"①。在这一过程中，大自然的地质景观可以被抽象化为不同方向运动着的要素，"它们通过意识形态那漫长的钙化凝固——潜意识的滴落——将我们的大脑构筑成一个建筑迷宫"②。在这里，对于象征形态中的主体而言，象征诗意表述的逻辑形态将超越关系的有序化，在这一逻辑形态中，主体认知对于"真理"或知识的建构是成立的，因为任何含有他者因素的秩序建构都将成为一种新的自我奴役。

从主体认知表达的象征形态出发，鲍德里亚进一步认为，与口头言说中象征性的秩序表达不同，写作意味着意义分裂的场所，或者说，是纯粹知识表达中对于固定意义价值的追求。他指出，尽管书写行为本身涵盖着象征形态的自为统一，在人类文明的历史进程中，大部分的知识记录却遮蔽了这一本真规定性。他认为，我们公认的经典书写方式是拟仿性的，是将已经发生的事件"关闭在一页纸上"③，并随着书稿的完成而重新建构出发生过的事件。这是理性范畴中对概念意义"他者"进行再加工的过程，也是权力话语中"完美的罪行"，其中，任何原创性思想构境的出场总会伴随着对"旧的"思想体系的否定。从这一意义上来说，鲍德里亚指出，我们想要实现对于书写理性的超越，只能依靠来自理论虚构原动力的抽象"散落"过程。

鲍德里亚强调，在写作或言说过程中，原始的象征关系与思维的延展是共在的。"真实是由一些不可见的细节，听不到的频率，阈下知觉的程序，肉眼看不见的事物构成的。这个真实是协调的，因为它的目的地就是思想的目的地。它也是和谐的，因为在它缄默的抽象中，

---

① [法] 让·鲍德里亚，《冷记忆 Ⅱ》，张新木、王晶译，南京：南京大学出版社，2009 年第 1 版，第31 页。
② [法] 让·鲍德里亚，《冷记忆 Ⅱ》，张新木、王晶译，南京：南京大学出版社，2009 年第 1 版，第31 页。
③ [法] 让·鲍德里亚，《断片集（冷记忆 Ⅲ）》，张新木、陈雯乐、李露露译，南京：南京大学出版社 2009 年版，第164 页。

预先注定会期待思想那更加细腻的干预"①。这是一段充满描述性的文字，是鲍德里亚从主体的角度，对于象征场景中不可以被言说的属性的感性勾勒，此处，从主体角度出发，关于写作的反本质化规定在他个人的写作实践中同样得到了体现。

在 20 世纪 70 年代之后，鲍德里亚的批判场境越来越呈现出碎片化趋向，而与此同时，他也意识到在自己概念语言、价值界定和意义运作的解构过程中遇到的合法性危机和逻辑尴尬。如何在激进批判的理论立场中确定言说本身的话语权威，成为他在批判表达中不得不面对的问题，这一矛盾在他的晚期文本中显现得尤为突出。对此，鲍德里亚在《冷记忆Ⅱ》中，阐述了自己正在面临的逻辑困境："我很长时间内责备自己缺乏影响力，缺乏令人着魔的能力，这是一种虚假的冷漠带来的后果或效应。在命运缺失的情况下，你就只能去嘲笑那些事物——可怜的补偿。自责不断增长直至屈辱的地步，我不得不承认，概念的想象力已经到达无能的最低点，到达遗传性不育症的状况。命运的报复（啊，战略！）"②。

作为一位公共知识分子，鲍德里亚始终认为理智的探究应该是严肃的，并且应该直面社会生活中的"风险"事物和敏感话题。如同凯尔纳在《波德里亚：批判性读本》中指出的，"波德里亚有歧义的著述中似乎最重要的是这样的事实，即使当他不由自主地断言'所有意义的消失'的时候，这些著述仍继续断言着寻求意义所具有的'至关重要的''实际的'和'迷人'的实质"③。然而，与此同时，对于语言象征形态的回归呼吁，以及在此基础之上提出的关于传统理论言说方式

① [法] 让·鲍德里亚，《冷记忆 Ⅱ》，张新木、王晶译，南京：南京大学出版社，2009 年第 1 版，第90 页。

② [法] 让·鲍德里亚，《冷记忆 Ⅱ》，张新木、王晶译，南京：南京大学出版社，2009 年第 1 版，第10—11 页。

③ [美] 道格拉斯·凯尔纳：《波德里亚：一个批判性读本》，陈维振、陈明达、王峰等译，南京：江苏人民出版社 2008 年版，第325 页。

的否定，使得鲍德里亚在面对自己的文本表述时一直有所质疑。他将矛盾的解决方式诉诸理论的挑战形式，在与麦克·甘恩（Mike Gane）的访谈中，鲍德里亚明确表示，就个人的理论倾向而言，自己对于理性和激进性的否定很大程度上是因为由差异性（区别对待）带来的风险和挑战空间，"我自己需要一种挑战，这其中必须包含着一些风险。如果这种风险消除了，我就会停止写作。我没有发疯。但是在某个特定的时刻，你要让事物得以存在，不是在物质意义上去产生它们，而要通过蔑视它们，通过对抗它们。而正是在这个时刻，它才是有魅力的。"[1] 由此，我们也可以认为，鲍德里亚为自己的理论言说赋予了诱惑意义上的"他者"转换的可能，这同时也为他晚期理论建构中的激进式构境提供了逻辑原动力：在一切关于价值和意义的理论在场方式都被解构之后，批判空间中唯一能做的就是以差异性的反应来动摇现有的世界。由此，在鲍德里亚看来，知识分子或者思想家们的任务并不在于"擅自得出积极的解决方法"[2]，而是在于保持抽象意义上的激进批判的可能性。

四、西方左派激进批判语境中的鲍德里亚

作为激进批判者的鲍德里亚

凯尔纳在《波德里亚·追思与展望》一书中提到，在 20 世纪末和 21 世纪初，鲍德里亚的拟真思想具有全球范围内的巨大影响力，"他成

---

[1] Mike Gane, *Baudrillard Live*：*Selected Interviews*, London and New York：Routledge, 1993, p. 44.
[2] [美]道格拉斯·凯尔纳：《波德里亚：一个批判性读本》，陈维振、陈明达、王峰等译，南京：江苏人民出版社 2008 年版，第325 页。

为一个'全球普及'的样板，一位思想家，拥有遍布全球的追随者和读者"①。作为结构主义之后，当代西方思想界最有代表性的激进理论家之一，鲍德里亚的理论具有鲜明的独创性，同时也颇具争议，我们很难在传统社会学和社会理论的话语场景中，对鲍德里亚理论的总体特征和思想形态作出清晰的界定。

鲍德里亚一生中出版了超过50部著作，他的理论跨越了社会学、哲学、文化学、传媒学和美学等不同的学科边界，而他进行话语阐述的问题场域，则涵盖了几乎所有当代社会中最重大的文化和社会现象。尽管他个人在大部分的访谈中都明确表示，自己并不属于批判哲学或是左派社会学的理论阵营，学界依然普遍认同，他对于现代性和古典理论传统的否定性态度代表着西方批判话语中最为激进的理论形式。从70年代中期一直到80年代间，鲍德里亚诸多文本中展示的拟真场景，为我们反思现代性提供了一种新的理论范式，从这一意义上来说，我们应该关注的是他对于现代性传统的挑战和质疑的立场。

早期鲍德里亚的功能物批判和他对消费社会的阐释，在话语场境和表述形式等方面均受到西方马克思主义批判理论的影响。在20世纪60年代末到70年代初，鲍德里亚对马克思主义的批判立场是持有肯定态度的。在1968年的"五月风暴"中，鲍德里亚参与了一系列重要事件，作为左派批判主义阵营中的一分子，他在政治立场上受到以列斐伏尔为代表的法兰克福学派批判理论的影响，尽管他对法国共产党和阿尔都塞的科学主义理论路径抱着反对的态度，在这一时期，鲍德里亚依然认可革命左派与马克思主义之间的联系。

我们在前面的章节中已经提到，鲍德里亚在《物体系》一书中围

---

① [美]瑞安·毕晓普、[美]道格拉斯·凯尔纳等：《波德里亚：追思与展望》，戴阿宝译，郑州：河南大学出版社2008年版，第35页。

绕物的功能性形态,对资本主义社会中的客体化结构环境展开批判,这一过程体现了他在文化符号学框架中对于列斐伏尔日常生活批判理论的延续。在《消费社会》一书中,鲍德里亚开始转向对消费社会中个体交往形式和社会文化休闲等问题的社会学分析,此时,他进行理论建构的逻辑形态更加偏向于符号学的阐释路径,而他对于消费社会中交往形态的情景式解读则受到德波景观社会理论的影响。在《符号政治经济学批判》中,他将符号学的话语方式扩展到社会价值的结构性维度中,借助符号差异性的关系体系展现了后工业社会由符号价值主导的声望、地位构成的等级制度。

就鲍德里亚的上述文本与马克思理论的关系来说,我认同凯尔纳在《波德里亚:追思与展望》中提出的观点。他指出,鲍德里亚前期的三部著作"可以在新马克思主义批判资本主义社会的框架内来阅读"①:我们可以将鲍德里亚的消费社会理论解读为是对马克思生产理论的补充性分析,鲍德里亚在符号价值批判中对于文化与符号之间关系的解读,可以理解为政治经济学批判理论在文化符号学维度上的重构。当然,凯尔纳是从社会关系建构的角度来说的。我们如果从理论批判的角度,可以看出,鲍德里亚在消费符号的文化社会学框架中建构起来的否定性维度,与西方马克思主义批判理论中的异化逻辑是一致的,他在后工业社会的消费场景中呈现出来的,依然是符号价值在文化社会学范围内的客体统治形态。

在此基础之上,我需要特别指出,尽管鲍德里亚在批判理论的逻辑形态上延续了西方马克思主义的异化式批判路径,但他在对于异化关系中批判张力的现实维度的展开却并不是在人本主义的话语范畴中实现的。首先,从文本创作的理论背景来看,《物体系》一书出版于

---

① [美]瑞安·毕晓普、[美]道格拉斯·凯尔纳等:《波德里亚:追思与展望》,戴阿宝译,郑州:河南大学出版社 2008 年版,第8页。

1968 年，在欧洲左派思想史上，这是一段具有转折性意义的特殊时期。此时，西方马克思主义正在经历话语模式的转型，就鲍德里亚本人而言，对他早期哲学社会学批判产生直接影响的三位思想导师列斐伏尔、巴特和德波此时都已不再关注人本主义批判传统中的主体性维度，特别是列斐伏尔，他在 1967 年的《现代世界中日常生活》一书中，开始转向对马克思主义生产理论的超越性建构，以此来重新阐释后工业场景中的资本主义日常生活批判。

毫无疑问，在 20 世纪 60 年代中后期，批判理论内部出现的超越马克思主义的理论浪潮，在鲍德里亚同时期的文本中得到了体现。我们在前面的章节中提到，自《物体系》时期起，鲍德里亚进行功能物批判的逻辑基点，就已经确立为由象征形态表现出来的、在莫斯人类学框架中的草根浪漫主义原始交换关系。也就是说，鲍德里亚的理论线索从一开始就偏离了西方马克思主义语境中人本主义的批判传统。在随后的《消费社会》一书中，鲍德里亚将巴特的符号学理论扩展到后工业时代的消费场景之中，并在《符号政治经济学批判》中展现了一个由符号价值统治的"广告、时尚和消费的新世界"①，由此进一步明确了在符号价值主导的差异性关系与象征交换本真规定之间的批判张力，同时强调了由符号价值批判取代劳动价值批判的新的思想场景。从这一意义上来说，早期的鲍德里亚并不是一个严格意义上的西方马克思主义者，他对于法兰克福学派强调的主体性维度并不关注，而是更多地倾向于后马克思主义的资本主义批判维度。不过，他对于资本主义符号消费场景的超越性建构是反方向的，其中的价值本真核心是莫斯-巴塔耶人类学范畴中的草根浪漫主义返乡情结。

进入 1970 年代中期，鲍德里亚将理论批判的重心集中于社会历史

---

① [美] 道格拉斯·凯尔纳：《波德里亚：一个批判性读本》，陈维振、陈明达、王峰等译，南京：江苏人民出版社 2008 年版，第 7 页。

总体性中的劳动生产理论，他在《生产之镜》一书中彻底站到了马克思主义的对立面，同时，开始渐渐淡化理论批判中的异化论色彩。鲍德里亚从双重拜物教批判的角度阐明了自己的批判立场，此时，他没有从异化论的逻辑出发，而是依托于社会历史维度，提出马克思主义的劳动生产理论仅仅适合于解释古典时期的资本主义社会形态。他认为，在人类社会发展的前现代阶段，社会关系是围绕着宗教、神话等原始组织形态建构起来的，而在后工业时代，消费的符号价值统治则占据着主导地位。由此，鲍德里亚指出，马克思的历史唯物主义理论没有提供能够应对后工业消费形态的激进话语，同时也没有提出超越当前资本主义统治的有效路径。他进一步认为，马克思主义已经成为资产阶级现实统治的一面镜子，以生产为核心的批判话语在本质上是对于现有社会结构的自然化与合法化遮蔽。

我们在前面的章节中已经提到，鲍德里亚在《生产之镜》一书中呈现了后马克思主义的理论特质，而鲍德里亚对于自己与后马克思主义在某种程度上的契合是认可的，他在一次访谈中表示："马克思主义已经是过去式了，我们正处于某种类似后马克思主义的形态。所以，很难说我是否是一个马克思主义者。但是，马克思的理论的确对我产生了影响……事实上，最初我是倾向于马克思主义的，但是随即就产生了质疑，接下来，我开始站到马克思主义的对立面，并渐行渐远。"[1]

在这里，我们涉及鲍德里亚思想与后马克思主义思潮之间的关系，在这一问题上，首先需要说明的是，就后马克思主义概念本身而言，目前学界并没有形成一个被统一接受的清晰界定，大家基本认可，后马克思主义并非是在指称一个学派，而是在描述一种思想趋向。我赞同周凡在《后马克思主义导论》中对后马克思主义思潮作出的说明，

---

[1] Paul Hegarty, *Jane Baudrillard：Live Theory*, London and New York：Continuum, 2004, p. 20.

他认为后马克思主义是西方思想界的一种激进理论，在理论立场上"代表着左派在新的历史条件下的一种思想转型和战略调整"①。

我们可以确定，在后马克思主义中呈现的转型方式直接受到同时期社会历史发展形态的影响。从二战之后到1970年代，西方资本主义社会面临着一系列结构性的变化，一方面以信息控制论、知识经济和全球化浪潮为主导的后工业场景带来了社会分工的进一步精细化，信息化时代知识转化为财富的过程大大缩短了；另一方面弹性工作方式和社会服务渠道的多样化在带来更多的工作机遇的同时，增强了社会阶层之间的流动性，从而加剧了社会关系层面的不稳定性和身份变动的不确定性。在由大众传媒主导的西方民主政体中，个体的政治观念和社会意识形态呈现出碎片化的趋势，人们对于生态环境、女性权利、种族差异等多元化问题的关注，在客观上导致了对先验主体价值属性的质疑。从二战后至1970年代中期，为了应对西方社会在变革与发展过程中出现的新形势，资产阶级在经济上逐渐形成了更为成熟的自我调和机制，在政治上则通过新右派的"归化""人民民主"论泛化等政策建构起新的霸权策略。面对西方资本主义世界在经济、政治、文化、道德等各个方面经历的巨大变革，由曼德尔代表的西欧马克思主义者从经济学的角度推出了"晚期资本主义"的概念，经过法兰克福学派在主体性维度的抽象式发展，"晚期资本主义"逻辑由杰姆逊在20世纪80年代中期至90年代初发展为大众化、全球化和后工业化场景中兴起的、带有后现代色彩的资产阶级文化统治形态。

在晚期资本主义的社会背景之下，后马克思主义思潮作为社会反思的激进理论，"一方面对传统马克思主义提出一系列的质疑与批判，另一方面又继续推进全球解放的革命规划"②，由此在思想转型的战略

---

① 周凡：《后马克思主义导论》，北京：中央编译出版社2010年版，第1—2页。
② 周凡：《后马克思主义导论》，北京：中央编译出版社2010年版，第1页。

调整过程中建构起一系列反本质主义的逻辑。联系之前的分析,我们可以认为,鲍德里亚在《生产之镜》中对于劳动价值论和社会生产维度的消解,反映了后马克思主义理论立场中反本质论和反经济决定论的逻辑指向,也就是说,鲍德里亚从符号文化学的价值预设出发对劳动生产理论展开的全面颠覆,与后马克思主义的反本质论批判立场是一致的。

《生产之镜》中的非本质化立场在《象征交换与死亡》中得以进一步延伸,此时,鲍德里亚已经彻底跳出了社会生产语境中价值批判的话语模式,他对于价值意指关系的消解不仅仅是对社会历史维度中的劳动生产意义的否定,同时也代表着对以价值设定为前提的现代性话语体系的批判。结合本文在前面章节中的论述,我们可以认为,鲍德里亚对于拟真代码体系中的意义全透明表象场景的超真实建构,是在更为彻底也更为抽象的意义上对后马克思主义解构式话语形态的再现。

与此同时,值得关注的是,鲍德里亚在完成对价值意义的反本质主义批判之后,并没有延续《生产之镜》中的反经济论线索,他在文中对于劳动生产形态的否定是在现代性批判的整体框架中提出来的。也就是说,鲍德里亚在《象征交换与死亡》中提出对经济理性的批判,是为了引申出对现代性进行价值解构的否定性理论维度,而并不代表着拟真批判最终的象征暴力指向。由此,我认为,在《象征交换与死亡》中,鲍德里亚对于劳动生产价值体系的解构,是为了在理论层面重构一个超真实的零度外表空间。尽管此时他的论述已经完全跳出马克思主义政治经济学的话语场域,就逻辑建构的否定性维度而言,鲍德里亚在拟真批判中已经隐含了向经济分析回归的逻辑主线。

具体而言,在拟像-拟真的解读框架中,鲍德里亚首先延续了他在早期和中期文本中确立的象征交换的原始本真规定。他对于拟真社会中代码仿生数字化场景的阐释,反映的是后工业社会在超真实的外表零度空间中的伪象征关系形态,这是拟真批判的张力之一。随后,鲍德里亚在诱惑的形而上学框架中对拟真代码体系进行了再阐释，他营造了超真实的祛魅场景，在此基础上，提出了诱惑的空白镜像反转施魅机制，由此从理论抽象角度展现出超真实场景中的自为再生产策略。与此同时，鲍德里亚将拟真诱惑的再生产形态扩展到大众传媒的信息化场景之中，他论述了后工业时代资本主义社会由信息之"熵"的单向累积呈现出来的剩余物形态，以及随着信息与技术的不断膨胀，在大众传媒中由象征死亡形态呈现出来的"内爆"式超越过程。这是鲍德里亚在象征批判的逻辑线索之外，向我们展现的另一个资本主义批判维度，也是他在拟真语境中建构起来的、与象征批判的逻辑张力相平行且相互印证的抽象式超越路径。

依据上述分析，尽管在《象征交换与死亡》之后，鲍德里亚已经彻底与经典马克思主义分道扬镳，但他在理论批判的方法论建构中，却依然延续着政治经济学语境中资本再生产批判的基本逻辑架构，这也是由阿多诺和霍克海默在《启蒙辩证法》一书中呈现出来的、在抽象化逻辑场景中的经济解读视角。我们在前面的章节中已经论述过，鲍德里亚在拟真框架中最先批判的是由马克思劳动生产理论所代表的价值体系，从表面上来看，他建立在拟真代码体系中的超真实形态和诱惑的符号镜像反转机制是在哲学层面的抽象，而他由此建构起来的超真实零度外表空间，则包含着由剩余物的再生产过程表征出来的资本逻辑。由此，我认为，从拟真批判的角度来说，鲍德里亚建立在大众信息化场景中的超真实策略同样可以被转换为经济分析的话语形式：资本的拟真统治建立在零度外表空间的剩余物积累与再生产的基础之上，其中，由大众社会信息之"熵"的系统论形态所表征出来的，是均质化的、单向流通的、抽象的等价物形态。

在这里，我们可以引用杰姆逊（引文中译为"詹明信"）在一次访谈中提到的观点："在我眼里，有关后现代的理论最终是一种经济理论。也就是说，不管你从何处着手，如果你的步骤正确，你最终会谈及资本主义。因此，贯穿我著作的框架来自我们所处的时代本身。其马克思主义的成分来自这个历史阶段的根本的经济动态。"① 从这一意义上来说，鲍德里亚不是一个后现代主义者，但他身处现代性之后的晚期资本主义场景之中，作为当代西方左派激进主义批判思想的代表人物，他所提出的拟真批判理论在形式上消解了唯物辩证法的价值论前提，却又在逻辑建构的超越性维度，以抽象化的方式重新回到资本批判的经济理性框架之中。

拟真批判的虚无主义倾向

如何在当代思想界的主流话语体系中，对拟真理论及其所展现的资本主义批判逻辑进行定位，这是一件颇具争议的事情。在《象征交换与死亡》一书之后，鲍德里亚在理论形态上营造了以现代性批判为核心的激进主义理论场景，而他的写作方式也遵循着同样的解构式路径。在西方学界，关于鲍德里亚后期文本中的言说方式批评者众多，人们大多认为他的文本晦涩、非经验式、混乱、异想天开并且耸人听闻。的确，鲍德里亚的批判理论在 20 世纪 70 年代之后呈现出鲜明的与左派批判理论格格不入的特点，而他对于当代西方主流话语形态的恐怖主义式颠覆在某种程度上也带有哗众取宠的嫌疑。尽管如此，在鲍德里亚拟真批判的理论场景中，我们依然可以发现他对于资本主义统治的深刻洞察力，他对后工业社会中超真实形态的敏锐的解读使得我们始终无法忽略他在当代批判话语中的重要地位。

国内学界普遍认为，在鲍德里亚后期理论中包含着鲜明的虚无主义色彩，如同孔明安老师在《物·象征·仿真：鲍德里亚哲学思想研

① [美] 詹明信：《晚期资本主义的文化逻辑》，张旭东编，陈清侨等译，北京：生活·读书·新知三联书店 1997 年版，第18页。

究》一书中提到的，"鲍德里亚的思想中渗透着一种深深的技术悲观论的情结"[1]，通过将象征交换的本体形态与"诱惑""致命性"等抽象概念相结合，他从社会批判的理论立场出发，将资本主义社会的技术统治拟真化，并将这一抽象形态扩展到更为普遍的话语场域中。在这一问题上，鲍德里亚理论自拟真批判之后呈现出来的悲观的技术决定论与虚无主义在逻辑上是一致的，他认为，在后工业时代，人类社会处于技术幻觉中，人类社会终将进入游戏式关系场景，并终结所有关于历史意义的在场方式。由此，他将现代技术带来的消极形态发展到极端，将人类社会的现实发展阐述为价值全透明表象空间中的普遍客体性。从这一意义上说，鲍德里亚在后期批判理论中已经带有浓厚的虚无主义色彩，这是需要我们坚决地予以批判的。

就现代性批判的解构形态而言，我们可以将虚无主义的最初理论场景追溯到尼采对于现代性的反思。在尼采的理论场境中，虚无主义是批判的核心概念，尼采认为，虚无主义指向自古希腊以来人的生命本性最高价值的自行消亡过程，其中对于生命意志与欲望力量的谴责与否定，则将带来悲观主义的必然结果，由此，他呼吁超人的权力意志，希望以此来实现价值重估基础之上的新的创造维度。"这样一种悲观主义可能会通向那种狄奥尼索斯式的对世界的肯定形式，如其本身所是的那样：直到对其绝对轮回和永恒性的愿望：这或许就给出了一种关于哲学和感受性的全新理想。"[2] 在尼采的论述中，权力意志是对生命价值的重新回归与肯定，这是在现代性之外的全新的理想场景，其中，来自虚无主义的批判将通过权力意志的积极形态来最终实现对古希腊悲剧精神的回归。

---

[1] 参见孔明安：《物·象征·仿真：鲍德里亚哲学思想研究》，合肥：安徽人民出版社 2008 年版，第200页。

[2] [德] 弗里德里希·威廉·尼采：《权力意志》（上卷），孙周兴译，北京：商务印书馆 2007 年版，第520页。

　　我认为,鲍德里亚建立在象征交换本真基础之上的拟真批判,逻辑前提上同样受到虚无主义的影响。这里包含着两个维度:首先,尼采的虚无主义理论中呈现的价值生成维度,在鲍德里亚的拟真批判逻辑中是被消解的。鲍德里亚认为,在拟真的"价值的结构革命"中,虚无主义理论仍然代表着现代性意义上由权力意志来表达的生成性思想,是需要被超越的价值意识形态。

　　与此同时,在鲍德里亚的激进式话语场景中,虚无主义的在场方式是不自觉式的,体现为他在理论批判过程中所具有的方法论倾向,或者说,是对应于他超越了资本主义拟真统治的抽象化特征。在这一问题上,保罗·哈加提(Paul Hegarty)认为,"理论可以是虚无主义的,但是理论表述的目的性不会是虚无的:换句话说,在虚无主义者进行批判的过程中,他的揭发行为本身就包含着对于真实或是意义的确认。我们应该来谈论解构的形式,而不是仅仅关注于解构的过程。"①我们可以将上述观点扩展到对鲍德里亚的拟真理论的评述:在鲍德里亚的论述中,拟真时代人们生活在超真实的零度外表世界之中,由符号代码的类生物式二元转换所表征出来的现实场景在本质上只能是象征暴力的抽象式呈现,其中,任何关于"真实"的先验式设定和意义内涵都是需要被否定的。这一过程本身就体现了虚无主义对本质论的解构。

　　如果说,在鲍德里亚早期和中期关于消费社会符号差异性批判的话语场域中,他依然秉持着价值重构的理论目的预期,那么,从《象征交换与死亡》开始,鲍德里亚不仅对以社会生产为核心的现实社会关系予以了否定,同时将人类社会自现代性以来围绕"真实"展开的先验式返乡思维进一步抽象化。在展现拟真批判逻辑张力的过程中,

---

① Paul Hegarty, *Jane Baudrillard*: *Live Theory*, London and New York: Continuum, 2004, p. 7.

鲍德里亚将尼采虚无主义理论中对于生命本性最高价值的回归，转换成为以象征交换为本真设定的草根浪漫主义，他关于超真实场景中单向度吸收的、沉默化的大众场景的展示，则标识着后工业时代资本逻辑新的统治策略。

在鲍德里亚的后期理论文本中，他将现代文明发展带来的消极形态发展到极端，将人类社会在社会化大生产和信息化时代经历的社会关系转换过程阐述为价值全透明表象空间中"冷酷"的客体性。在现代性之后的超真实形态下，人类社会已经进入由代码类分子模式控制的游戏式客体场景，以诱惑和内爆方式呈现的关系转换过程，将在抽象层面上终结所有关于历史意义和价值目的论的革命可能性话语。

从这一意义上来说，鲍德里亚在价值批判和社会历史论的双重维度上都走向了虚无主义，除了在批判语境中对于象征交换的本真式逻辑指认，他几乎消解了所有确定性的意义维度。在 20 世纪 90 年代后期，随着《冷记忆》系列的推出，鲍德里亚理论话语中的批判维度越来越呈现出"恐怖主义"式的激进形态，彻底转向形而上学意义上的碎片化图景。在这一过程中，关于象征交换的本真性预设已经不再以显性的逻辑在场方式被表述出来，取而代之的，是在现实批判与理论虚无主义之间的抽象化困境，和在全然无序化场景中纯粹形式化的解构式言说。

由此，我认为，自《象征交换与死亡》之后，鲍德里亚已经不再是一个后马克思主义者。依据本文中的论述，从《物体系》到《生产之镜》，鲍德里亚阐述的话语场域依然围绕着马克思主义批判理论的社会生产范畴：他对于符号功能化场景的批判，对于消费社会中符号差异性统治的揭露，以及在符号价值批判基础之上对于传统劳动生产体系的批判，甚至是由此展开的对于后工业社会生产形态的整体性解构，都是在价值生产、流通与分配的现实关系场景中进行的。与之相对立，自《象征交换与死亡》一书起，鲍德里亚将理论批判的社会历史维度转向全新的拟像-拟真语境，他指出，以"价值的结构革命"为前提，在拟真的零度外表超真实空间中，唯一发挥作用的是代码的仿生镜像式自为再生产逻辑，其中任何关于生产、权力、道德甚至是性特征的现实性建构，都在资本主义后工业社会的拟真关系场景中被消解了。如同保罗·哈加提所评述的，"导致鲍德里亚站到后马克思主义对面的，是他对于批判理论的否定，他认为理论言说不应该包含对知识的追求、对问题的解决或是对真理的揭示，因为上述过程将指向意识形态或是其他的方式"①。现代性批判场景中关于真实或价值的解构意味着拟真形态中的虚无主义呈现，在这样的否定性关系场景中，鲍德里亚彻底跳出了后马克思主义的理论问题域，确立了更加彻底、更为抽象的象征批判路径。

---

① Paul Hegarty, *Jane Baudrillard*：*Live Theory*, London and New York：Continuum, 2004, p. 6.

结　语

在当代思想界的主流话语体系中对拟真批判进行定位是颇具争议的，鲍德里亚的后期理论围绕着价值否定、无意义、非主体性等解构式场景，而他的写作方式也遵循着同样的批判路径。鲍德里亚的理论构境在 20 世纪 70 年代之后呈现出鲜明的与主流话语表述方式相对立的文本色彩，学界对于他的言说方式批判者众多，大多认为他的文本晦涩、非经验式、混乱、异想天开并且耸人听闻，而他对于当代主流话语体系的恐怖主义式颠覆在某种程序上也带有哗众取宠式的嫌疑。

尽管如此，在鲍德里亚理论文本的激进式表述中洋溢出来的逻辑张力，和他对于资本主义后工业社会敏锐而深刻的解读，依然使我们无法忽略他在当代批判话语中的重要地位。鲍德里亚从来不是一个逍遥于现实社会之外的纯粹审美主义者，作为西方激进左派阵营中颇具个人色彩的理论家和知识界的公众人物，鲍德里亚始终都没有改变自己对于资本主义现实社会冷静的旁观角度和坚定的批判立场。

自《物体系》时期起，鲍德里亚的理论场域就是现实性的，他的批判出发点始终面向我们自身所在的"周围世界"。在鲍德里亚的论述语境中，"周围世界"的概念本身是抽象的，用于描述一个由社会主体创造出来的，与我们现实生活存在密切相关的事物的体系，区别于传统"真理"范畴中的主客二分形态，既是对于以概念的具象化外延为核心的价值定义的消解，同时，也不再表征主观精神范畴中作为目的形态可以被意指与再现的客观自然。

在马克思的理论体系中，社会主体所在的现实世界不是我们过去讲的独立于主体而存在的客观外部自然界，而是由社会劳作过程建构出来的历史性关系总和。鲍德里亚延续了马克思理论中反思当前社会关系形态的批判立场，他发现在20世纪中后叶的资本主义现实社会中，我们周边的社会生产已经被由符号形式结构话语决定的客体性系统所控制，而这一系统本身在象征的本体性语境中是需要被批判并予以超越的。具体到拟真批判的逻辑框架中，如同本篇论文中所重点阐述的，鲍德里亚在符号代码的形式维度中呈现了拟真的客体性统治，这是对于资本逻辑隐性在场方式的现实表征：即对于社会主体在后工业场景中遭遇的"周围世界"的符号技术构境，也是在拟真"完美"统治形态中以象征回归为出发点的资本主义批判路径。

由此，我们可以进一步认为，对资本主义现实统治的否定式立场，构成鲍德里亚在不同时期文本构境的理论动力，他在拟真场景中的话语转型则可以认为是从一个更加抽象的维度进行的、以价值解构为前提的更为激进的理论批判。在面对20世纪下半叶西方共产主义运动的蜕变与资本主义自我更新的超常复杂性形态时，鲍德里亚采取了冷静而独立的应对姿态，在理论的抽象范畴中保持着一种乐观的、合理的妥协。他在拉康"他者"语境中建构的反讽转喻式超越路径，一方面是对资本主义纯粹客体表象统治的象征性回应，另一方面也是他以否定性作为出发点的、随机应变式的个人批判精神的体现。在拟真之后的社会碎片化场景中，鲍德里亚依然认为现实形态的超越性是可能的，他在面对千禧年之后人类社会即将进入的全然性灰色地带时，从纯粹抽象的逻辑层面出发，对现实超越性进行了界定："我们依稀还有一丝可能性尚存，而且最后甚至还可能会有一个令人啼笑皆非的突然转变"①。这是他作为一名激进主义批判者的理论姿态，也是他在自身理论场域中进行的再一次话语游戏。

同样，我们也需要明确，尽管鲍德里亚是一个坚定的资本主义批判者，他并不是一个严肃的唯物论立场上的理论建构者。如果说，从《物体系》时期起，在功能物操持体系与莫斯-巴塔耶式草根浪漫主义之间建立起来的逻辑张力，从一开始就不是在马克思主义的历史唯物论中进行的，那么，在经历了符号政治经济学阶段的双重拜物教批判和对劳动生产理论的彻底否定之后，鲍德里亚在拟真语境中建构起来的带有自身独创性话语风格的理论场景，则不仅仅背离了社会生产的经济维度，甚至也跳出了人类社会文明发展的全部价值理性意义维度，对于价值关系本身的解构不仅仅是理论上的"知识恐怖主义"，同时也代表了对资本主义现实批判的虚无主义理论立场。

就理论建构的方法论来说，尽管鲍德里亚始终将拟真批判的逻辑出发点放置于西方社会所处的资本主义后工业场景之中，他对于拟真社会的阐述却没有反映出超真实策略背后的物质生产过程，以及信息化时代大众传媒影响下的经济、政治和文化综合形态。一旦立足于现代资本主义社会中物质生产与流通的社会历史维度，我们可以发现，无论是消费场景还是超真实策略，现代性维度中的日常生活形态"其实只是顺应于资本主义生产过程的变化而产生的一种社会现象"②，是资本主义社会生产与再生产逻辑在网络信息化、大众传媒、跨文化主义、消费社会、女权运动等等表象场景中深层次的"殖民性"与权力话语。我们在这一过程中需要采取的批判立场，并不在于由否定性言

---

① [英] 克里斯托夫·霍洛克斯：《鲍德里亚与千禧年》，王文华译，北京：北京大学出版社2005年版，底页。

② 唐正东：《社会发展的正义维度：基于马克思主义立场的思考——从鲍德里亚的理论缺陷谈起》，载《河北学刊》2007年第1期。

说所导致的无意义的剩余物积累，我们应该看到，通过理论抽象化形态呈现出来的解构式理论路径，忽视了人类社会中物质生产的现实与历史维度的重要性。

我们可以认为，鲍德里亚后期激进式批判理论是一种"知识恐怖主义"，"这种'知识恐怖主义'，既以向死而生姿态激发着人们从文化根源上对资本主义现代性进行釜底抽薪式批判，又以犬儒主义姿态回避了资本主义经济和政治的物质暴力，从而使批判面临丧失意义的危机"[①]。的确，在后工业时代的大众化场景中，以符码形态出现的形式逻辑，正在越来越深刻地影响着日常生活中的衣食住行，社会关系的价值功能与结构形态被大生产的商业话语所控制，以机械复制的形式被大规模地生产出来。这一过程扩展到现代资本主义社会中的方方面面。鲍德里亚用"拟真"形态来解释这一普遍抽象的全透明式场景，由此揭示出隐藏在经济、文化、政治等方面的象征暴力的权力话语。在这里，鲍德里亚已经完全偏离了他在早期理论中持有的后马克思主义批判立场，尽管他依然在以现实批判的目光打量着已经被拟真代码体系所左右的后工业场景，但他对于当前资本统治客体逻辑的解读，已经绕开了人类社会发展过程中最为基本的生产力与生产关系的矛盾线索。他在拟真诱惑语境中建立起来的剩余物再生产形态，同样也只能成为形而上学意义上的抽象化理论图景。

从这一意义上来说，以象征交换的本真规定为逻辑基点，鲍德里亚对于资本主义的超越路径必然也是抽象式的，一方面，他从逻辑建构的角度消解了超真实零度外表空间中主体性的现实维度，进而彻底否定了历史唯物主义革命主体的能动性，另一方面，他依托符号的空白镜像所实现的诱惑式反转形态来表征形而上学维度上的理论构境，

---

① 胡大平：《荒诞玄学何以成为革命的理论——鲍德里亚的资本主义批判逻辑》，载《吉林大学社会科学学报》2008 年第 2 期。

而他在大众媒介的信息化场景中提出的"内爆"式自我超越也只有在超真实的意义全透明表象设定中才可以实现。

由此，我认为，鲍德里亚将现实维度的资本主义批判放置于抽象的理论建构过程之中，这一做法是不切实际的，以象征交换为本真出发点的"内爆"式回归路径并没有正视后工业社会中，由大众传媒的信息化场景所导向的客体形态。通过"死亡"方式呈现的超越式路径也许是一种策略，但并不是可以颠覆现状的策略，甚至只是表达了另一个层面的意识形态话语，因为大众在意识形态的表象遮蔽之后，最终还是会陷入对自身意愿表述的欲望缺乏，从而再次服从于权力的客体逻辑。

我们也可以进一步认为，对待资本主义现代性和人类社会后工业时代发展的不同理论立场和解读方式，是鲍德里亚与马克思主义相背离的关键要素之一。在抽象化的理论场域中建构起来的，对于人类社会物质生产和现实关系形态的伪象征式指认，将必然走向价值虚无主义和现实批判维度的悲观论，而在无意义表象场景之中，剩余物的过度累积与"内爆"式超越，最终将导向理论层面上的自说自话与封闭式的逻辑困境。在后工业社会日常生活符号化和拟真化的趋势中，我们一方面需要从基本方法论上坚持马克思的历史唯物主义批判路径，同时也应该正视大众媒介信息化时代全球化、网络化和多元化的新特点。面对超真实场景中"技术发展的不可预测性"[①]，从现实的社会关系形态出发，在社会化大生产、技术理性和人类自身完善等不同目标场域之间寻找辩证分析的切入点，是我们回应鲍德里亚拟真悲观论和价值虚无论的必要措施，也是在方法论上坚持马克思历史唯物主义现实批判与革命路径的理论前提。

---

① 孔明安:《物·象征·仿真：鲍德里亚哲学思想研究》，合肥：安徽人民出版社 2008 年版，第230 页。

参考文献

一、书和译著

[1] Arthur Kroker, *The Possessed Individual*: *Technology and Postmodern*, London: MACMILLAN, 1992.

[2] Ashley Woodward, *Nihilism in Postmodernity*: *Lyotard*, *Baudrillard*, *Vattimo*, Denver: The Davies Group Publishers, 2009.

[3] Botting F., Wilson S., *The Bataille Reader*, New Jersey: Wiley-Blackwell, 1997.

[4] Catherine Constable, *Adapting Philosophy*: *Jean Baudrillard and "The Matrix Trilogy"*, Manchester: Manchester University Press, 2009.

[5] Charles Levin, "Baudrillard, Critical Theory and Psychoanalysis", See Krokern Arthur(ed.), *Ideology and Power*: *In the Age of Lenin in Ruins*, *Canadian Journal of Political and Social Theory*, 1991(15).

[6] Charles Levin, *Jean Baudrillard*: *A Study in Cultural Metaphysics*, Ontario: Prentice Hall, 1993.

[7] Douglas Kellner, *Jean Baudrillard*: *From Marxism to Post Modernism and Beyond*, Redwood City: Stanford University Press, 1989.

[8] Evan Andrew Leeson, *The Politics of Style*: *Baudrillard*, *Metatheory*, *Autodestruction*[M. A.], University of Victoria (Canada), 1993.

[9] Frankovits André(ed.), *Seduced and Abandoned*: *The Baudrillard Scene*, New South Wales: Stonemoss, 1984.

[10] Gary Genosko, *Baudrillard and Signs*: *Signification Ablaze*, London and New York: Routledge, 1994.

[11] Gary Genosko, *McLuhan and Baudrillard*: *The Masters of Implosion*,

London and New York: Routledge, 1999.

[12] Gary Genosko, *The Uncollected Baudrillard*, London: Sage Publications Ltd, 2001.

[13] Georges Bataille, *The Accursed Share (Volumes II and III)*, Robert Hurley, New York: Zone Books, 1991.

[14] Georges Bataille, *The Accursed Share: An Essay On General Economy (Volume I: Consumption)*, Robert Hurley, New York: Zone Books, 1998.

[15] Georges Bataille, *Visions of Excess: Selected Writings (1927 – 1939)*, Allan Stoekl (ed.), Twin Cities: University of Minnesota Press, 1985.

[16] Icholas Zurbrugg, *Baudrillard, Modernism, and Postmodernism, Economy and Society*, 1993. 22(4).

[17] Jane Baudrillard, *Forget Foucault*, translated by Phil Beitchmann, Lee Hildreth and Mark Polizzotti, Los Angeles: Semiotext(e), 2007.

[18] Jane Baudrillard, *In the Shadow of the Silent Majorities: Or the End of the Social*, translated by Paul Foss, John Johnston and Paul Patton, New York: Semiotext(e), 1983.

[19] Jane Baudrillard, *Passwords*, translated by Chris Turner, London and New York: Verso, 2011.

[20] Jane Baudrillard, *Screened Out*, translated by Chris Turner, London and New York: Verso, 2002.

[21] Jane Baudrillard, *The Gulf War Did Not Take Place*, translated by Paul Patton, Bloomington: Indiana University Press, 1991.

[22] Jane Baudrillard, *The Illusion of the End*, translated by Chris Turner, Redwood City: Stanford University Press, 1992.

[23] Jane Baudrillard, *The Transparency of Evil*, translated by James Benedict, London and New York: Verso, 1993.

[24] Jane Baudrillard, *The Vital Illusion*, Julia Witwer(ed.), New York: Columbia University Press, 2000.

[25] Jane Baudrillard, *Utopia Deferred: Writings for Utopie* (1967 – 1978), translated by Stuart Kendall, New York: Semiotext(e), 2006.

[26] Jane Baudrillard, *When Bataille Attracked the Metaphysical Principle of Economy*, See Arthur Krokern(ed.), *Ideology and Power: In the Age of Lenin in Ruins, Canadian Journal of Political and Social Theory*, 1991(15).

[27] Jean Baudrillard, *The Ecstasy of Communication*, translated by Bernard Schütze, Caroline Schütze, Sylvere Lotringer (ed.), New York: Semiotext(e), 1988.

[28] Marshall Berman, *Why Modernism Still Matters*, Oxford：Blackwell，1992.

[29] Mike Gane, *Baudrillard Live：Selected Interviews*, London and New York：Routledge，1993.

[30] Mike Gane, *Baudrillard：Critical and Fatal Theory*, London and New York：Routledge，1991.

[31] Mike Gane, *Jean Baudrillard： In Radical Uncertainty*, London：Pluto，2000.

[32] Mike Gane, *Symbolic Exchange and Death（Introduction）*, London and Thousand Oaks and New Delhi：SAGE Publications，1998.

[33] Mike Gane, *The Cultural Logics of Neoliberalis：Baudrillard's Account*, Durham：Duke University Press，2015.

[34] Nicholas Zurbrugg, *Jean Baudrillard：Art and Artefact*, London：Sage Publications Ltd，1998.

[35] Paul Hegarty, *Jane Baudrillard：Live Theory*, London and New York：Continuum，2004

[36] Richard G. Smith, *The Baudrillard Dictionary*, Edinburgh：Edinburgh University Press，2010.

[37] Victoria Grace, *Baudrillard's Challenge：A Feminist Reading*, London and New York：Routledge，2002.

[38] William Merrin, *Baudrillard and the Media：A Critical Introduction*, Oxford：Polity，2006.

[39]《马克思恩格斯全集》，第 3 卷，北京：人民出版社 1960 年版。

[40]《马克思恩格斯全集》，第 30 卷，北京：人民出版社 1995 年版。

[41][法]让·鲍德里亚:《物体系》,林志明(译),上海:上海人民出版社 2019 年版。

[42][法]让·鲍德里亚:《消费社会》,刘成富、全志钢(译),南京:南京大学出版社 2001 年版。

[43][法]让·鲍德里亚:《符号政治经济学批判》,夏莹(译),南京:南京大学出版社 2009 年版。

[44][法]让·鲍德里亚:《生产之镜》,仰海峰(译),北京:中央编译出版社 2005 年版。

[45][法]让·鲍德里亚:《象征交换与死亡》,车槿山(译),南京:译林出版社 2006 年版。

[46][法]让·鲍德里亚:《拟仿物与拟像》,洪凌(译),台北:时报文化出版 1998 年版。

[47][法]让·鲍德里亚:《论诱惑》,张新木(译),南京:南京大学出版社 2011 年版。

[48][法]让·鲍德里亚:《致命的策略》,刘翔、戴阿宝(译),南京:南京大学出版社

2015 年版。

[49] [法] 让·鲍德里亚:《美国》,张生(译),南京:南京大学出版社 2011 年版。

[50] [法] 让·鲍德里亚:《冷记忆 I》,张新木、李万文(译),南京:南京大学出版社 2012 年版。

[51] [法] 让·鲍德里亚:《冷记忆 II》,张新木、王晶(译),南京:南京大学出版社 2009 年版。

[52] [法] 让·鲍德里亚:《断片集(冷记忆 III)》,张新木、陈雯乐、李露露(译),南京:南京大学出版社 2009 年版。

[53] [法] 让·鲍德里亚:《冷记忆 IV》,张新木、陈凌娟(译),南京:南京大学出版社 2009 年版。

[54] [法] 让·鲍德里亚:《冷记忆 V》,张新木、姜海佳(译),南京:南京大学出版社 2013 年版。

[55] [法] 让·鲍德里亚:《完美的罪行》,王为民(译),北京:商务印书馆 2000 年版。

[56] [法] 让·鲍德里亚:《艺术的共谋》,张新木、杨全强、戴阿宝(译),南京:南京大学出版社 2015 年版。

[57] [法] 让·鲍德里亚:《游戏与警察》,张新木、孟婕(译),南京:南京大学出版社 2013 年版。

[58] [奥地利] 埃尔温·薛定谔:《生命是什么》,陈钢等(译),长沙:湖南科学技术出版社 2003 年版。

[59] [德] 弗里德里希·威廉·尼采:《查拉图斯特拉如是说》,钱春绮(译),北京:生活·读书·新知三联书店 2007 年版。

[60] [德] 弗里德里希·威廉·尼采:《权力意志》(上卷),孙周兴(译),北京:商务印书馆 2007 年版。

[61] [法] 爱弥尔·涂尔干、马塞尔·莫斯:《原始分类》,汲喆(译),北京:商务印书馆 2012 年版。

[62] [法] 亨利·列斐伏尔:《空间与政治》,上海:上海人民出版社 2015 年版。

[63] [法] 亨利·列斐伏尔:《日常生活批判》,叶齐茂、倪晓晖(译),北京:社会科学文献出版社 2017 年版。

[64] [法] 马塞尔·莫斯:《礼物》,汲喆(译),上海:上海人民出版社 2002 年版。

[65] [法] 玛琳·鲍德里亚:《鲍德里亚》,张新木、林志明(译),南京:南京大学出版社 2017 年版。

[66] [法] 米歇尔·福柯等:《疯狂的谱系:从荷尔德林、尼采、梵·高到阿尔托》,白轻(编),孔锐才等(译),重庆:西南师范大学出版社 2009 年版。

[67] [法] 乔治·巴塔耶:《被诅咒的部分》,刘云虹、胡陈尧(译),南京:南京大学出版社 2019 年版。

[68] [法] 乔治·巴塔耶:《色情、耗费与普遍经济》,汪民安(译),长春:吉林人民出

版社 2011 年版。

［69］［加］理查德·J. 莱恩《导读鲍德里亚》，柏愔、董晓蕾（译），重庆：重庆大学出版社 2016 年版。

［70］［美］艾尔伯特·鲍尔格曼：《跨越后现代的分界线》，孟庆时（译），北京：商务印书馆 2013 年版。

［71］［美］道格拉斯·凯尔纳、斯蒂文·贝斯特：《后现代理论：批判性的质疑》，张志斌（译），北京：中央编译出版社 2011 年版。

［72］［美］道格拉斯·凯尔纳：《波德里亚：一个批判性读本》，陈维振、陈明达、王峰等（译），南京：江苏人民出版社 2008 年版。

［73］［美］弗雷德里克·杰姆逊：《晚期资本主义的文化逻辑》，陈清桥、严锋等（译），北京：生活·读书·新知三联书店 2013 年版。

［74］［美］罗伯特·威廉姆斯：《艺术理论：从荷马到鲍德里亚》，许春阳、汪瑞、王晓鑫（译），北京：北京大学出版社 2009 年版。

［75］［美］马克·波斯特：《第二媒介时代》，范静哗（译），南京：南京大学出版社 2000 年版。

［76］［美］瑞安·毕晓普、道格拉斯·凯尔纳等：《波德里亚：追思与展望》，戴阿宝（译），郑州：河南大学出版社 2008 年版。

［77］［美］约翰·L. 卡斯蒂：《虚实世界》，王千祥、权利宁（译），上海：上海科技教育出版社，1999 年版。

［78］［英］戴维·莫利、凯文·罗宾斯：《认同的空间：全球媒介、电子世界景观和文化边界》，司艳（译），南京：南京大学出版社 2001 年版。

［79］［英］克里斯托夫·霍洛克斯：《鲍德里亚与千禧年》，王文华（译），北京：北京大学出版社 2005 年版。

［80］［英］齐格蒙·鲍曼：《废弃的生命》，谷蕾等（译），南京：江苏人民出版社 2006 年版。

［81］高亚春：《符号与象征：波德里亚消费社会批判理论研究》，北京：人民出版社 2007 年版。

［82］孔明安：《物·象征·仿真：鲍德里亚哲学思想研究》，合肥：安徽人民出版社 2008 年版。

［83］孔明安等：《当代国外马克思主义新思潮研究》，北京：中央编译出版社 2012 年版。

［84］刘翔：《采取物的立场——让·鲍德里亚的极端反主体主义研究》，北京：中国社会科学出版社 2012 年版。

［85］宋德孝：《符号政治经济学批判：鲍德里亚早期思想研究》，上海：上海社会科学院出版社 2016 年版。

［86］唐正东：《资本的附魅及其哲学解构》，南京：江苏人民出版社 2013 年版。

[87] 仰海峰:《符号之镜:早期鲍德里亚思想的文本学解读》,北京:北京师范大学出版社 2018 年版。

[88] 仰海峰:《走向后马克思:早期鲍德里亚思想的文本学解读》,北京:中央编译出版社 2004 年版。

[89] 张劲松:《重释与批判:鲍德里亚的后现代理论研究》,上海:上海人民出版社 2013 年版。

[90] 张天勇:《社会符号化——马克思主义视阈中的鲍德里亚后期思想研究》,北京:人民出版社 2008 年版。

[91] 张天勇:《问题承接与范式转换》,北京:社会科学文献出版社 2017 年版。

[92] 张一兵:《反鲍德里亚》,北京:商务印书馆 2009 年版。

二、期刊论文

[1] 曾军:《鲍德里亚走出了马克思?——从中国学界对鲍德里亚的误读谈起》,载《黑龙江社会科学》2006 年第 5 期。

[2] 戴阿宝:《鲍德里亚:超真实的后现代视界》,载《外国文学》2004 年第 3 期。

[3] 郭秋孜:《"拟像"社会的超文本文学——鲍德里亚"拟像"视角下的文本解读》,载《大众文艺》2012 年第 10 期。

[4] 胡大平:《荒诞玄学何以成为革命的理论——鲍德里亚的资本主义批判逻辑》,载《吉林大学社会科学学报》2008 年第 2 期。

[5] 孔明安:《从媒体的象征交换到"游戏"的大众——鲍德里亚的大众媒体批判理论研究》,载《南京大学学报(哲学、人文科学、社会科学版)》2004 年第 2 期。

[6] 孔明安:《技术、虚像与形而上学的命运——鲍德里亚对形而上学问题的哲学反思》,载《哲学动态》2002 年第 10 期。

[7] 李翔:《鲍德里亚后现代媒介思想评析》,载《齐齐哈尔大学学报(哲学社会科学版)》2017 年第 9 期。

[8] 刘同舫:《象征交换:鲍德里亚超越符号消费社会的解放策略》,载《广东社会科学》2016 年第 4 期。

[9] 刘宏勋:《鲍德里亚由现代"符号—物"到后现代(拟真)类象的社会批判理论》,载《河北师范大学学报(哲学社会科学版)》2011 年第 34 期第 5 卷。

[10] 洛尔·苏姗(Loehr Susan):《真实世界的消失:布希亚的现身》,洪菁励译,载《文化研究》2008 年第 7 期。

[11] 马小茹:《"超真实"概念探析》,载《哲学分析》2018 年第 5 期。

[12] 欧怒:《媒介景观:真实的内爆——解读电影〈比利·林恩的中场战事〉》,载《西南科技大学学报(哲学社会科学版)》2018 年第 35 期第 2 卷。

[13] 尚景建:《诱惑:从"美学阶段"到后现代镜像——论鲍德里亚对克尔凯郭尔的解

读》,载《文艺理论研究》2017年第37期第5卷。

[14] 盛宁:《危险的让·鲍德里亚》,载《读书》1996年第10期。

[15] 盛宁:《鲍德里亚·后现代·社会解剖学》,载《读书》1996年第8期。

[16] 苏丽亚:《走向后现代的鲍德里亚思想探源》,载《郑州轻工业学院学报(社会科学版)》2015年第16期第5卷。

[17] 唐正东:《社会发展的正义维度:基于马克思主义立场的思考——从鲍德里亚的理论缺陷谈起》,载《河北学刊》2007年第1期。

[18] 童小畅:《理论复调:作为马克思主义者的鲍德里亚》,载《中华文化论坛》2012年第1期第1卷。

[19] 汪民安:《商品价值论和商品拜物教》,载《外国文学评论》2016年第4期。

[20] 王晓升:《物化批判:马克思历史观中一个不应被忽视的方法论原则》,载《苏州大学学报(哲学社会科学版)》2011年第32第1卷。

[21] 王晓升:《论马克思的两个劳动概念与两种历史解释模式》,载《马克思主义与现实》2010年第6期。

[22] 王晓升:《符号、控制和象征交换——评鲍德里亚对资本主义矛盾和解决方案的论述》,载《天津社会科学》2009年第2期。

[23] 夏莹:《鲍德里亚的"hyper-"概念群及其对现代性理论的极限演绎》,载《世界哲学》2017年第6期。

[24] 夏莹:《象征交换:鲍德里亚思想的阿基米德点》,载《吉林大学社会科学学报》2008年第2期。

[25] 仰海峰:《物的嘲讽与主体消亡的宿命:鲍德里亚的思想主题》,载《国外社会科学》2014年第5期。

[26] 仰海峰:《现代性的镜像认同:鲍德里亚论马克思、德鲁兹与福柯》,载《现代哲学》2011年第4期。

[27] 仰海峰:《虚无主义问题:从尼采到鲍德里亚》,载《现代哲学》2009年第3期。

[28] 仰海峰:《鲍德里亚的"诱惑"概念》,载《哲学动态》2008年第1期。

[29] 仰海峰:《"物"的分析:从马克思、海德格尔到鲍德里亚》,载《东岳论丛》2004年第2期。

[30] 仰海峰:《消费社会批判理论评析——鲍德里亚〈消费社会〉解读》,载《长白学刊》2004年第3期。

[31] 仰海峰:《拜物教批判:马克思与鲍德里亚》,载《学术研究》2003年第5期。

[32] 袁文卓:《让·鲍德里亚及其后现代媒介思想》,载《学习与实践》2017第7期。

[33] 张生:《从花费到消耗——论巴塔耶的普遍经济学》,载《同济大学学报(社会科学版)》2011年第22期第3卷。

[34] 张一兵:《数字化资本主义的末路:逆人类纪的负熵抗争——斯蒂格勒2016年南京大学研究课程解读之一》,载《新视野》2017年第4期。

[35] 张一兵:《诱惑:表面深渊中的后现代意识形态布展——鲍德里亚〈论诱惑〉的构境论解读》,载《南京大学学报(哲学·人文科学·社会科学版)》2010年第47期第1卷。

[36] 张一兵:《反鲍德里亚——一个后现代学术神话的祛魅》,载《学术月刊》2009年第41期第4卷。

[37] 张一兵:《拟真与对当代资本象征统治的反抗——鲍德里亚〈象征交换与死亡〉解读》,载《社会科学研究》2009年第2期。

[38] 张异宾:《我拟真故我在:鲍德里亚的理论逻辑转换》,载《哲学动态》2008年第1期。

[39] 周平:《鲍德里亚技术哲学研究综述》,载《现代交际》2017年第13期。

[40] 张劲松:《拟真世界与客体策略——鲍德里亚的技术决定论及启示》,载《自然辩证法研究》2012年第28期第1卷。

三、硕士、博士学位论文

[1] 马小茹:《超真实:符号的狂欢》,中国社会科学院研究生院,2018年博士学位论文。

[2] 王荣:《从拜物教批判看〈资本论〉的存在论》,吉林大学,2017年博士学位论文。

[3] 王鹏:《世界的符号化与人的异化——鲍德里亚消费社会理论研究》,黑龙江大学,2017年博士学位论文。

[4] 沈非:《超真实——唐·德里罗小说中后现代现实研究》,北京外国语大学,2015年博士学位论文。

[5] 李瑞德:《马克思拜物教批判理论的当代审视》,福建师范大学,2016年博士学位论文。

[6] 易杰:《萨拉凯恩:从存在的悲剧到后现代戏剧》,上海戏剧学院,2010年博士学位论文。

[7] 沈军:《拟真语境下超真实与超绘画互动研究》,上海大学,2010年博士学位论文。

[8] 汪德宁:《"超真实"的符号世界——鲍德里亚的文化理论研究》,上海师范大学,2008年博士学位论文。

[9] 夏莹:《作为一种批判理论的消费社会理论及其方法论导论》,清华大学,2005年博士学位论文。

[10] 欧阳友权:《网络文学本体研究》,四川大学,2004年博士学位论文。

[11] 孔明安:《仿真与技术》,中国社会科学院研究生院,2002年博士学位论文。

[12] 段伟文:《网络空间的伦理基础》,中国人民大学,2001年博士学位论文。

[13] 周平:《鲍德里亚技术哲学思想及其当代价值》,渤海大学,2018年硕士学位

论文。

[14] 芮晓雪:《詹姆逊后现代空间理论研究》,安徽大学,2018 年硕士学位论文。

[15] 漆飞:《视觉政治:当代法国左翼美学问题研究》,兰州大学,2018 年硕士学位论文。

[16] 陈丽虹:《意义的泛滥与消失——鲍德里亚内爆理论研究》,杭州师范大学,2018年硕士学位论文。

[17] 徐兆正:《消费社会中现代性与后现代性探究——鲍德里亚前期著作的文本分析》,广西师范大学,2017 年硕士论文。

[18] 宋丽丽:《鲍德里亚拟像理论对影视文化的影响研究》,辽宁大学,2017 年硕士学位论文。

[19] 孟莹:《论鲍德里亚的"超美学"思想》,福建师范大学,2017 年硕士学位论文。

[20] 刘奕兵:《波德里亚拟象理论在科幻小说中的探索》,延边大学,2017 年硕士学位论文。

[21] 付博:《马克思的使用价值理论及其当代发展》,石家庄铁道大学,2017 年硕士学位论文。

[22] 朱沙:《鲍德里亚的时尚理论研究》,湘潭大学,2016 年硕士学位论文。

[23] 张术英:《鲍德里亚"拟真"理论的批判性研究》,东北师范大学,2016 年硕士学位论文。

[24] 杨淑鑫:《鲍德里亚的消费社会理论探究》,华中科技大学,2016 年硕士学位论文。

[25] 文怡然:《让·鲍德里亚历史唯物主义批判理论探析》,大连理工大学,2016 年硕士学位论文。

[26] 刘冰玉:《资本主义的仿真时代——鲍德里亚仿像理论研究》,华中科技大学,2016 年硕士学位论文。

[27] 李东花:《论波德里亚的"诱惑"观》,湘潭大学,2015 年硕士学位论文。

[28] 傅振刚:《鲍德里亚拟像学说及拟像视角下的〈美国〉》,山东师范大学,2015 年硕士学位论文。

[29] 杨丽微:《论迪士尼乐园的拟像复制》,湘潭大学,2014 年硕士学位论文。

[30] 杨程:《鲍德里亚媒介思想研究》,河北大学,2014 年硕士学位论文。

[31] 武青:《鲍德里亚技术文化批判思想研究》,东北大学,2014 年硕士学位论文。

[32] 唐铭:《鲍德里亚的诱惑逻辑》,华东师范大学,2014 年硕士学位论文。

[33] 和薛:《鲍德里亚仿象理论研究》,安徽师范大学,2014 年硕士学位论文。

[34] 武瑾:《鲍德里亚的艺术客体论研究》,中央民族大学,2012 年硕士学位论文。

[35] 谈秋桐:《物、符号、仿真——鲍德里亚后期技术哲学思想研究》,浙江师范大学,2012 年硕士学位论文。

[36] 周蓉:《以"死亡"唱响"象征交换"的序幕》,西南大学,2011 年硕士学位论文。

[37] 申姣姣:《图像时代审美真实性的反思》,郑州大学,2011 年硕士学位论文。

[38] 彭学咏:《视觉文化场力中的徐訏小说》,四川师范大学,2011 年硕士学位论文。

[39] 李涛:《"符号"帝国中的思想"牛虻":西方马克思主义者让·鲍德里亚》,西南政法大学,2011 年硕士学位论文。

[40] 顾艳艳:《影子的秘密——鲍德里亚拟像理论研究》,西藏民族学院,2011 年硕士学位论文。

[41] 范霄岭:《马克思资本逻辑批判的当代价值》,北京邮电大学,2011 年硕士学位论文。

[42] 陈理:《从物的符号化到技术决定论》,浙江大学,2011 年硕士学位论文。

[43] 张宇:《解读〈白噪音〉中的拟象世界》,兰州大学,2010 年硕士学位论文。

[44] 王敏:《动画形象与"超真实"》,山东师范大学,2010 年硕士学位论文。

[45] 李鑫:《真实的虚拟和虚拟的真实》,安徽大学,2010 年硕士学位论文。

[46] 闫银超:《鲍德里亚及其〈象征交换与死亡〉研究》,西北师范大学,2009 年硕士学位论文。

[47] 朱媛:《鲍德里亚符号论文化美学研究》,江西师范大学,2008 年硕士学位论文。

[48] 严晓亚:《让·鲍德里亚的后现代媒介思想研究》,兰州大学,2008 年硕士学位论文。

[49] 蒋文博:《波德里亚艺术理论中"命定之物"的视觉性》,中央美术学院,2008 年硕士学位论文。

[50] 潇潇:《从象征交换到沉默的大众——鲍德里亚媒介理论研究》,广西师范大学,2007 年硕士学位论文。

[51] 施奕青:《鲍德里亚拟像理论研究》,湖南师范大学,2007 年硕士学位论文。

[52] 王志永:《网络世界里的鲍德里亚之后现代媒介思想研究》,武汉大学,2005 年硕士学位论文。

后　记

　　本书由我的博士学位论文《鲍德里亚的拟真概念及其批判逻辑的建构》修改而成，文本写作始于 2010 年，历近十载，其间颇多不易，然收获甚多，感恩甚多。在此谨为略表，诚致谢意。

　　首先，我要特别感谢我的导师唐正东教授。本书的选题、写作和修改，都是在老师的悉心指导之下完成的。从大四开始，我跟随导师进行自己本科毕业论文的写作，硕士三年到博士阶段，唐老师一步步引导我进入学术研究的专业领域，春风沐雨，言传身教。始入师门，如今已近廿载，师恩如山，无以回报，学生唯有励行自勉，于今后的学习和工作中增益求进，以不负老师厚望。

　　自 2000 年进入哲学系开始本科学习，转眼间，我在大树的荫泽和呵护下，已经度过了 20 余年难忘的时光，其间，遇到了给予我关怀和帮助、引导我不断前行的师长们。感谢张异宾老师一直以来偶像般的引导与激励，张老师对鲍德里亚后期思想的深层次解读，为本书的主要观点提供了方向性指引。感谢胡大平老师的海人不倦，胡老师的娓娓道来和睿智风趣让我体会到学术研究的热情与乐趣，他耐心而无私的帮助，让曾经是学术"小白"的我一次次鼓起前行的勇气。感谢张亮老师的精彩课堂和悉心教导，张老师对西方马克思主义哲学史的传授，为我确定学术兴趣方向埋下最初的种子。感谢王恒老师，王老师在当代西方哲学史研究方面的造诣对我影响颇深，在迷茫与困惑的时候，老师精辟的指点，总能带来柳暗花明的惊喜。

　　本书的写作借鉴了同行的诸多研究成果,在出版过程中得到江苏人民出版社的大力支持和精心编校,也受益于项目的资助,在此一并感谢!

　　最后,感谢我的家人,在文稿的写作过程中,他们给予了我最大的理解、包容与支持。

　　学位论文整稿成书之时,适逢南京大学哲学系建系100周年,几经修改,书稿即将付梓,谨以本书致为学生最诚挚的祝福!期待之后与哲学一如既往地同行,也祝愿南京大学哲学系的明天更加精彩!

周　玥

2023 年 12 月于南京